Konjunkturdiagnose und -prognose

Lizenz zum Wissen.

Sichern Sie sich umfassendes Wirtschaftswissen mit Sofortzugriff auf tausende Fachbücher und Fachzeitschriften aus den Bereichen: Management, Finance & Controlling, Business IT, Marketing, Public Relations, Vertrieb und Banking.

Exklusiv für Leser von Springer-Fachbüchern: Testen Sie Springer für Professionals 30 Tage unverbindlich. Nutzen Sie dazu im Bestellverlauf Ihren persönlichen Aktionscode C0005407 auf www.springerprofessional.de/buchkunden/

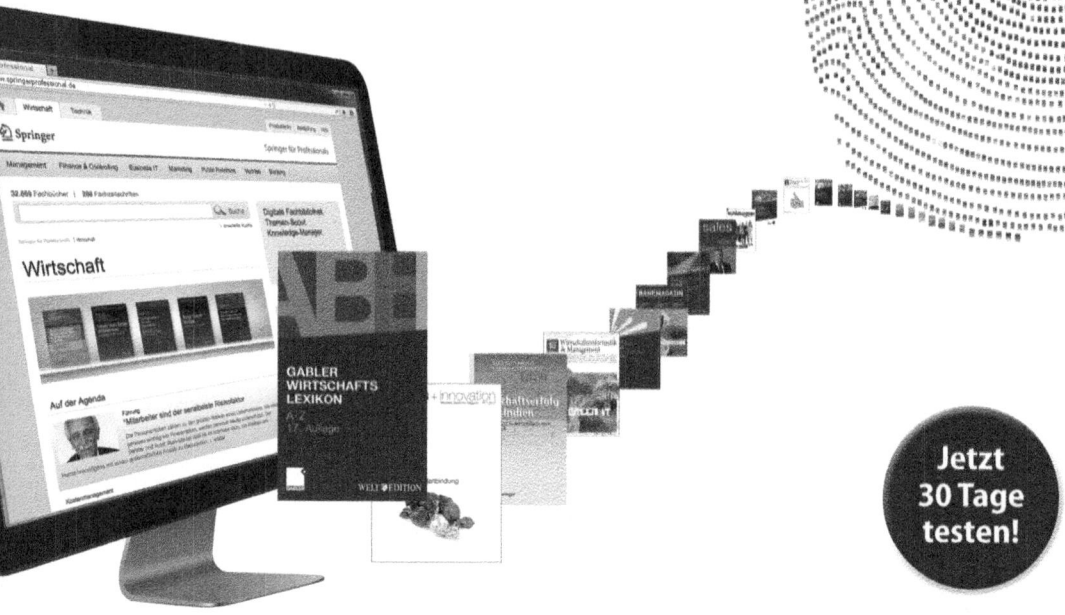

Jetzt 30 Tage testen!

Springer für Professionals.
Digitale Fachbibliothek. Themen-Scout. Knowledge-Manager.

- Zugriff auf tausende von Fachbüchern und Fachzeitschriften
- Selektion, Komprimierung und Verknüpfung relevanter Themen durch Fachredaktionen
- Tools zur persönlichen Wissensorganisation und Vernetzung

www.entschieden-intelligenter.de

Springer für Professionals

Roland Döhrn

Konjunkturdiagnose und -prognose

Eine anwendungsorientierte Einführung

Roland Döhrn
Essen
Deutschland

ISBN 978-3-642-36496-9   ISBN 978-3-642-36497-6 (eBook)
DOI 10.1007/978-3-642-36497-6

Die Deutsche Nationalbibliothek verzeichnet diese Publikation in der Deutschen Nationalbibliografie; detaillierte bibliografische Daten sind im Internet über http://dnb.d-nb.de abrufbar.

Springer Gabler
© Springer-Verlag Berlin Heidelberg 2014
Das Werk einschließlich aller seiner Teile ist urheberrechtlich geschützt. Jede Verwertung, die nicht ausdrücklich vom Urheberrechtsgesetz zugelassen ist, bedarf der vorherigen Zustimmung des Verlags. Das gilt insbesondere für Vervielfältigungen, Bearbeitungen, Übersetzungen, Mikroverfilmungen und die Einspeicherung und Verarbeitung in elektronischen Systemen.

Die Wiedergabe von Gebrauchsnamen, Handelsnamen, Warenbezeichnungen usw. in diesem Werk berechtigt auch ohne besondere Kennzeichnung nicht zu der Annahme, dass solche Namen im Sinne der Warenzeichen- und Markenschutz-Gesetzgebung als frei zu betrachten wären und daher von jedermann benutzt werden dürften.

Lektorat: Stefanie Brich

Gedruckt auf säurefreiem und chlorfrei gebleichtem Papier

Springer Gabler ist eine Marke von Springer DE. Springer DE ist Teil der Fachverlagsgruppe Springer Science+Business Media
www.springer-gabler.de

Vorwort

Jeder Lehrende versucht wohl, zu Beginn seiner Veranstaltung deren Bedeutung für das Studium, aber auch für das weitere Leben herauszustreichen. Ich weise meine Studierenden in diesem Zusammenhang stets darauf hin, dass ihnen, sofern sie ihre berufliche Zukunft eher in der „freien Wirtschaft" sehen, von dem Lehrstoff der Volkswirtschaftslehre Vieles dort wahrscheinlich nie mehr begegnen wird, während die Wahrscheinlichkeit hoch ist, dass sie gerade in der betrieblichen Praxis mit konjunkturellen Fragen konfrontiert werden. An vielen Hochschulen ist die Konjunkturdiagnose jedoch ein Randaspekt der volkswirtschaftlichen Ausbildung. Daraus mag das eine oder andere Informationsdefizit, aber auch manches Missverständnis hinsichtlich der Möglichkeiten und Grenzen der Konjunkturdiagnose und – prognose resultieren.

Eine Zielgruppe dieses Buches sind denn auch Praktiker, denen es einen Überblick über die Methoden und Probleme der Konjunkturanalyse geben will. Ein zweite Zielgruppe sind selbstverständlich Studierende der Wirtschaftswissenschaften. Entwickelt wurde das Buch nämlich aus der Vorlesung „Konjunkturdiagnose und – prognose", die ich seit nunmehr gut zwanzig Jahren an der Universität Duisburg-Essen halte. Diese Vorlesung basiert einerseits auf meinen beruflichen Erfahrungen, die ich als Verantwortlicher für die Konjunkturanalysen des Rheinisch-Westfälischen Instituts für Wirtschaftsforschung (RWI) erworben habe. Sie bildet aber auch ein Gegengewicht zu meiner beruflichen Auseinandersetzung mit Konjunkturprognosen. Weil nämlich die in der Praxis angewendeten Methoden so aufbereitet werden müssen, dass sie für Studierende nachvollziehbar sind, war sie auch stets Anlass, das Instrumentarium der Konjunkturanalyse kritisch zu hinterfragen.

Konjunkturanalyse ist Teamarbeit. Von daher wäre dieses Buch sicherlich nicht möglich gewesen ohne meinen ständigen Austausch mit den Kollegen, mit denen gemeinsam ich in den vergangenen Jahren die Konjunkturberichte des RWI erarbeitet habe. Ohne jemanden namentlich herauszuheben sei den gegenwärtigen und früheren Kollegen am RWI für die Anregungen gedankt, die dieses Buch aus der Zusammenarbeit und den Gesprächen mit ihnen erfahren hat.

Roland Döhrn

Inhaltsverzeichnis

1 **Einleitung** 1
  Literatur 4

2 **Prognosen – einige grundsätzliche Überlegungen** 5
  2.1 Was ist eine Prognose? 5
  2.2 Können wir überhaupt prognostizieren? 6
  2.3 Wie prognostizieren wir? 9
      2.3.1 Die deduktiv-analytische Sicht 10
      2.3.2 Die zeitreihenanalytische Sicht 11
  2.4 Prognosearten 11
  Literatur 12

3 **Daten als Grundlage der Analyse** 13
  3.1 Abbildungsprobleme realer Phänomene 13
  3.2 Datenquellen 17
  3.3 Datenaufbereitung 18
      3.3.1 Index-Bildung 19
      3.3.2 Saisonbereinigung 20
      3.3.3 Arbeitstägliche Bereinigung 27
  3.4 Datenqualität 29
      3.4.1 Einfluss von Definitionen und Messvorschriften 29
      3.4.2 Fehler und Lücken in der Datenerfassung 30
      3.4.3 Zum Ausmaß von Datenrevisionen – zwei Beispiele 32
  Literatur 35

4 **Der Konjunkturzyklus: Messung und Datierung** 37
  4.1 Definition und Einteilung des Konjunkturzyklus 37
      4.1.1 Einteilung nach Phasen 38
      4.1.2 Dauer des Zyklus 39
      4.1.3 Intensität der Schwankungen 40

4.2 Messung des Konjunkturzyklus 42
    4.2.1 Messung mit Hilfe von Wachstumsraten 42
    4.2.2 Messung mit Hilfe der Trendabweichung 46
    4.2.3 Messung anhand mehrerer Größen 52
4.3 Anwendung von Referenzzyklen in der Konjunkturdiagnose 59
Literatur 60

5 Konjunkturindikatoren 63
5.1 Auswahl und Einteilung von Indikatoren 64
5.2 Ausgewählte Einzelindikatoren 66
    5.2.1 Indikatoren, die in die Berechnung des BIP eingehen 66
    5.2.2 Indikatoren in ökonomischen Zusammenhang
           mit dem Indikans 69
    5.2.3 Indikatoren im rein statistischen Zusammenhang
           mit dem Indikans 77
5.3 Verdichtung der Informationen aus Konjunkturindikatoren 87
    5.3.1 Sammelindikatoren 88
    5.3.2 Faktormodelle 95
    5.3.3 Brückengleichungen und Systeme von Brückengleichungen 100
    5.3.4 Lösungen für das Problem „ausgefranster Enden" 103
5.4 Kombination von Phasenabgrenzung und Konjunkturindikatoren:
    Schätzung von Rezessionswahrscheinlichkeiten 104
Literatur 107

6 Zeitreihenmodelle 109
6.1 Random-Walk und Autoregressiver Prozess 110
6.2 Exponentielle Glättung und moving average Prozesse 111
6.3 ARMA- und ARIMA-Modelle 112
6.4 Vektorautoregressive Modelle 112
6.5 Anwendung von Zeitreihenansätzen in der Konjunkturanalyse 114
Literatur 116

7 Prognosen mit Strukturmodellen 117
7.1 Aufbau und Typen von Strukturmodellen 118
    7.1.1 Variablen und Gleichungstypen 118
    7.1.2 Typen von Modellen 118
7.2 Simulationen mit makroökonomischen Modellen 121
7.3 Multiplikatoren makroökonomischer Modelle 128
    7.3.1 Fiskalmultiplikatoren 128
    7.3.2 Monetäre Multiplikatoren 128
7.4 Einsatz von Strukturmodellen in der Konjunkturanalyse 129
Literatur 130

Inhaltsverzeichnis

8 Intuitive Prognoseverfahren 131
   8.1 Zur Rolle intuitiver Verfahren bei der Erstellung von Prognosen 131
   8.2 Beispiele für den Einsatz intuitiver Prognoseverfahren 133
      8.2.1 Das Auslaufen von Abschreibungsbedingungen:
           Internationale Erfahrungen 133
      8.2.2 Die Mehrwertsteuererhöhung von 2007:
           Anekdotische Evidenzen 134
      8.2.3 Wirkungen der Abwrackprämie: Ein einfaches Rechenmodell 136
   Literatur 138

9 Gemischte Prognoseverfahren 141
   9.1 Kombinationen von Prognosen 141
   9.2 Iterative VGR-Prognose 144
      9.2.1 Grundsätzliches Vorgehen 144
      9.2.2 Typischer Ablauf einer iterativen VGR-Prognose 148
   Literatur 150

10 Evaluation von Konjunkturprognosen 151
   10.1 Grundlagen 151
      10.1.1 Selbsterfüllende und selbstzerstörende Prognosen 151
      10.1.2 Was macht die Qualität einer Prognose aus? 152
      10.1.3 Wann ist eine Prognose richtig? 153
      10.1.4 Probleme von Prognosen unter realen Bedingungen 154
   10.2 Genauigkeit von Konjunkturprognosen 155
      10.2.1 Treffsicherheit 156
      10.2.2 Verzerrung 162
      10.2.3 Effizienz 164
      10.2.4 Komponentenzerlegung der Prognosefehler 169
   10.3 Vergleich von Prognosen 170
   10.4 Wendepunktfehler und Einschätzung der konjunkturellen Dynamik 173
      10.4.1 Wendepunktfehler 173
      10.4.2 Einschätzung der konjunkturellen Dynamik 176
   10.5 Mehrdimensionale Bewertung von Prognosen 177
   Literatur 180

11 Prognoseintervalle 183
   Literatur 186

12 Makroökonomische Prognosen für Deutschland: Institutionen und ihre Prognosepraxis 187
   Literatur 192

Sachverzeichnis 193

Einleitung 1

Prognosen sind im täglichen Leben allgegenwärtig, wenn uns dies vielleicht auch nicht immer bewusst ist. Menschen treffen aber täglich zukunftsbezogene Entscheidungen. Unternehmen investieren in neue Maschinen, Private Haushalte entscheiden sich für den Kauf eines Eigenheims oder eines Autos, und Finanzminister oder Stadtkämmerer planen ihre Etats. Die Bestimmungsgründe ihres Handelns liegen dabei zumindest zu einem wesentlichen Teil in der Zukunft. Daher werden die genannten Entscheidungen wesentlich von den Erwartungen der Wirtschaftssubjekte bestimmt, den Erwartungen über den künftigen Absatz, die künftigen Einkommen, bzw. die künftigen Steuereinnahmen. Es ist aber unsicher, wie sich diese Größen in Zukunft entwickeln werden, und diese Unsicherheit trachten Menschen zu verringern. Daher sind sie bestrebt, möglichst gut fundierte Vorhersagen der relevanten Entscheidungsparameter zur Grundlage ihres Handelns zu machen.

Vor diesem Hintergrund ist es nicht erstaunlich, dass kaum eine volkswirtschaftliche Aussage in der Öffentlichkeit eine ähnlich große Resonanz findet wie Prognosen der kurzfristigen makroökonomischen Entwicklung. In Deutschland werden diese Vorhersagen im Allgemeinen als Konjunkturprognosen bezeichnet. Obwohl diese Namensgebung bei puristischer Sichtweise nicht ganz gerechtfertigt erscheint – schließlich steht im Zentrum die voraussichtliche Wirtschaftsleistung, nicht aber dezidierte Aussagen zum Auf und Ab der Konjunktur – hält sich das vorliegende Buch an diese Terminologie. Im Englischen findet im Übrigen der Begriff Konjunkturprognose keine Entsprechung. Man spricht zwar von *business cycle analyses*, aber eher von *short term forecasts*.

So groß das Interesse der der Öffentlichkeit an Voraussagen für die kurze Frist auch sein mag, man begegnet ihnen dennoch mit großen Vorbehalten.[1] Bei Vielen gelten sie

---

[1] So bezeichnete der Finanzwissenschaftler Stefan Homburg in der Süddeutschen Zeitung vom 11. Mai 2010 Konjunkturprognosen als „absurd"; und das Handelsblatt vom 25. Oktober 2012 titulierte „die Wirtschaftsforscher" mit Verweis auf die Genauigkeit ihrer Prognosen als „Irrtums-Industrie". Eine Ironie am Rande: Das Handelsblatt verglich damals die BIP-Prognosen wichtiger Institutionen

als theoretisch wenig fundiert, methodisch fragwürdig und für Außenstehende wenig transparent. Kurz gesagt: man sieht in ihnen eher ein „Kaffeesatzlesen" als das Ergebnis einer wissenschaftlichen Forschung. Zugleich vertreten Manche die Meinung, eine Kurzfristprognose könne jeder ökonomisch halbwegs Gebildete ohne großen Aufwand erstellen, ohne dass die Qualität dieser Vorhersage schlechter sei als beispielsweise die der wirtschaftswissenschaftlichen Forschungsinstitute mit ihren mehr oder weniger großen Konjunkturabteilungen.

Der schlechte Ruf von Konjunkturprognosen hat sicherlich mehrere Ursachen. Eine ist wahrscheinlich, dass sie rascher als viele andere zukunftsbezogene Aussagen widerlegt werden können. Zum einen beziehen sich die Prognosen auf den unmittelbar bevorstehenden, ja oft sogar auf einen teilweise bereits vergangenen Zeitraum. Zum anderen machen die Prognose eine – zumindest in den Augen der Öffentlichkeit – exakte Aussage über die voraussichtliche Wirtschaftsentwicklung. Beides erleichtert es ungemein, Fehler nachzuweisen – zumal diese, wie an vielen Stellen dieses Buches deutlich werden wird, kaum zu vermeiden sind. Besonders rufschädigend sind Fehlprognosen in konjunkturellen Wendephasen, in denen einerseits das Expertenurteil stärker gefragt ist als sonst, die sich andererseits aber besonders schlecht prognostizieren lassen.

Die in der Öffentlichkeit verbreitete Skepsis ist zum Teil auch Folge eines Kommunikationsproblems. So legen manche Prognostiker wenig Wert darauf, ihre Vorhersagen nachvollziehbar zu dokumentieren und die Grenzen von deren Aussagekraft zu verdeutlichen. Selten thematisiert wird beispielsweise, dass Konjunkturprognosen auf einem unsicheren empirischen Fundament stehen. Die zu prognostizierenden Größen wie das Bruttoinlandsprodukt oder die Erwerbstätigkeit sind selbst das Ergebnis von Schätzungen der statistischen Ämter und werden im Laufe der Zeit mehr oder weniger stark revidiert, wie in Abschn. 3.4 verdeutlicht. Zugleich verhalten sich Wirtschaftssubjekte nicht uniform: Exporteure zum Beispiel reagierten in der Vergangenheit manchmal stärker und manchmal schwächer auf eine Wechselkursänderungen, und Verbraucher steigerten nach einer Einkommenserhöhung in manchen Situationen eher die Konsumausgaben und in anderen eher die Ersparnis. Daher besteht auch Unsicherheit über die künftigen Reaktionen der Wirtschaftssubjekte[2]. All dies würde beispielsweise nahe legen, stets nur Intervallprognosen abzugeben. In der Praxis findet man allerdings weitaus überwiegend Punktprognosen, und das Interesse der Öffentlichkeit an Intervallprognosen scheint auch eher gering zu sein. Allem Anschein nach wollen Wirtschaftssubjekte ihre Planungen auf eine eindeutige Aussage gründen, allerdings um den Preis, dass sie vielleicht keinen „Plan B" in der Ta-

---

vom Jahresanfang mit seiner eigenen Einschätzung der Zunahme des deutschen BIP. Nur lag die Einschätzung des Handelsblatt noch weiter von dem später veröffentlichten Wert entfernt als die von ihm kritisierten Prognosen.

[2] So zeigen z. B. Blanchard und Leigh (2013), dass die Fehler von Prognosen der makroökonomischen Entwicklung korreliert sind mit der Größe der fiskalischen Konsolidierungsprogramme. Daraus schließen sie, dass die in den Prognosen unterstellten Fiskalmultiplikatoren, die durchaus aus den Erfahrungen der Vergangenheit abgeleitet wurden, zu niedrig sind.

sche haben, auf den sie zurückgreifen können, wenn die am wahrscheinlichsten erachtete Entwicklung doch nicht eintritt. Aber auch die Produzenten von Prognosen dürften Prognoseintervalle nicht allzu sehr lieben, sind diese doch – wie der Nobelpreisträger Clive Granger es ausdrückte – erfahrungsgemäß „beschämend" weit.

Vor diesem Hintergrund möchte das vorliegende Buch auch Transparenz herstellen hinsichtlich der Möglichkeiten und Grenzen von Konjunkturprognosen. In der universitären Ausbildung besitzt die Konjunkturdiagnose und -prognose keinen allzu hohen Stellenwert. In den Vorlesungen zur Ökonometrie oder zur empirischen Wirtschaftsforschung wird das Thema zumeist nur gestreift, und dabei liegt der Schwerpunkt auf den ökonometrischen Aspekten. In Vorlesungen zur Konjunkturtheorie werden zwar einige der im Folgenden dargestellten Überlegungen ausführlich behandelt, etwa die Klassifikation zyklischer Schwankungen nach Dauer und Intensität. Das Thema Prognosen interessiert aber eher am Rande. Bücher und Sammelwerke, die sich ausführlich mit Prognosetechniken befassen, wie die von Clements und Hendry herausgegebenen *Companion of Economic Forecasting* (Clements und Hendry 2002) bzw. *Oxford Handbook of Economic Forecasting* (Clements und Hendry 2011) oder das *Handbook for Economic Forecasting* (Elliot et al. 2006) befassen sich in zahlreichen Einzelbeiträgen zwar eingehend mit vielen Aspekten der Prognosemethodik und -evaluation. Zum einen befassen sie sich jedoch überwiegend mit Prognosen, die unter „Laborbedingungen", also in kontrollierten Experimenten erstellt wurden. Zum anderen interessieren in diesen Sammelwerken die empirischen Grundlagen und die aus ihnen erwachsenden Probleme nur am Rande. Wie schließlich mit unterschiedlichen Methoden gewonnene Prognosen einzelner Sachverhalte zu „praxistauglichen" Konjunkturprognosen zusammengeführt werden, wird dort kaum thematisiert[3].

Ziel dieses Buches ist ein integratives Herangehen an Methoden und Probleme der Kurzfristprognose. Es ist zum einen entstanden aus einer Vorlesung, die ich seit dem Wintersemester 1993/1994 an der Universität Duisburg-Essen halte. Zum anderen fußt es auf Erfahrungen, die ich als Verantwortlicher für die Konjunkturprognosen des Rheinisch-Westfälischen Instituts für Wirtschaftsforschung (RWI) sammeln konnte. Ziel des Buches ist es, einen möglichst breiten Überblick über statistische Grundlagen und Methoden, über Möglichkeiten und Grenzen der Konjunkturdiagnose zu geben. Die Betonung liegt dabei auf breit. In die Tiefe zu gehen wäre ungleich schwieriger. In der modernen Konjunkturanalyse wird nämlich eine große Zahl ökonometrischer und statistischer Verfahren angewendet. Deren jeweiligen formalen Hintergrund darzustellen, ginge erheblich über die Möglichkeiten eines solchen Buches hinaus. Insofern bleibt es im Folgenden in der Regel bei einer kurzen Charakterisierung der angesprochenen Methoden, die in erster Linie den Leser in die Lage versetzen werden soll, den Grundgedanken des jeweiligen Verfahrens nachzuvollziehen. Wer mehr über die Verfahren lernen möchte, wird an den betreffenden Stellen auf einschlägige Lehrbücher verwiesen. Als weitere Einschränkung ist zu beachten, dass sich das sich das Buch vorwiegend an deutsche Leser richtet. Zwar werden, wo

---

[3] Ungeachtet dieser kritischen Bemerkungen sind die drei genannten Handbücher wertvolle Quellen für an den methodischen und statistischen Hintergründen interessierten Leser.

es sich anbietet, Bezüge zur internationalen Praxis hergestellt. Im Wesentlichen wird aber auf die Situation in Deutschland eingegangen.

Inhaltlich lässt sich das Buch grob in drei Teile untergliedern. Der erste umfasst die Abschn. 2 und 3 und befasst sich mit den Grundlagen der Konjunkturdiagnose. Den Anfang machen darin einige grundsätzliche Überlegungen zu Prognosen. Daran schließen sich einige Ausführungen zu den empirischen Grundlagen der Konjunkturanalyse an. Dabei werden sowohl die Themen Datenerhebung und Datenqualität kurz angesprochen, als auch die Konjunkturanalyse erforderlichen Schritte der Datenaufbereitung, insbesondere die Saisonbereinigung.

Der zweite Teil umfasst die Abschn. 4 bis 9 und geht auf die verschiedenen Prognoseverfahren. Den Anfang macht in Abschn. 4 die Ableitung von Referenzzyklen, die auch in historischer Betrachtung den Ausgangspunkt der Konjunkturanalyse bilden. Darauf folgen Ausführungen zu Konjunkturindikatoren (Abschn. 5), zum Einsatz von Zeitreihenmodellen in der Konjunkturprognose (Abschn. 6) und zu ökonometrischen Strukturmodellen (Abschn. 7). In Abschn. 8 wird versucht, einen Eindruck zu vermitteln, wie diese formalen Methoden durch intuitive Verfahren ergänzt werden können. Dieser Teil des Buches endete in Abschn. 9 mit einer Darstellung, wie die mit verschiedenen Verfahren abgeleiteten Prognosen kombiniert und zu einer konsistenten Prognose zusammengeführt werden können.

Der dritte Teil des Buches umfasst die Abschn. 10 bis 12 und befasst sich mit der Evaluation von Prognosen, also mit der Beurteilung von deren Treffsicherheit. Nach einigen grundsätzlichen Überlegungen zur Prognosequalität werden die gängigen Messziffern und Statistiken zur Beurteilung der Prognosequalität dargestellt (Abschn. 10). In Abschn. 11 befasst sich das Buch mit der Ermittlung von Prognoseintervallen. Den Abschluss des Buches bildet ein Überblick über die Prognosepraxis in Deutschland (Abschn. 12).

Literatur

Blanchard, O., und D. Leigh. 2013. Growth forecasts errors and fiscal multilpliers. IMF Working Paper WP/13/1. IMF, Washington D.C.

Clements, M. P., und D. F. Hendry, Hrsg. 2002. *A companion to economic forecasting*. Malden: Wiley-Blackwell.

Clements, M. P., und D. F. Hendry, Hrsg. 2011. *Oxford handbook of economic forecasting*. Oxford: Oxford University Press.

Eliot, G., C. Granger, und A. Timmermann, Hrsg. 2006. *Handbook of economic forecasting*. North Holland: Elsevier.

Prognosen – einige grundsätzliche Überlegungen

2.1 Was ist eine Prognose?

Am Anfang eines Buches, das sich mit Prognosen auseinandersetzt, sollte naturgemäß geklärt werden, was im Folgenden unter einer Prognose verstanden wird. In unseren Sprachgebrauch eingedrungen ist das Wort – nach einem Umweg durch das Lateinische – aus dem Griechischen. Dort bedeutet *prógnosis* „Vorherwissen". Daran anknüpfend stellen Prognosen allgemein zukunftsbezogene Aussagen dar, und zwar in vielen Fachgebieten. Im Englischen bleibt die Verwendung des Wortes *prognosis* den Medizinern vorbehalten, die damit Aussagen über den voraussichtlichen Verlauf einer Krankheit bezeichnen. Im wirtschaftlichen Zusammenhang – aber nicht nur in diesem (*weather forecast*) – spricht man üblicher Weise von *forecast*. Im Deutschen werden als Synonyme Begriffe wie Vorausschätzung, Vorhersage und Projektion verwendet. In eine ähnliche Richtung gehen aber auch Begriffe wie Weissagung, Vorschau und Prophezeiung.

Diese verschiedenen Bezeichnungen sind im Allgemeinen durchaus mit unterschiedlichen Vorstellungen verknüpft. Die Erstgenannten werden dann gewählt, wenn die zukunftsbezogenen Aussagen auf einer seriösen methodische Grundlagen stehen. Letztgenannten haftet hingegen etwas Obskures oder gar Okkultes an. Unter den „seriösen" Begriffen wählt man Projektion überwiegend für eine konditionierte Aussage für die mittlere oder längere Frist. Eine Ausnahme stellt hier der Jahreswirtschaftsbericht der Bundesregierung dar, der auch für die kurze Frist stets von Projektionen spricht. Damit soll wohl zum Ausdruck gebracht werden, dass die Prognose keineswegs eine Zielvorstellung der Bundesregierung ist, sondern lediglich eine für wahrscheinlich gehaltene Entwicklung darstellt. Ansonsten bezeichnet man Aussagen für die kurze Frist eher als Prognosen, bisweilen auch von Vorausschätzungen. Letztgenannter Begriff wird von der Deutsche Bundesbank vorzugsweise verwendet, wohl weil er gut zum Ausdruck bringt, dass die Aussagen letztlich Schätzungen darstellen. Vorhersage wird häufig – und so auch in diesem Buch – schon aus Gründen der sprachlichen Abwechslung synonym verwendet. Allerdings kann man bei näherem Hinsehen durchaus inhaltliche Unterschiede zwischen Prognose bzw. Vorausschätzung einerseits und der Vorhersage andererseits entdecken.

Besonders deutlich wird diese Unterscheidung im englischen Sprachgebrauch. Hier bezeichnet *prediction* (Vorhersage) eine allgemeine zukunftsbezogene Aussage. *Forecast* (Prognose) hingegen benennt eine spezifische Aussage, deren Eintrittswahrscheinlichkeit man auch benennen kann (Hendry 2003, S. 18). In diesem Sinne ist Manches zwar vorhersehbar, aber deshalb noch lange nicht prognostizierbar. So kann man durchaus vorhersagen, dass sich an einer gefährlichen und unübersichtlichen Kreuzung häufig Unfälle ereignen werden. Wann aber ein Unfall konkret passieren wird und mit welchen Folgen, lässt sich aber nicht prognostizieren. In diesem Sinne haben sicherlich manche Ökonomen die 2007 beginnende Finanzmarktkrise vorhergesagt, ohne prognostizieren zu können, wann sie ausbrechen wird und wie ihre konkreten Ausprägungen sein werden.[1]

Man findet in der Literatur keine allgemein akzeptierte Definition der Prognose. Zweckmäßig erscheint es, diese an zwei bereits angesprochenen Charakteristika festzumachen: Erstens sollten Prognosen – etwa im Gegensatz zu Prophezeiungen – über eine wissenschaftliche bzw. methodische Fundierung verfügen. Diese Sicht findet man auch im Duden, der Prognose als „wissenschaftlich begründete Vorhersage einer künftigen Entwicklung" definiert. Als zweites Abgrenzungsmerkmal dient die Tatsache, dass Prognosen über eine gewisse Eintrittswahrscheinlichkeit verfügen. Zusammenfassend definieren wir damit im Folgenden Prognose wie folgt:

▶ Eine Prognose ist eine Aussage über die noch nicht feststehende Entwicklung einer Variable in einem spezifizierten Zeitraum oder ihres noch unbekanntem Zustands an einem bestimmten Zeitpunkt, die aus unserem Erfahrungswissen mit Hilfe geeigneter Methoden abgeleitet wurde.

2.2 Können wir überhaupt prognostizieren?

Ob Menschen überhaupt in der Lage sind, Prognosen in diesem Sinne zu erstellen, ist letztlich eine philosophische Frage. Eine rein logische Deduktion legt die generelle Unmöglichkeit von Prognosen nahe: Könnte beispielsweise ein „Seher" eine künftige Erfindung vorhersagen, dann müsste er bereits eine Vorstellung davon haben, wie diese Erfindung aussieht und wie sie funktioniert. Damit verfügte er aber über ein Wissen, das es erlauben würde, die Erfindung bereits heute zu tätigen; es käme also nicht in Zukunft, sondern bereits heute zu der Innovation. Daraus folgert beispielsweise Taleb (2007), der

---

[1] Nouriel Roubini, der in den Medien als „Dr. Doom" einen hervorragenden Ruf erworben hat, warnte seit 2004 vor einem Zusammenbruch des Finanzsystems. Liest man seine Aussagen genauer, (z. B. Roubini und Setser 2005), so erwartete er aber keineswegs die Subprime-Krise und die durch sie mit ausgelöste Bankenkrise, sondern eher eine Wechselkurskrise in den USA.

2.2 Können wir überhaupt prognostizieren?

sich in seinem in jüngster Zeit viel beachteten Buch „Der schwarze Schwan" recht despektierlich über Wirtschaftsprognosen äußert, „wir können eben nicht vorhersagen". Neu ist diese Erkenntnis allerdings nicht. Bereits 1928 kam Oskar Morgenstern in seiner Habilitationsschrift zu dem Ergebnis, dass Prognosen „mit Mitteln der Theorie und der Statistik grundsätzlich unmöglich sind" (zitiert nach Antholz 2006, S. 12).

Eine so verstandene Unmöglichkeit von Prognosen ergibt sich vor allem daraus, dass in der realen Welt Dinge eintreten, von denen wir nicht einmal erahnen, dass sie eintreten könnten, und die deshalb auch nicht prognostizierbar sind. In der Tat zeigt die Erfahrung, dass es gerade solche nicht vorhersehbaren Entwicklungen sind, die zu großen Prognosefehlern führen.[2] Der ehemalige amerikanische Verteidigungsminister Donald Rumsfeld schaffte es mit seiner Äußerung „*... because as we know, there are known knowns; there are things we know we know. We also know there are known unknowns; that is to say we know there are some things we do not know. But there are also unknown unknowns ...* " zwar in die Hitliste der „dümmsten Sprüche".[3] Im Grunde gibt er damit eine unter Militärs durchaus übliche Denkweise wieder (Taleb 2007, S. 125–127): Wie ist zu handeln, wenn unvorhersehbare Dinge (*unknown unknowns*) eintreten? Er spricht damit aber auch ein Grundproblem eines jeden Prognostikers an. Es können immer wieder Dinge eintreten, über die es keine Erfahrungen gibt, und die daher eine Prognose in sich zusammenbrechen lassen können.

Veranschaulichen lässt sich dieses Problem anhand des „Truthahn-Beispiels" (Taleb 2007, S. 40–42). Ein Truthahn, der täglich vom Bauern gefüttert wird, lernt diesen als Menschen kennen, dessen Streben allein darauf gerichtet zu sein scheint, sein – d. h. des Truthahns – Wohlbefinden zu steigern. Er wird jeden Tag gefüttert, und er prognostiziert aus dieser Erfahrung heraus ein langes, angenehmes Leben. In dieser Prognose wird er mit jedem Tag bestärkt, an dem er gefüttert wird. Allerdings verschlechtert sich das Wohlbefinden des Truthahns zweifelsohne dramatisch an jenem Tag vor Thanksgiving, an dem er geschlachtet wird. Über einen Erfahrungswert, dass dies eines Tages passieren wird, verfügt der Truthahn aber nicht. Er kann sein eigenes Ende also nicht prognostizieren.

Nun sind die meisten Prognostiker in einer besseren Situation, weil sie die Lage von außen analysieren und nicht nur aus der beschränkten Perspektive des „Truthahns" beurteilen. Wer eine ganze Truthahn-Farm beobachtet, kann sich schon ein Bild von der Überlebenswahrscheinlichkeit eines Tieres machen. Vor Fehlern der beschriebenen Art, also dass *unknown unknowns* auftreten ist man dennoch nicht geschützt. Dies soll an zwei Beispielen für „Schwarze Schwäne" verdeutlicht werden.

---

[2] Taleb (2007) bezeichnet solche Ereignisse als „schwarze Schwäne", in Anlehnung daran, dass die nach dem bis dahin gültigen Wissen richtige Vorhersage „Alle Schwäne sind weiß" an dem Tag ihre Gültigkeit verlor, an dem in Australien der erste schwarze Schwan entdeckt wurde.

[3] Department of Defence, News Transcript. News Briefing vom 12. Februar 2002. http://www.defenselink.mil/Transcripts/Transcript.aspx?TranscriptID=2636. Zu den „dümmsten Sprüchen" gehört diese Aussage nach einer Meldung von n-tv am 9.9.2009: Bush, Arni und Rumsfeld: Die drei dümmsten Sprüche. http://www.n-tv.de/panorama/Die-drei-duemmsten-Sprueche-article496579.html.

Dabei möchte ich den Leser zum Raten einladen. Die linke Grafik in Abb. 2.1 zeigt den monatlichen Verlauf eines Aktienkursindex. Um keine weiteren Hinweise zu geben – im Nachhinein wissen wir natürlich, was z. B. Mitte 2000 an den Aktienmärkten passierte –, sind die Monate auf der Zeitachse durchnummeriert. Damit befinden wir uns auf dem Wissensstand des Monats, der hier die Nummer 55 trägt. Die Frage ist nun, wo steht der Aktienindex in dem Monat, der der Nummer 74 trägt, also gut 1½ Jahre später. Liegt er bei A, B oder C? Diese Aufgabe ist natürlich ein reines Ratespiel, wenn man auch A und B ganz gut begründen kann: A entspricht in etwa dem Trend, B dem letzten beobachteten Wert. Richtig ist allerdings C. Dargestellt ist nämlich die Entwicklung des CDAX ab Januar 2003. Datenpunkt 55 ist der Juli 2008, in dem dieser Index seinen Höhepunkt erreichte und zu prognostizieren war der Tiefpunkt nach der weltweiten Finanzkrise. Nun kann man einwenden, dass die Prognose besser möglich gewesen wäre, hätte man die Zeitumstände näher gekannt. Das mag sein, die Erfahrung spricht aber eher dagegen. Die Wirtschaftsgeschichte zeigt beispielsweise, dass Finanzkrisen häufig von Finanzmarktinnovationen ausgelöst waren, bei denen man keine Erfahrungen darüber besaß, wie sie sich unter „Stress" verhalten, und die deshalb überraschend auftraten.

Die rechte Seite von Abb. 2.1 zeigt die Entwicklung des Umsatzes eines Unternehmens. Dargestellt ist die Umsatzentwicklung in den Jahren 1995 bis 1999, und gefragt ist, wo der Umsatz 2005 stehen wird. Erneut gilt: A, B oder C? B erscheint insofern plausibel, als es in etwa auf einer Trendlinie liegt. Dass dies aber deshalb nicht richtig sein muss, zeigte bereits das vorherige Beispiel. Um den Leser nicht völlig im Dunkeln zu lassen sei gesagt, dass es sich um den Umsatz des englischen Verlages Bloomsbury handelt. Und weil auch das den Meisten noch nichts sagen dürfte, sei zudem erwähnt, dass Bloomsbury

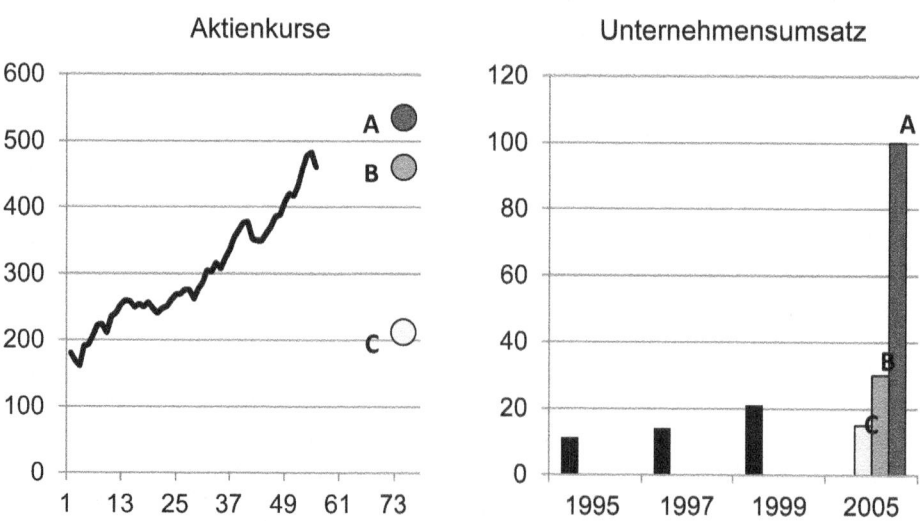

Abb. 2.1 Prognose von „Schwarzen Schwänen": Was ist die richtige Prognose? (Nach Angaben der Deutschen Bundesbank und des Economist)

der englische Verleger der Harry Potter Bücher ist. Hier dämmert es wohl, dass A die richtige Lösung ist, so unwahrscheinlich sie auch aufgrund des vergangenen Trends sein mag. Wenn man hätte 1999 prognostizieren wollen, wo der Umsatz 2005 steht: Hätte die letzte Information geholfen? Wahrscheinlich nicht. Wir wissen zwar heute, dass die Bücher sehr erfolgreich waren, damals fragte aber z. B. die New York Times noch „Harry Who?".[4] Das Beispiel zeigt, dass auch zusätzliche Informationen oft nicht bei der Prognose helfen, weil deren Relevanz sich erst im Nachhinein herausstellt.

Nicht nur die fehlende Prognostizierbarkeit solcher schwarzer Schwäne begründet eine Unmöglichkeit von Prognosen, ein anderer Grund ist die mangelnde Konstanz der Verhaltensweisen von Wirtschaftssubjekten. Prognosen sind dann von besonderem Interesse, wenn die Veränderlichkeit von Erscheinungen besonders groß ist. Rothschild (1969, S. 21) drückt dies so aus: „Projektionen bestimmter Zustände ... sind nur dann von Interesse, wenn die Konstanz des Zustandes ... nicht von vornherein unter allen Umständen gesichert ist ... Die Ungewissheit und Veränderlichkeit der Erscheinungen geben erst den Anstoß zur Prognosetätigkeit". Somit besteht der innere Widerspruch, dass Prognosen gefragt sind, weil Dinge sich ändern, während sie nur unter der Voraussetzung erstellt werden können, dass sich vergangene Trends fortsetzen, also in der Vergangenheit beobachtete Gesetzmäßigkeiten weiter gelten – ein Problem, das Knight (1921, S. 313) bereits in seinem „Prognose-Paradoxon" beschrieben hat. Aus diesem Widerspruch heraus müssen Prognosen an den Ansprüchen scheitern.

Es gibt freilich auch Faktoren, die dazu beitragen, dass Prognosen dennoch möglich sind. Erstens stellen „Schwarze Schwäne" nicht den Normalfall dar, sondern in der Mehrzahl der Fälle bleiben Rahmenbedingungen hinreichend konstant. Zweitens werden künftige Entwicklungen häufig durch Faktoren beeinflusst, die bereits bekannt sind. Dies gilt insbesondere für den „aktuellen Rand", also die gerade zurückliegenden Monate oder den laufenden Monat, für die in der Regel gesamtwirtschaftliche Daten fehlen, aber bereits Indikatoren vorliegen, die eine realitätsnahe Abschätzung der wirtschaftlichen Aktivität erlauben. Auch wirken manche Entwicklungen in der Vergangenheit erst mit Verzögerungen; so passen sich Exporteure erst nach und nach an geänderte Wechselkurse an. Und manchmal werden künftig wirksam werdende Faktoren vorab angekündigt, so z. B. fiskalische Maßnahmen. Ein Quantum Wissen über die Zukunft ist also vorhanden.

2.3 Wie prognostizieren wir?

Dennoch sollte man, was die menschlichen Fähigkeiten angeht, Aussagen über künftige Entwicklungen zu treffen, Bescheidenheit walten lassen. Diese Bescheidenheit verlangt zum einen, dass man stets die Grenzen seiner Aussagen verdeutlicht. Sie legt aber auch nahe, Prognosen nicht allein daran zu messen, ob die vorhergesagte Entwicklung tatsäch-

---

[4] Die Daten und das Zitat sind dem Artikel „The Harry Potter Economy" entnommen, der im Economist vom 17. Dezember 2009 erschienen ist.

lich eingetreten ist, sondern auch ihre methodische Fundierung zu berücksichtigen. Was macht allerdings eine solche geeignete methodische Fundierung aus? Darüber gibt es in der Literatur unterschiedliche Auffassungen.

2.3.1 Die deduktiv-analytische Sicht

Eine dieser Auffassungen gründet in den Ideen des „Kritischen Rationalismus", der eine Symmetrie von Prognose und Erklärung sieht. Eine kurze Darstellung findet man bei Hujer und Cremer (1978, S. 7–15), die wie folgt zusammenfassen: „Wissenschaftlich akzeptable Prognosen müssen aus hinreichend bestätigten Theorien deduktiv abgeleitet werden. Vorhersagen, die nicht aus Theorien deduziert sind, werden demnach als Prophetien, Projektionen, … bezeichnet" (Hujer und Cremer 1978, S. 7). Aufgeschrieben wurde diese Sicht erstmals von Hempel und Oppenheim, die im Prognoseprozess exakt die Umkehrung des Vorgehens bei der Erklärung realer Phänomene sehen (Hempel und Oppenheim 1948): Im Erklärungsprozess sollen beobachtete Phänomene (Explanandum) mit Hilfe geeigneter Theorien und deren Anwendungsbedingungen „erklärt" werden – beides zusammen genommen bezeichnet man auch als Explanans. Bei einer Prognose sind Theorie und Anwendungsbedingungen gegeben und es werden die künftigen Beobachtungen des Explanandums, also des interessierenden Phänomens gesucht.

Um dies an einem Beispiel zu illustrieren: Eine Erklärung der real beobachteten Konsumgüternachfrage erhalten wir, indem wir unterschiedliche Konsumtheorien zu Rate ziehen und überprüfen, welche Werte die in der Theorie angenommenen Erklärungsfaktoren im Beobachtungszeitraum herrschten, wie sich z. B. die Einkommen entwickelt haben, ob die Zinsen gesunken (oder gestiegen) sind oder ob die Vermögen die Konsumenten zu- oder abgenommen haben. Ist aus all diesen Beobachtungen erst einmal eine empirisch bewährte Theorie gefunden, können wir unter deren Verwendung bei Vorgabe künftiger Werte für die Anwendungsbedingungen (oben genannt: Einkommen, Zinsen und Vermögen) einen künftigen Wert für die Konsumnachfrage prognostizieren.

Aus diesem Vorgehen bei der Ableitung von Prognose kann man ebenfalls, allerdings in einem anderen Sinne als im vorhergehenden Abschnitt angesprochen, die Unmöglichkeit von Wirtschaftsprognosen folgern. Um zu einer Prognose zu gelangen muss man nämlich die Anwendungsbedingungen prognostizieren. Dies setzt wiederum voraus, die Anwendungsbedingungen der Anwendungsbedingung zu kennen, und so weiter. Es kommt also zu einem unendlichen Regress auf immer neue Bedingungen. Dieses Problem lässt sich nur dadurch umgehen, dass man entweder einzelne Anwendungsbedingungen exogen vorgibt oder dass man die ceteris paribus Bedingung anwendet.

Hinter einem solchen induktiv-deduktiven Ansatz steht implizit die Vorstellung, dass Wirtschaftsprognosen aus einem strukturellen Prognosemodell abgeleitet werden, das stark in der ökonomischen Theorie verankert ist. Dieses Vorgehen steht allerdings aus mehreren Gründen in der Kritik. So ist es, um auf den bereits zitierten Prognosekritiker Taleb zurückzukommen, anfällig für Trugschlüsse, die sich aus einer erzählerisch begründenden Darstellungen der Vergangenheit ergeben (*narrative fallacy*). Der Mensch tendiert anscheinend dazu, im Nachhinein einleuchtende Erklärungen für das Beobachtete zu finden, er blendet dabei aber gerne andere denkbare Erklärungen aus. Entgegenwirken kann man dieser Gefahr dadurch, dass man auf breiter Basis zahlreiche denkbare Erklärungsmuster überprüft.

Noch grundsätzlicher angegriffen wird diese deduktive Sichtweise durch die *Lucas-Kritik*, der zu Folge geänderte wirtschaftpolitische Rahmenbedingungen stets geänderte Verhaltensweisen der Wirtschaftssubjekte nach sich ziehen, so dass sich die Parameter von Erklärungsmodellen beständig ändern, wodurch sie wenig geeignet sind für die Ableitung einer Prognose. Insbesondere aber liefert ein solcher Ansatz selbst unter der Annahme, dass das Erklärungsmodell richtig ist und die gefundenen Verhaltensweisen stabil sind, stets nur bedingte Prognosen. Sie gilt nämlich nur auf Grundlage der vorgegebenen exogenen Variablen.

2.3.2 Die zeitreihenanalytische Sicht

Im Lichte der Lucas-Kritik fanden zeitreihenanalytische Verfahren verstärkt Anwendung in der Konjunkturanalyse. Damit einher geht ein weitaus einfacheres Verständnis darüber, was eine Prognose ist. Bei Clements und Hendry (2002, S. 2) heißt es dazu frei übersetzt: „Jede die Zukunft betreffende Aussage ist eine Prognose". Dabei muss man allerdings – wie oben angesprochen – ergänzen, dass die Aussage eine gewisse Eintrittswahrscheinlichkeit besitzen und methodisch begründet sein sollte. Dabei muss allerdings der Anspruch an die Methoden nicht allzu weit gehen. Die Aussage „Die Wirtschaft ist im vergangenen Jahr um 2% gewachsen, also wird sie auch in diesem um 2% wachsen" wäre nach diesem Verständnis durchaus eine akzeptable Prognose. Hinter ihr steht nämlich – wie in Kap. 6 ausgeführt werden wird – ein einfaches Zeitreihenmodell, dessen Prognosekraft überprüfbar ist und das sich bewähren muss gegenüber aufwändigeren Verfahren, mit denen Entwicklungstrends bestimmt werden können. Hilfe bei der Verbesserung der Prognosequalität erwartet Hendry (2003, S. 20–24) dabei weder von Seiten der Wirtschaftstheorie noch von der Schätzmethodik – womit er ganz in der Tradition Morgensterns steht –, sondern allein durch eine genauere Bestimmung des zugrundliegenden Trends, insbesondere das Erkennen von Strukturbrüchen.

2.4 Prognosearten

Unabhängig von der verwendeten Prognosemethode muss man verschiedene Arten von Prognosen unterscheiden. Da in den im Folgenden verwendeten Beispielen diese verschiedenen Prognosearten häufig angesprochen werden, sollen sie hier kurz eingeführt werden.

Zunächst kann man zwischen ex-post-Prognose (engl.: *in sample*) und ex-ante Prognosen (*out of sample*) unterscheiden.

- Ex post Prognosen werden für einen Zeitraum erstellt, für den die Daten bereits bekannt sind. Solche Prognosen dienen häufig der Überprüfung von Prognoseverfahren, da man im Untersuchungszeitraum Prognose und Realisation vergleichen kann. Aber auch bei der Berechnung von Szenarien (was wäre wenn?) kann es sinnvoll sein, in einem Zeitraum zu operieren, für den schon Daten vorliegen.
- Ex ante Prognosen erfolgen außerhalb des Stützbereichs eines ökonometrischen oder eines Zeitreihen-Modells. Dabei sind zwei Fälle zu unterscheiden. Erstens kann man den Stützbereich künstlich verkürzen, also in der Vergangenheit enden lassen, so dass für den prognostizierten Zeitraum bereits die realisierten Werte bekannt sind. Zweitens kann man in einen Zeitraum mit noch unbekannten Daten prognostizieren, also eine „echte" Prognose erstellen.

Eine andere wichtige Unterscheidung ist die zwischen Ein-Schritt- und Mehr-Schrittprognosen. Bei einer Ein-Schritt-Prognose wird jeweils eine Prognose für die an den Beobachtungszeitraum anschließende Periode erstellt. Endet der Beobachtungszeitraum einer Variable zum Zeitpunkt t, wird eine Prognose für den Zeitpunkt $t+1$ erstellt. Bei einer Mehr-Schritt-Prognosen wird nicht nur eine Prognose für den Zeitpunkt $t+1$, sondern auch für $t+2$ oder weitere Zeiträume erstellt. Die Besonderheit solcher Mehr-Schrittprognosen ist, dass sie selbst auf einer Prognose aufbaut, nämlich der Prognose den Zeitpunkt $t+2$ auf die für den Zeitpunkt $t+1$.

Literatur

Antholz, B. 2006. Geschichte der quantitativen Konjunkturprognose-Evaluation in Deutschland. *Vierteljahrshefte zur Wirtschaftsforschung* 75:12–33.

Clements, M. P., und D. F. Hendry. 2002. An overview of economic forecasting. In *A companion to economic forecasting*, Hrsg. M. P. Clements und D. F. Hendry, 1. Aufl. 1–18. Malden: Wiley-Blackwell.

Hempel, C. G., und P. Oppenheim. 1948. Studies in the logic of explanation. *Philosophy of Science* 14 (2): 135–175.

Hendry, D. F. 2003. How economists forecast. In *Understanding economic forecasts*, Hrsg. D. F. Hendry und N. R. Ericsson, 15–41. Cambridge: MIT Press.

Hujer, R., und R. Cremer. 1978. *Methoden der empirischen Wirtschaftsforschung. WiSo Kurzlehrbücher. Reihe Volkswirtschaft*. München: Vahlen.

Knight, F. H. 1921. Risk, uncertainty, and profit. Boston: Miffin. http://en.wikisource.org/wiki/Page:risk_Uncertainty_and_Profit.djvu/329. Zugegriffen: 12. Aug. 2010.

Rothschild, K. 1969. *Wirtschaftsprognose. Methoden und Probleme*. Berlin: Springer.

Roubini, N., und B. Setser. 2005. The sustainability of the US external balance. *CESifo Forum* 6 (1): 8–15.

Taleb, N. N. 2007. *The black swan*. New York: Penguin.

3 Daten als Grundlage der Analyse

Konjunkturdiagnosen und -prognosen sind wesentlich durch die jeweilige Datenlage geprägt. Daher verdienen ihre statistischen Grundlagen besondere Aufmerksamkeit. Im Folgenden sollen vier Aspekte angesprochen werden, die im vorliegenden Zusammenhang von besonderem Interesse sind: Erstens wird auf die Abbildungsprobleme empirischer Phänomene eingegangen, um damit den Blick auf die Definition und den Aussagegehalt von Daten lenken. Zweitens wird eine kurze Darstellung verschiedener Datenquellen gegeben. Drittens wird auf die Datenaufbereitung, und hier insbesondere die für die Konjunkturanalyse besonders wichtigen Verfahren zur Bildung von Indizes und der Saisonbereinigung eingegangen. Der abschließende vierte Abschnitt befasst sich mit der Datenqualität.

3.1 Abbildungsprobleme realer Phänomene

„Bei der Anwendung von Methoden der empirischen Wirtschaftsforschung kann die Tendenz beobachtet werden, dass die Probleme bei der Datenbeschaffung unterschätzt werden und stattdessen von der Existenz ausreichend „guter" Daten … ausgegangen wird." Mit diesem Satz leiteten Hujer und Cremer (1978, S. 16) den Abschnitt zur Datenbasis in ihrem Lehrbuch der quantitativen Wirtschaftsforschung aus dem Jahr 1978 ein. Er gilt heute wohl nicht mehr in Bezug auf die technische Verfügbarkeit von Daten. Diese hat sich in den vergangenen Jahren durch die Verbreitung des Internets spürbar verbessert, weil dort viele Institutionen die von ihnen erhobenen Daten der Öffentlichkeit zumeist kostenfrei zugänglich machen. Der Satz ist aber wohl unverändert wahr in Bezug auf die Auswahl „guter", im Sinne von für die zu untersuchenden Fragestellung geeigneten Daten. Der erleichterte Zugang zu Daten lädt im Gegenteil dazu ein, Daten unkritisch zu verwenden, d. h. die dahinter stehenden Messvorschriften und Definitionen nicht ausreichend zu beachten. Dies kann in empirischen Analysen zu Fehlern führen, z. B. weil der Verwender Daten falsch interpretiert, für die zu untersuchende Fragestellung ungeeignete Daten wählt oder die Ungenauigkeiten unterschätzt, mit denen die Daten behaftet sind.

Die Beschreibung eines realen Phänomens durch eine oder mehrere statistische Maßzahlen setzt einen mehrstufigen Prozess voraus, in dem diese Messziffern abgeleitet werden. Auf einer ersten Stufe muss ein Phänomen zunächst operationalisiert werden, wovon ausgehend in einer zweiten Stufe Messvorschriften gebildet werden, mit deren Hilfe die Merkmale des Phänomens abgebildet werden können. Auf einer dritten Stufe muss dann festgelegt werden, wie die Daten konkret erhoben werden sollen, also z. B. ob eine Vollerhebung oder eine Stichprobe durchgeführt werden soll, ob die Auskunftspflichtigen befragt oder von sich aus melden sollen, ob neue Erhebungen durchgeführt oder vorliegende Verwaltungsdaten genutzt werden.

In vielen Fällen bereitet die Operationalisierung keine größeren Schwierigkeiten. So fällt es sicherlich leicht, den Kraftfahrzeugbestand in Deutschland zu definieren, da alle Zulassung und Abmeldungen beim Kraftfahrtbundesamt registriert werden. Aber selbst in diesem auf den ersten Blick recht eindeutigen Fall gibt es Klärungsbedarf, will man dafür Sorge tragen, dass die so gewonnen Daten eindeutig sind. So müsste beispielsweise festgelegt werden, wie mit vorübergehend stillgelegten Fahrzeugen zu verfahren ist. Bei komplexeren Phänomenen – die Wirtschaftsleistung einer Volkswirtschaft, die Qualität der Umwelt, die Aufwendungen für Gesundheit, der Bildungsstand einer Bevölkerung seien als Beispiele genannt – sind umfangreiche Definitionen und Abgrenzungen erforderlich. Im Falle der Volkswirtschaftlichen Gesamtrechnungen z. B. füllen die Definitionen dicke Handbücher.

Bei der Ableitung der Messvorschriften und der Erhebungstechniken geht es im Kern darum, dass Erhebung so zu gestalten ist, dass die Daten

- objektiv sind, d. h. unabhängig von der Person des Beobachters und den Umständen der Erhebung stets gleich ausfallen;
- zuverlässig sind (Reliabilität), also mit möglichst geringen Messfehlern behaftet sind, und dass sie
- valide sind, d. h. das zu beschreibende Phänomen möglichst zutreffend abbilden.

Die Kenntnis von Definitionen und der Art der Datenerhebung ist wichtig, will man Daten für Prognosezwecke – und nicht nur dafür – richtig interpretieren (Kasten 3.1). So erfolgt beispielsweise die Erhebung von Produktion und Auftragseingang im Verarbeitenden Gewerbe aufgrund einer Stichprobe unter Unternehmen mit mehr als 50 Beschäftigten, auch um die Kostenbelastung der Unternehmen durch statistische Pflichten zu verringern. Das bedeutet aber, dass die erhobenen Angaben in Sektoren mit eher kleinbetrieblicher Struktur – wie im Ernährungsgewerbe – stets mit Vorsicht zu interpretieren sind.

3.1 Abbildungsprobleme realer Phänomene

Kasten 3.1: Der Einfluss der Revision 2011 auf den Nachweis der Lohnquote

Die Lohnquote, also der Anteil der Arbeitnehmereinkommen am Volkseinkommen, ist wirtschaftspolitisch brisant, weil sie die Verteilung des Einkommens auf die Produktionsfaktoren Arbeit und Kapital charakterisiert. Allerdings ist ihre Höhe auch wesentlich von den Definitionen in den Volkswirtschaftlichen Gesamtrechnungen abhängig. Diese sind zwar auf internationaler Ebene weitgehend festgelegt, jedoch bestehen an verschiedenen Stellen Wahlmöglichkeiten.

Eine betrifft die Buchung von Unternehmenssteuern. Fallen diese unabhängig vom Ertrag an, stellen sie für die Unternehmen Kosten dar, die als Produktionsabgaben vor Ermittlung des Volkseinkommens vom Bruttoinlandsprodukt abgezogen werden. Damit spielen sie bei der Aufteilung des Volkseinkommens auf Arbeit und Kapital keine Rolle. Steuern vom Gewinn hingegen werden auf die Entlohnung des Faktors Kapital erhoben gelten als Teil des Gewinneinkommens. Sie werden – analog zur Einkommensteuer – erst später in der Umverteilungsrechnung abgezogen. In Deutschland galt die Gewerbesteuer bis zur jüngsten Revision der Volkswirtschaftlichen Gesamtrechnungen als Produktionsabgabe. Dies hatte historische Ursachen, weil ursprünglich die Gewerbekapitalsteuer einen großen Teil des Aufkommens ausmachte, die als Substanzsteuer auf das Kapital der Unternehmen erhoben wurde. Diese Regelung behielt das Statistische Bundesamt bei, als die Gewerbekapitalsteuer abgeschafft wurde und nur die Gewerbeertragsteuer blieb, also eine Gewinnsteuer. Mit der Revision 2011 wurde diese Praxis umgestellt und die Gewerbesteuer erst nach Ermittlung des Volkseinkommens vom Gewinn abgezogen. Damit wurden das Volkseinkommen und der Gewinn höher ausgewiesen, ohne dass die Kapitaleinkommensbezieher dadurch materiell besser gestellt wurden (Räth et al. 2011).

Zwar wurde dieser Effekt teilweise dadurch kompensiert dass sich im Zuge der Revision aufgrund der Nutzung neuer Datenquellen auch eine höhere Schätzung der Arbeitnehmereinkommen ergab. Gleichwohl wurde aufgrund der Revision die Lohnquote zumeist geringer ausgewiesen (Abb. 3.1) Eine Ausnahme bilden die Jahre nach Rezessionen, in denen geringe Gewinnsteuern anfallen.

In Relation zur gesamten Industrieproduktion liefert der vom Statistischen Bundesamt erhobene Produktionsindex mit anderen Worten eine *voll- teilidentische Abbildung*. Alle Produktionsaktivitäten, die der Index abbildet, sind zwar der Industrieproduktion zuzurechnen, aber Teile der Industrieproduktion werden durch den Index aufgrund der Abschneidegrenze bei der Erhebung des Index nicht abgebildet (Abb. 3.2). Zum Teil werden diese fehlenden Bestandteile von den statistischen Ämtern zugeschätzt, was aber an dem grundsätzlichen Problem nichts ändert. Die Verwendung solcher voll-teilidentischer Daten ist in der empirischen Wirtschaftsforschung durchaus gebräuchlich. Seltener findet man *vollidentische* Daten, also Daten die mit dem theoretischen Konstrukt völlig übereinstimmen. Am ehesten gilt dies noch für die Größen der Volkswirtschaftlichen Gesamtrechnungen, bei denen sich die Messung eng an die Definition der Größen anlehnt. Insofern ist das Bruttoinlandsprodukt – wie viele Schätzungen für seine Berechnung auch erforder-

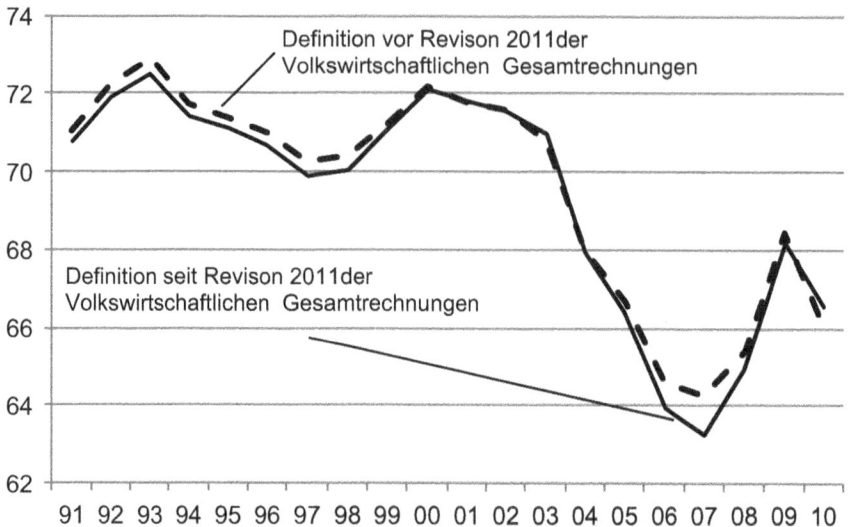

Abb. 3.1 Lohnquote vor und nach der Revision 2011 der Volkswirtschaftlichen Gesamtrechnungen

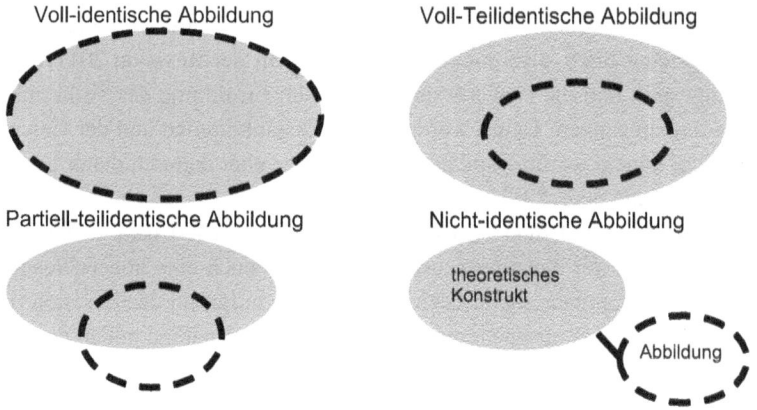

Abb. 3.2 Repräsentationsgrade von Daten. Nach Hujer und Cremer (2008), S. 20

lich sein mögen – eine vollidentische Abbildung der Wirtschaftsleistung, solange man das Bruttoinlandsprodukt als Maßstab der Wirtschaftsleistung akzeptiert.

Häufig muss man in der Praxis auch auf *partiell-teilidentische* Abbildungen zurückgreifen, also auf Daten die einerseits nur einen Teil des zu beschreibenden Phänomens darstellen, die andererseits aber auch Bestandteile enthalten, die nicht dem zu messenden Phänomen zuzurechnen sind. So wird der Umsatz im Einzelhandel häufig als Indikator für die in diesem Sektor erbrachte Bruttowertschöpfung – also dessen Nettoproduktion – verwendet. Allerdings macht die Bruttowertschöpfung nur den kleineren Teil des Umsatzes aus, der stark durch den Einstandswert der gehandelten Waren geprägt ist. Als Indikator der Wertschöpfung ist der Umsatz nur dann geeignet, wenn man von einem konstanten

Wertschöpfungsanteil ausgehen kann. Selbst dann ist er nur eine partielle Abbildung, weil es auch bei der Erhebung des Umsatzindex eine Abschneidegrenze gibt, und weil zudem neu gegründete Unternehmen erst mit zeitlicher Verzögerung erfasst.

Damit ist man schon nahe an einer vierten Möglichkeit der Abbildung realer Phänomene, der *nicht-identischen* Abbildung. Diese Form ist in der Konjunkturanalyse in Gestalt von Konjunkturumfragen weit verbreitet. Melden Unternehmen beispielsweise eine gute Geschäftslage, dann zeigt dies erfahrungsgemäß auch eine Zunahme der Produktion an, ohne dass zwischen dem Umfrageergebnis und dem Produktionswert ein definitorischer Zusammenhang besteht. Es gibt aber eine in der Vergangenheit bestätigte, mehr oder weniger enge Korrelation.

3.2 Datenquellen

Die zahlreichen Datenquellen, die für die empirische Wirtschaftsforschung zur Verfügung stehen, muss man generell in amtliche und nicht-amtliche Quellen unterteilen. Diese Differenzierung beinhaltet keine Wertung hinsichtlich Objektivität und Verlässlichkeit der Daten. Sie besagt lediglich, dass amtliche Daten aufgrund eines Gesetzes erhoben werden, während nicht-amtliche Daten von den zur Datenerhebung Befragten freiwillig bereitgestellt werden.

Geregelt werden Aufgaben, Rechte und Pflichten der amtlichen Statistik in Deutschland durch das *Gesetz über die Statistik für Bundeszwecke* (Bundesstatistikgesetz). In dessen § 1 heißt es: „Die Statistik für Bundeszwecke (Bundesstatistik) hat im föderativ gegliederten Gesamtsystem die Aufgabe, laufend Daten über Massenerscheinungen zu erheben, zu sammeln, aufzubereiten darzustellen und zu analysieren. Für sie gelten Grundsätze der Neutralität, Objektivität und wissenschaftlichen Unabhängigkeit." Die Durchführung von Bundesstatistiken obliegt dem Statistischen Bundesamt. Zu seinen Aufgaben gehören u. a. die einheitliche und termingerechte Erhebung von Statistiken, die Abstimmung von statistischen Aufgaben und die Erstellung von Volkswirtschaftlichen Gesamtrechnungen und sonstiger Gesamtsysteme (z. B. Umweltgesamtrechnungen). Bundesstatistiken werden in der Regel durch Gesetze angeordnet, die auch die Auskunftspflicht der Befragten regeln. Die Erhebungen dürfen nur einen beschränkten Personenkreis erfassen. Praktisch durchgeführt werden die statistischen Erhebungen in der Regel von den Statistischen Landesämtern.

Als Teil der amtlichen Statistik müssen auch die Deutsche Bundesbank und die Bundesagentur für Arbeit angesehen werden, denen per Gesetz verschiedene statistische Aufgaben zugewiesen sind. So fällt die Zahlungsbilanzstatistik in die Zuständigkeit der Bundesbank; hierfür sieht das Außenwirtschaftsgesetz Meldepflichten der Unternehmen vor. Die Bundesagentur für Arbeit erstellt wichtige Arbeitsmarktstatistiken.

Alle Ergebnisse von Bundesstatistiken werden „für allgemeine Zwecke" veröffentlicht. Die meisten Daten stehen inzwischen der Öffentlichkeit in der Regel auf elektronischem Wege und häufig unentgeltlich zur Verfügung. Für wissenschaftliche Zwecke stellt das Statistische Bundesamt – selbstverständlich nur bei Zusicherung der Einhaltung des Datenschutzes – zunehmend zu einer Reihe von Themenbereichen auch die Mikrodaten zur Verfügung, auf denen seine Berechnungen der gesamtwirtschaftlichen Angaben beruhen.

Eine wichtige Quelle für statistische Informationen sind inzwischen internationale Organisationen wie EUROSTAT, die OECD, der Internationale Währungsfonds (IWF) sowie die Vereinten Nationen und deren verschiedene Unterorganisationen. Diese führen zwar grundsätzlich keine eigenen Erhebungen durch, sie bereiten aber nationale Daten nach einheitlichen Standards auf, bzw. verlangen von nationalen Stellen die Lieferung entsprechend aufbereiteter Daten. Vor allem aber erarbeiten sie – häufig in Kooperation – einheitliche Definitionen und Berechnungsvorschriften und sie legen verbindliche Standards hinsichtlich des Veröffentlichungsprogramms der nationalen Stellen fest. Beispiele sind das *System of National Accounts* der UNO und das *Balance of Payment Manual* des IWF.

Zudem werden auf internationaler Ebene jene Klassifikationen erarbeitet, die der Zuordnung einzelner Produkte oder Betriebe zu Sektoren, Wirtschaftszweigen oder Gütergruppen dienen. Als Beispiels seien genannt die *International Standard Industry Classification* (ISIC), die u. a. Grundlage der Definition und Abgrenzung von Wirtschaftszweigen in den Volkswirtschaftlichen Gesamtrechnungen ist, die *Standard International Trade Classification* (SITC), nach der Waren im Außenhandel klassifiziert werden, und die *Classification of Individual Consumption by Product* (COICOP), die eine Grundlage der Darstellung von Konsumstrukturen, der Ausgabenrechnung privater Haushalte und der Erhebung von Verbraucherpreisen bildet.

Nicht-amtliche Statistiken werden von einer Vielzahl von Stellen erhoben. Das Spektrum reicht von wissenschaftlichen Instituten, über privatwirtschaftliche Unternehmen bis hin zu Verbänden. Als Beispiele seien mit Blick auf die Konjunkturanalyse die Befragungen des ifo Instituts Abschn. 5.2.3.1 und der Finanzmarkttest des Zentrums für Europäische Wirtschaftsforschung (ZEW) Abschn. 5.2.3.2 genannt, auf die später genauer eingegangen werden wird.

3.3 Datenaufbereitung

Bis Daten für Analysezwecke nutzbar sind, durchlaufen sie – unabhängig davon, ob es sich um amtliche oder nicht-amtliche Statistiken handelt – zahlreiche Stufen der Aufbereitung. So werden die erhobenen Angaben zu Daten für bestimmte Sektoren, Regionen, Unternehmens- oder Haushaltstypen zusammengefasst. Da es sich bei den Quellen überwiegend um Stichproben handelt, müssen sie zudem zu gesamtwirtschaftlichen Daten hochgerechnet werden, wobei der Tatsache Rechnung zu tragen ist, dass die einzelnen interessierenden Gruppen in solchen Stichproben unterschiedlich stark vertreten sein können. Auch werden die Daten anonymisiert, damit z. B. einzelne Unternehmen nicht identifiziert werden können. Auf die dabei angewendeten Methoden soll hier allerdings nicht näher eingegangen werden.

3.3.1 Index-Bildung

Häufig werden von den so bereits aufbereiteten Daten nicht die Originalwerte veröffentlicht, sondern sie werden in Form von Indizes publiziert. Es gibt verschiedene Möglichkeiten, solche Kennziffern zu bilden. Am gebräuchlichsten sind Indizes, die die Komponenten, die in ihm enthalten sind, mit konstanten Gewichten eines Basisjahres zusammenfassen, sog. Laspeyres-Indizes. Ein Preisindex nach Laspeyres für das Jahr t auf der Basis des Jahres 0 errechnet sich z. B. als

$$P_t^L = \frac{\sum p_{it} \cdot q_{i0}}{\sum p_{i0} \cdot q_{i0}} \qquad (3.1)$$

wobei p die Preise und q die Mengen der Güter i darstellen. Der Index gibt an, wie viel ein im Basisjahr 0 gekauftes Güterbündel im Jahr t im Vergleich zum Jahr 0 kosten würde. Der entsprechende Mengenindex lautet.

$$Q_t^L = \frac{\sum q_{it} \cdot p_{i0}}{\sum q_{i0} \cdot p_{i0}} \qquad (3.2)$$

Alternativ gewichtet ein Paasche-Index die Preise mit veränderlichen Gewichten des jeweils aktuellsten Basisjahres, wodurch der Warenkorb ständig an die sich wandelnden Verbrauchsgewohnheiten angepasst wird.

$$P_t^P = \frac{\sum p_{it} \cdot q_{it}}{\sum p_{i0} \cdot q_{it}} \qquad (3.3)$$

Der Paasche-Preisindex beantwortet somit die Frage, wie sich das im Jahr t gekaufte Güterbündel im Vergleich zum Basisjahr 0. Hier lautet der entsprechende Mengenindex

$$Q_t^P = \frac{\sum q_{it} \cdot p_{it}}{\sum q_{i0} \cdot p_{it}} \qquad (3.4)$$

Dabei ergänzen sich ein Laspeyres-Mengen- und ein Paasche-Preisindex, wie auch ein Paasche-Mengen- und ein Laspeyres-Preisindex jeweils zur Veränderung der nominalen Werte gegenüber dem Basisjahr.

In der Praxis findet man sowohl Laspeyres- als auch Paasche-Indizes. Erstere sind einfacher zu ermitteln, da man beispielsweise für die Berechnung von Preisindizes lediglich Informationen über die Preise sammeln muss sind, aber keine Angaben zu den Mengen benötigt. Daher findet man in den Preisstatistiken der amtlichen Statistik, die sehr zeitnah veröffentlicht werden, ausschließlich Laspeyres-Indizes. Auch wichtige Mengenindizes wie der Produktionsindex oder der Auftragseingangsindex sind Laspeyres-Indizes; als Gewichte dienen hier die Bruttowertschöpfungsanteile des Basisjahres. Für die Messung

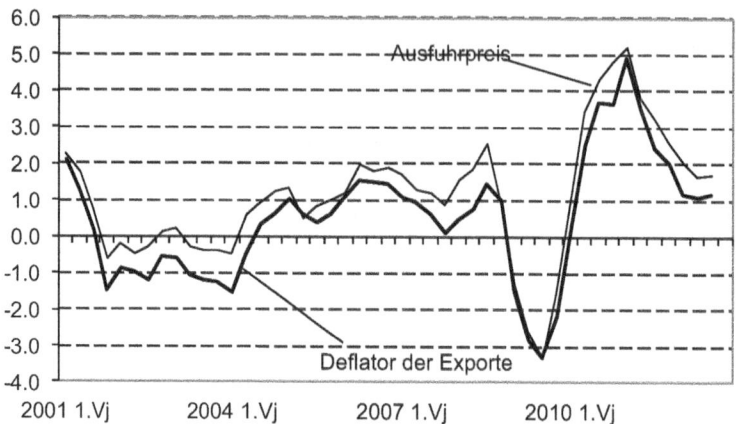

Abb. 3.3 Ausfuhrpreis und Deflator der Warenexporte. Veränderungen gegenüber dem Vorjahr; 2001 bis 2012; Angaben des Statistischen Bundesamtes

der Preise im Bereich der Volkswirtschaftlichen Gesamtrechnungen hingegen findet man ausschließlich Paasche-Indizes.

Setzt man normale Preiselastizitäten der Nachfrage voraus, dann werden in der Regel Güter, die sich relativ verteuern in geringerem Maße nachgefragt als Güter, die sich relativ verbilligen. Damit verschieben sich die Gewichte von Gütern in Warenkörben tendenziell zu Gunsten von Produkten mit geringerem Preisanstieg. Daher weisen Paasche-Indizes zumeist niedrigere Preissteigerungen aus als Laspeyres-Indizes. Bei den Verbraucherpreisen sind die Unterschiede zumeist nicht allzu groß. Im langjährigen Durchschnitt beträgt der sog. Paasche-Abschlag gegenüber der anhand des Laspeyres-Index gemessenen Inflationsrate etwa 0,3 Prozentpunkte; dies schließt allerdings nicht Konstellationen aus, in denen der Paasche-Index eine höhere Preissteigerungsrate ausweist. In Prognosen findet der Verbraucherpreisindex stärkere Beachtung, da er zum einen einfacher zu prognostizieren ist, zum anderen für die Geldpolitik auch die wichtigere Rolle spielt. Die für die Volkswirtschaftlichen Gesamtrechnungen erforderliche Prognose des Deflators der privaten Konsumausgaben wird in der Praxis aus der Prognose der Verbraucherpreise abgeleitet.

Im Marktsegmenten, in denen die Mengengerüste einem raschen Wandel unterliegen, wie z. B. bei den Ausfuhren, können beide Indizes allerdings beträchtlich voneinander abweichen. So zeigt Abb. 3.3, dass die Veränderung der Ausfuhrpreise in einzelnen Quartalen um mehr als 1 Prozentpunkt über der des Deflators der Warenausfuhren liegen kann.

3.3.2 Saisonbereinigung

Eine speziell für Konjunkturanalysen sehr wichtige Stufe der Aufbereitung von Daten ist die Saisonbereinigung. Sie soll der Tatsache Rechnung tragen, dass viele wirtschaftliche Aktivitäten über das Jahr nicht gleichmäßig ausgeübt werden, sondern im Verlauf eines

3.3 Datenaufbereitung

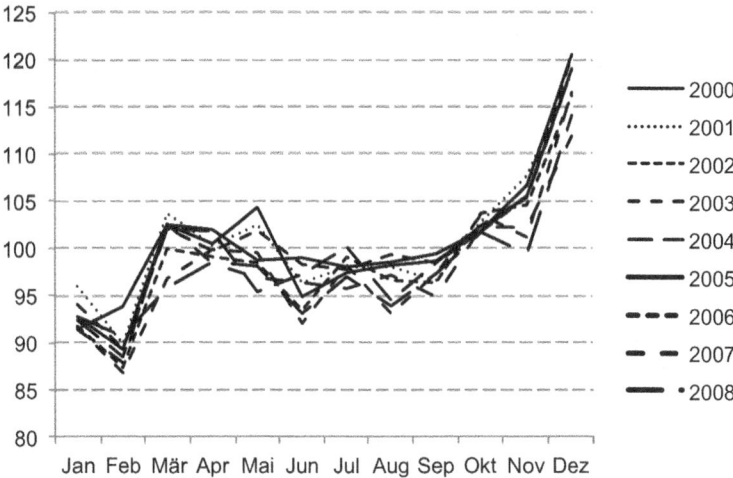

Abb. 3.4 Beispiel einer Saisonfigur: Einzelhandelsumsatz im Jahresverlauf; Indizes 2005=100; Angaben des Statistischen Bundesamtes

Jahres charakteristische Schwankungen aufweisen, die unabhängig von der jeweiligen Konjunkturlage in allen Jahren ähnlich zu beobachten sind – eben eine Saison. Beispiele sind der in jedem Winter zu beobachtende witterungsbedingte Anstieg der Arbeitslosigkeit, dem ein „Frühjahrsaufschwung" folgt; oder das Weihnachtsgeschäft, das den Umsatz im Einzelhandel im November und insbesondere im Dezember eines jeden Jahres kräftig steigen lässt (Abb. 3.4). Bei der Analyse kurzfristiger Tendenzen sind solche jahreszeitlichen Schwankungen von untergeordnetem Interesse, weil sie gewissermaßen wie ein Naturgesetz in jedem Jahr auftreten. Bedeutsam ist vielmehr, ob beispielsweise die Arbeitslosigkeit im Winter kräftiger zunahm als sonst oder ob das Weihnachtsgeschäft günstiger ausfiel als üblich. Beides kommt in den jeweiligen saisonbereinigten Reihen zum Ausdruck.

Ausgangspunkt aller Verfahren zur Saisonbereinigung ist die Vorstellung, dass sich eine Zeitreihe R multiplikativ oder additiv in vier Komponenten zerlegen lässt: eine Trend-Komponente T, eine Zyklus-Komponente Z, eine Saisonkomponente S und eine irreguläre Komponente I.

$$R = T \cdot Z \cdot S \cdot I \text{ bzw. } R = T + Z + S + I. \tag{3.5}$$

Dabei bezeichnet man Trend und Zyklus zusammenfassend auch häufig als glatte Komponente G. Für die Trennung dieser Komponenten stehen unterschiedliche Verfahren zur Verfügung. Die sog. CENSUS-Verfahren, die maßgeblich in den USA vom Bureau of Census entwickelt wurden, approximieren zunächst die glatte Komponente durch die Bildung gleitender 12-Monats- bzw. 4-Quartals-Durchschnitte. Anschließend wird die Saisonkomponente aus den Abweichungen der beobachteten Werte von diesen Durchschnittswerten von der irregulären Komponente getrennt. Ähnlich geht das in Spanien entwickelte und von EUROSTAT präferierte Tramo-Seats-Verfahren vor, das die glatte Komponente allerdings über einen ARIMA-Ansatz modelliert. Demgegenüber basiert das u. a. am Deutschen Institut für Wirtschaftsforschung (DIW) entwickelte Berliner Verfahren auf einem vollständig formulierten Zeitreihenmodell, dass die Ursprungsreihe zur Gänze in die oben angesprochenen Komponenten zerlegt. Eine umfassende formale Darstellung der Verfahren findet man z. B. bei Stier (2001, S. 195–233). Als Alternative zu den Saisonbereinigungsverfahren können in ökonometrischen Schätzgleichungen auch Dummyvariablen verwendet werden, um saisonale Einflüsse abzubilden[1].

3.3.2.1 CENSUS-Verfahren

Bei den CENSUS-Verfahren wird – wie erwähnt – die glatte Komponente mittels einer Bildung von gleitenden Durchschnitten extrahiert. Die Differenz zwischen der beobachteten Reihe und dem gleitenden Durchschnitt enthält die Saison- und die irreguläre Komponente, die in einem nächsten Rechenschritt getrennt werden müssen.

Die Vorgehensweise bei dieser Methode lässt sich gut anhand eines einfachen Beispiels beschreiben. Tab. 3.1 enthält monatliche Arbeitslosenquoten für Deutschland in den Jahren 2000 bis 2004. Im oberen Teil sind die Ursprungswerte dargestellt. Der mittlere Teil enthält die zentrierten gleitenden 12-Monats- Durchschnitte. Zentriert bedeutet dabei, dass die Durchschnitte der Mitte des jeweils betrachteten Zeitraums von 12 Monaten zugeordnet werden, der Wert im Januar 2001 ergibt sich also beispielsweise als Mittelwert der Monate Juli 2000 bis Juli 2001, wobei die beiden Juli-Angaben jeweils nur mit halbem Gewicht in den Durchschnitt eingehen. Der untere Teil der Tabelle enthält die Abweichungen der Ursprungszahlen von diesem gleitenden Durchschnitt. Darin ist das Saisonmuster bereits schön erkennbar. Im Januar und Februar weicht die Arbeitslosenquote stets am deutlichsten nach oben von dem gleitenden Durchschnitt ab, wobei die Differenz in allen hier betrachteten Jahren ähnlich groß ist. Umgekehrt weicht die beobachtete Arbeitslosigkeit im Oktober stets am stärksten nach unten von dem gleitenden Durchschnitt ab.

Diese Abweichungen vom gleitenden Durchschnitt sind der Ausgangspunkt für die Trennung von Saison und irregulärer Komponente nach dem CENSUS-Verfahren. Die einfachste Möglichkeit wäre, jeweils den Durchschnitt aller im Januar, im Februar etc. beobachteten Abweichungen zu berechnen und diese Durchschnitte als konstante – im vorliegenden Beispiel – additive Saisonfaktoren zu interpretieren.[2] So liefern die in der Tabelle aufgeführten aus den Jahren 2000 bis 2004 – in der Praxis würde man längere Zeiträume verwenden – für den Februar eine Abweichung der Arbeitslosenquote um im

---

[1] Bei Dummyvariablen (von engl. Dummy=Attrappe) handelt es sich in der Regel um 0/1-Variablen. Zum Zwecke der Saisonbereinigung eingesetzt erhalten sie im ersten (zweiten, ...) Quartal oder Monat eines jeden Jahres den Wert 1, ansonsten den Wert 0. Bei Quartalswerten werden so vier, bzw. wenn die Gleichung eine Konstante enthält, drei Dummyvariablen in die Schätzung einbezogen, deren Koeffizienten als konstante Saisonfaktoren interpretiert werden können.

[2] Führt man die Saisonbereinigung multiplikativ durch, müsste man hier an Stelle der Differenz der Quotient aus Ursprungswert und gleitendem Durchschnitt betrachten und zur Bereinigung den beobachteten Wert durch den jeweiligen Faktor dividieren.

3.3 Datenaufbereitung

Tab. 3.1 Arbeitslosenquoten in Deutschland

	Jan	Feb	Mrz	Apr	Mai	Jun	Jul	Aug	Sep	Okt	Nov	Dez
	Ursprungswerte											
2000	11,0	10,9	10,6	9,8	9,3	9,1	9,3	9,3	9,0	8,9	8,9	9,3
2001	10,0	10,1	9,8	9,5	9,0	8,9	9,2	9,2	9,0	9,0	9,2	9,6
2002	10,4	10,4	10,0	9,7	9,5	9,5	9,7	9,6	9,5	9,4	9,7	10,1
2003	11,1	11,3	11,1	10,8	10,4	10,2	10,4	10,4	10,1	10,0	10,0	10,4
2004	11,0	11,1	10,9	10,7	10,3	10,2	10,5	10,5	10,3	10,1	10,3	10,8
	Gleitende 12-Monats Durchschnitte											
2000	10,09	10,01	9,92	9,83	9,75	9,66	9,58	9,50	9,43	9,39	9,36	9,34
2001	9,33	9,32	9,32	9,32	9,34	9,36	9,39	9,42	9,44	9,46	9,49	9,53
2002	9,58	9,62	9,65	9,69	9,73	9,77	9,82	9,89	9,97	10,06	10,15	10,21
2003	10,27	10,33	10,39	10,44	10,48	10,50	10,51	10,50	10,48	10,47	10,46	10,46
2004	10,46	10,47	10,48	10,50	10,51	10,54	10,60	10,71	10,84	10,96	11,07	11,17
	Abweichungen von gleitenden Durchschnitt											
2000	0,91	0,89	0,68	−0,03	−0,45	−0,56	−0,28	−0,20	−0,43	−0,49	−0,46	−0,04
2001	0,67	0,78	0,48	0,18	−0,34	−0,46	−0,19	−0,22	−0,44	−0,46	−0,29	0,07
2002	0,82	0,78	0,35	0,01	−0,23	−0,27	−0,12	−0,29	−0,47	−0,66	−0,45	−0,11
2003	0,83	0,97	0,71	0,36	−0,08	−0,30	−0,11	−0,10	−0,38	−0,47	−0,46	−0,06
2004	0,54	0,63	0,42	0,20	−0,21	−0,34	−0,10	−0,21	−0,54	−0,86	−0,77	−0,37

Eigene Berechnungen nach Angaben der Bundesagentur für Arbeit

Durchschnitt 0,81 Prozentpunkte vom gleitenden Durchschnitt. Würde für Februar 2005 eine Arbeitslosenquote von 11,3 % gemeldet, könnte man die saisonbereinigte Quote ermitteln, indem man diese um 0,81 vermindert. Abweichungen von dem durchschnittlichen Saisonfaktor bilden die irrguläre Komponente.

Eine erste Variation des Verfahrens erhält man, wenn man systematische Änderungen der Saisonfigur berücksichtigt. Dazu kann man Monat für Monat eine Trendgerade durch die Abweichungen vom Mittelwert legen und die Ursprungwerte um diese Trendwerte bereinigen; so ging das CENSUS X9 vor. Die fortgeschrittenen CENSUS-Verfahren verwenden gleitende Durchschnitte der Saisonfaktoren, um solche Änderungen zu erfassen, wobei aktuellere Jahre mit einem höheren Gewicht in diese Durchschnitte eingehen.

Ein erstes Problem des CENSUS-Verfahrens ist, dass durch die Berechnung zentrierter gleitender Durchschnitte am aktuellen Rand stets Informationen verloren gehen, bei Monatsdaten sind dies die Angaben für die 6 jeweils aktuellsten Monate. Um diesen Verlust zu vermeiden und bis zum aktuellen Rand gleitende Durchschnitte bilden zu können, wird die zu bereinigende Reihe vor der Saisonbereinigung mit Hilfe eines ARIMA-Modells verlängert (Abschn. 6.3). Man spricht daher von dem CENSUS-X12-ARIMA-Verfahren. Allerdings hat diese Verlängerung der Zeitreihen zur Folge, dass die Ermittlung der saisonbereinigten Werte am Anfang und am Ende des Untersuchungszeitraums mit erhöhter Schätzunsicherheit behaftet ist. Dies gilt umso mehr, wenn in diese Randbereiche Extremwerte fallen.

Ein zweites Problem sind Ausreißer, die nicht nur die Trennung von Saisonkomponente und irregulärer Komponente sondern auch die gleitender Durchschnitte beeinflussen und so die Identifikation der glatten Komponente erschweren. Um eine bessere Schätzung der Saisonkomponente zu erhalten, werden vor der Bereinigung Ausreißer herausgefiltert. Identifiziert werden diese anhand der Abweichungen der beobachteten Werte von den Schätzungen eines ARIMA-Modells. Übersteigen diese ein vorab spezifiziertes Vielfaches der durchschnittlichen Streuung, wird der Ausreißer nur bis zu einer Obergrenze bei der Berechnung der gleitenden Durchschnitte berücksichtigt. Als weiterer Schritt erfolgt eine arbeitstägliche Bereinigung, auf die in Abschn. 3.3.3 gesondert eingegangen wird. All diese Rechenschritte enthält die aktuellste Variante CENSUS-X12.

Die CENSUS-Verfahren sind letztlich „Praktikerverfahren" – das X in der Namensgebung steht für experimentell – und bauen nicht auf einem explizit definierten Zeitreihenmodell auf. Das eröffnet Spielräume für Eingriffe in den Rechengang, was die intersubjektive Nachprüfbarkeit der Ergebnisse beeinträchtigt.

3.3.2.2 Berliner Verfahren

Das Berliner Verfahren basiert im Gegensatz zum Census-Verfahren auf einem expliziten Zeitreihenmodell. Es macht sich zu Nutze, dass sich jede Zeitreihe recht gut durch eine Summe von Sinus-Schwingungen unterschiedlicher Länge und Amplitude approximieren lässt. Dieser methodische Ansatz wird auch als Spektralanalyse bezeichnet.

Der Grundgedanke des Verfahrens soll anhand eines einfachen Beispiels dargestellt werden, bei dem gewissermaßen „rückwärts" vorgegangen wird. Abb. 3.5 zeigt zwei

3.3 Datenaufbereitung

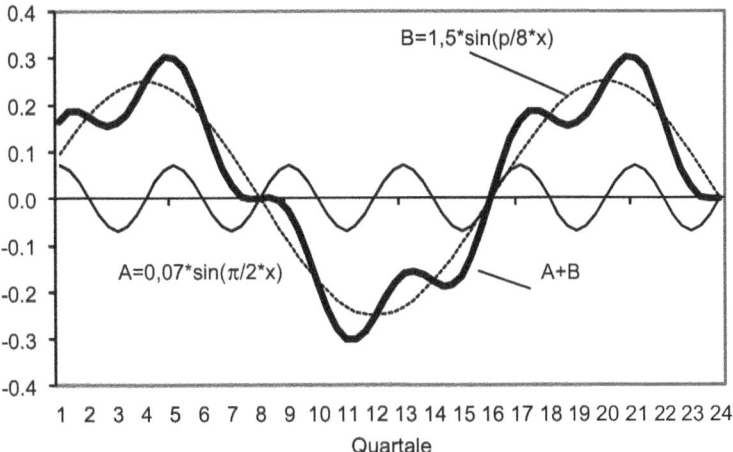

Abb. 3.5 Überlagerung von zwei Sinusschwankungen

Sinusschwingungen. Geht man davon aus, dass auf der horizontalen Achse Quartale dargestellt sind, so beträgt die Schwingungsdauer von Reihe A ein Jahr. Da innerhalb eines Jahres das exakt gleiche Schwingungsmuster immer wiederkehrt, kann man sie als Saisonschwingung interpretieren. Die Schwingungsdauer von Reihe B ist länger und beträgt 16 Quartale bzw. 4 Jahre, und könnte somit eine Konjunkturschwankung abbilden. Die Summe aus beiden Reihen kommt schon vom optischen Eindruck her einer mit der Konjunktur schwankenden Zeitreihe sehr nahe, und man kann sich leicht vorstellen, dass sich dieser Eindruck, nimmt man weitere Schwingungen hinzu, verstärkt.

Ausgehend von diesem Grundgedanken wird das sog. Spektrum der Zeitreihen bestimmt, das anzeigt, welche Frequenzen die Schwingungen aufweisen, aus denen man die Reihe zusammensetzen kann (ausführlicher dazu: Winker 2010, S. 233–238; Stier 2001, S. 205–209; zur Methode Speth 2004). Schwingungen mit einer Periodizität von weniger als einem Jahr, die jedoch im Jahresrhythmus wiederkehren, werden dann als Saisonkomponente angesehen. In der Regel ist dies eine Zwölf-Monats-Schwingung, es können aber auch Halbjahres- oder Vierteljahresschwingungen auftreten.

Das hypothetische Beispiel betrachtet eine stationäre Zeitreihe, deren Mittelwert auf lange Sicht Null ist. Viele ökonomische Zeitreihen sind aber trendbehaftet. Um auch in einem solchen Fall eine Saisonbereinigung mit dem Berliner Verfahren durchführen zu können, wird zuvor eine Trendbereinigung vorgenommen, indem die Reihe durch ein Polynom höheren Grades angenähert wird. Das Spektrum ermittelt wird anschließend für die Abweichungen von diesem Trend.

3.3.2.3 Bewertung der Saisonbereinigungsverfahren

Die Saisonbereinigung von Zeitreihen ist für die Konjunkturanalyse unerlässlich, da nur so zwischen konjunktureller Grundtendenz und jahreszeitlich üblichen Schwankungen unterschieden werden kann. Man muss sich aber stets darüber im Klaren sein, dass saisonbereinigte Werte nur Schätzungen darstellen, die stark durch die Wahl des Bereinigungsverfahrens und dessen jeweilige Einstellungen beeinflusst werden. Dabei haben die verschiedenen Verfahren ihre spezifischen Vorzüge und Nachteile. So ist beim Berliner Verfahren sichergestellt, dass alle Komponenten summiert werden können. Dadurch kann man die saisonbereinigten Werte unmittelbar in eine Trend-Zyklus- und eine irreguläre Komponente aufzuspalten, was beim CENSUS-Verfahren nur mit Hilfe einer weiteren Schätzung möglich ist. Zudem sind die saisonbereinigten Werte beim Berliner Verfahren aller Erfahrung nach weniger volatil, was deren Interpretation erleichtert. Ein wesentlicher Nachteil des Berliner Verfahrens ist allerdings, dass sich mit jedem hinzukommenden Datenpunkt eine neue Schätzung ergibt und sich alle saisonbereinigten Werte ändern.

Vorteil des CENSUS-Verfahrens ist, dass man am aktuellen Rand mit konstanten Saisonfaktoren arbeiten kann, was seine Handhabung erheblich vereinfacht. Allerdings kann es durch den Nutzer stärker beeinflusst werden, etwa durch die Definition von Ausreißern, und es ist deshalb für Außenstehende weniger transparent. Auch ist die Konsistenz nicht sichergestellt, d. h. die Summe der saisonbereinigten Quartals- bzw. Monatswerte entspricht nicht notwendiger Weise dem Jahreswert.

Beide Verfahren führen – wie Abb. 3.6 beispielhaft für das Bruttoinlandsprodukt zeigt – zu unterschiedlichen Ergebnissen, was im Einzelfall durchaus zu einer unterschiedlichen Beurteilung der Konjunkturlage führen kann. So stellt sich der Rückgang des Bruttoinlandsprodukts im ersten Quartal 2009, auf dem Höhepunkt der damaligen Rezession, nach dem CENSUS-Verfahren deutlich ausgeprägter dar als nach dem Berliner Verfahren. Allerdings verzeichnet letzteres auch für das zweite Quartal 2009 noch einen Rückgang, während nach ersterem die Wirtschaftsleistung schon leicht zunahm. Am aktuellen Rand – die Daten geben den Rechenstand vom ersten Quartal 2013 wieder – ergibt das Census-Verfahren einen Rückgang des Bruttoinlandsprodukts im vierten Quartal 2012, in dem es nach dem Berliner Verfahren noch leicht zunahm.

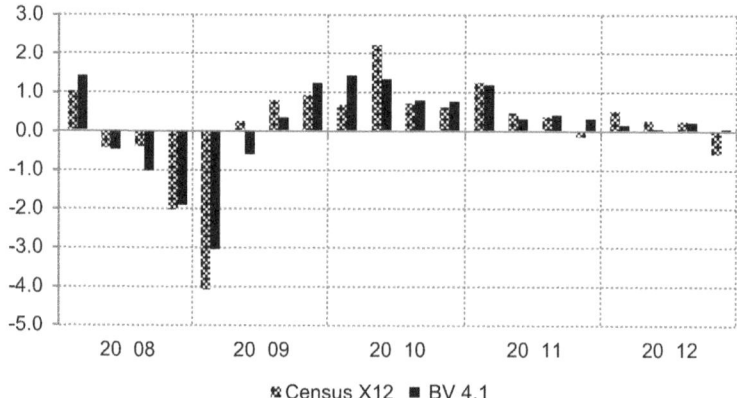

Abb. 3.6 Bruttoinlandsprodukt Deutschland nach dem Census-X12- und dem BV4.1-Verfahren. Nach Angaben des Statistischen Bundesamtes

Das Statistische Bundesamt bevorzugt für seine Konjunkturindikatoren nach wie vor das Berliner Verfahren (Speth 2004), veröffentlicht die Daten der Volkswirtschaftlichen Gesamtrechnungen aber auch nach dem CENSUS-Verfahren. Die Deutsche Bundesbank hingegen verwendet das international gebräuchlichere CENSUS-X12-Verfahren. Für die Daten der Volkswirtschaftlichen Gesamtrechnung haben sich Statistisches Bundesamt und Bundesbank im Jahr 2000 auf eine einheitliche Einstellung der Parameter des CENSUS X12-ARIMA-Verfahrens geeinigt.

Saisonbereinigungsverfahren gehen allerdings rein statistisch vor und knüpfen nicht an den der Saisonfigur zugrundeliegenden Phänomenen wie Witterung oder Ferientermine an. Daher kommt es häufig dann zu Problemen, wenn außergewöhnliche Verhältnisse herrschen. In Deutschland kommt es durch die Verschiebung von Ferienterminen oft zu Problemen bei der Interpretation saisonbereinigter Werte in den Sommermonaten. Insbesondere tun sich die Verfahren aber schwer, vom mehrjährigen Durchschnitt abweichende Witterungsverhältnisse adäquat zu berücksichtigen. So war der Winter 2007/2008 ungewöhnlich mild und es kam kaum zu witterungsbedingten Einbrüchen in der Bauproduktion. Die Saisonbereinigungsverfahren „erwarteten" aufgrund der in der Vergangenheit normalerweise auftretenden witterungsbedingten Ausfälle im Januar und im Februar eine geringe Bauproduktion. Diese wurde allerdings nicht beobachtet; gleichwohl stellten die Saisonbereinigungsverfahren die Produktion den typischen „Winterzuschlag" in Rechnung, was in einer sehr hohen saisonbereinigten Bauproduktion mündete. Dem folgte allerdings im zweiten Quartal eine Korrektur in umgekehrter Richtung, weil auch der typische Frühjahrsaufschwung nicht beobachtet werden konnte. Gegenüber solchen Unregelmäßigkeiten ist das Berliner Verfahren erfahrungsgemäß weniger anfällig als das CENSUS-Verfahren.

3.3.3 Arbeitstägliche Bereinigung

Die wirtschaftliche Leistung wird in den einzelnen Beobachtungsperioden auch durch Unregelmäßigkeiten im Kalender beeinflusst, da in ihnen in der Regel eine unterschiedliche Zahl von Arbeitstagen zur Verfügung steht. Um ökonomische Kennziffern intertemporal vergleichen zu können, ist es erforderlich, die Folgen dieses Arbeitstageeffekts zu eliminieren. Das Statistische Bundesamt legt in seinen Rechnungen ein „durchschnittliches" Jahr mit 249,7 Arbeitstage zu Grunde. Es geht dabei von einer 5-Tagewoche aus und rechnet Samstage sowie nicht bundeseinheitliche Feiertage anteilsmäßig an. Die so berechnete Zahl der Arbeitstage schwankt seit der Wiedervereinigung zwischen 246,9 im Jahr 1991 und 252,8 im Jahr 2004. Da letztgenanntes Jahr zudem auf ein Jahr mir relativ wenigen Arbeitstagen (248,2) folgte, standen 2004 rund 1,9 % mehr Arbeitstage zur Verfügung als 2003.

Es wäre freilich falsch anzunehmen, dass 1,9 % mehr Arbeitstage auch 1,9 % mehr Produktion bedeutet. Zum einen wird in einigen Sektoren – z. B. im Gastgewerbe oder im Gesundheitssektor – ohnehin an Wochenenden und Feiertagen gearbeitet, so dass der

Tab. 3.2 Zahl der Arbeitstage und deren Einfluss auf das Bruttoinlandsprodukt in Deutschland; 1995 bis 2007

	Arbeitstage	Reales Bruttoinlandsprodukt unbereinigt	Arbeitstageeffekt	Reales Bruttoinlandsprodukt bereinigt
1995	−0,4	1,9	−0,1	2,0
1996	−0,2	1,0	−0,0	1,0
1997	−0,3	1,8	−0,1	1,9
1998	0,9	2,0	0,2	1,8
1999	0,5	2,0	0,1	1,9
2000	−0,9	3,2	−0,2	3,5
2001	−0,6	1,2	−0,1	1,4
2002	0,0	0,0	−0,0	0,0
2003	0,1	−0,2	0,0	−0,2
2004	1,9	1,2	0,5	0,7
2005	−0,5	0,8	−0,2	1,0
2006	−0,8	3,0	−0,2	3,2
2007	−0,6	2,5	−0,1	2,6

Veränderungen gegenüber dem Vorjahr in %. Nach Angaben des Statistischen Bundesamtes

Einfluss der Zahl der Arbeitstage in solchen Branchen gering ist. Für das Hotel- und Gaststättengewerbe kann sogar ein negativer Arbeitstageeffekt vermutet werden, da weniger Wochenenden und Feiertage auch weniger Urlauber bedeuten dürften. Zudem spielt die Lage der Feiertage eine Rolle: Ein Arbeitstag mehr oder weniger im Frühjahr dürfte größere Wirkungen auf die Produktion haben als einer zwischen Weihnachten und Neujahr, da in dieser Zeit viele Unternehmen ohnehin Betriebsferien haben oder mit nur verringerter Belegschaft arbeiten.

Für Deutschland werden Arbeitstageeffekte von der Deutschen Bundesbank im Rahmen ihrer Arbeiten zur Saisonbereinigung in Abstimmung mit dem Statistischen Bundesamt ermittelt. Dazu wird die Produktionsentwicklung auf sehr detailliertem Niveau mit Hilfe von Zeitreihenmodellen analysiert, wobei die Zahl der Arbeitstage differenziert nach Wochentagen als Regressoren verwendet werden. So wird ein Zusammenhang zwischen der Zahl der Arbeitstage und dem Output ermittelt (Deutsche Bundesbank 2012). Hieraus werden Arbeitstageeffekte für Sektoren und daraus für verschiedene Verwendungsaggregate des BIP abgeleitet. Als Daumenregel ergibt sich, dass sich jede prozentuale Veränderung der Zahl Arbeitstage zu jeweils rund einem Viertel im Wirtschaftswachstum niederschlägt (Tab. 3.2). Von besonderer Bedeutung war der Arbeitstageeffekt – wie erwähnt – im Jahr 2004, in dem es aufgrund der Lage der Feiertage, aber auch weil es sich um ein Schaltjahr handelte die Zahl der Arbeitstage um fast 2 % höher war als im Jahr davor, das eine im längerfristigen Vergleich besonders geringe Zahl von Arbeitstagen aufwies.[3] Hier

---

[3] Die Unterscheidung von arbeitstäglichem und arbeitstäglich bereinigtem Bruttoinlandsprodukt und die Fokussierung von Prognosen auf das arbeitstägliche BIP ist teilweise eine deutsche Spezia-

fallen der Anstieg des arbeitstäglich bereinigten und des unbereinigten Bruttoinlandsprodukts besonders weit auseinander.

3.4 Datenqualität

Die Ergebnisse von Konjunkturanalysen werden wesentlich durch die Beobachtungen „am aktuellen Rand" geprägt und hängen damit stark von der Qualität der Daten für diesen Zeitraum ab. Allerdings ist häufig fraglich, ob eine einmal ermittelte Zahl für „alle Zeiten" Bestand hat, oder ob sie im Lauf der Zeit noch deutlich revidiert wird.

Datenqualität hat mehrere Dimensionen. Dazu zählen die Relevanz der erhobenen Daten (Wird das erfasst, was den Nutzer interessiert?), deren Genauigkeit, die Aktualität und Pünktlichkeit der Bereitstellung, die Verfügbarkeit und Transparenz, die Vergleichbarkeit und die Kohärenz (Sind die Daten frei von Widersprüchen zu anderen Erhebungen?). Über diese Dimensionen legt das Statistische Bundesamt in seinen Qualitätsberichten Rechenschaft ab, die den Datennutzern helfen sollen, die Qualität der von ihm erstellten Statistiken zu beurteilen (Körner und Schmidt 2006).

Oben wurde auf die Schritte hingewiesen, die erforderlich sind, um von einem abstrakten Konstrukt hin zu einer für empirische Analysen verwertbaren Zahl zu gelangen. Auf jedem dieser Schritte, also sowohl bei der Operationalisierung von Messziffern, als auch bei der Festlegung der Messvorschriften und der Durchführung der Erhebungen können Probleme auftreten, die Einfluss auf die Datenqualität haben.

3.4.1 Einfluss von Definitionen und Messvorschriften

Änderungen von Definitionen und Messvorschriften betreffen vor allem – wenn auch nicht ausschließlich – die Volkswirtschaftlichen Gesamtrechnungen, und mithin ein Rechenwerk, das in der Konjunkturanalyse an zentraler Stelle steht. Die Volkswirtschaftlichen Gesamtrechnungen werden nach international verbindlichen Regeln erstellt, die von den großen Internationalen Organisationen festgelegt werden. Für die EU-Länder werden die Regeln in Gestalt einer Verordnung des Europäischen Parlaments und des Europäischen Rates als Europäisches System Volkswirtschaftlicher Gesamtrechnungen (ESVG) verbindlich festgelegt.

Die Umsetzung dieser Regeln wird im Schnitt alle fünf Jahre in sog. „Großen Revisionen" angepasst, was jeweils zu mehr oder weniger starken Änderungen des ausgewiesenen Bruttoinlandsprodukts und seiner Komponenten führt. Die Änderungen können dabei sowohl die Definition von einzelnen Größen betreffen als auch die Berechnungsmethoden. So wurde mit der Revision 2005 das gesamte Rechenwerk bei der Ermittlung „realer" Größen auf einen Ausweis in Vorjahrespreisen umgestellt und die Berechnung und Zu-

---

lität. Für die meisten Länder wird nur ein arbeitstäglich bereinigtes BIP veröffentlicht.

ordnung der indirekt gemessenen Entgelte für Finanzdienstleistungen geändert (Eichmann 2005). Zudem wurde für noch mehr Bereiche eine Deflationierung hedonischen Preisen verwendet, also Preise, die den Einfluss von Qualitätsveränderungen bei den Produkten berücksichtigen.

Anlass der Revision 2011 war die Einführung einer geänderten Systematik der Wirtschaftszweige. Auch diese Systematiken werden in Reaktion auf den technischen Fortschritts und den wirtschaftlichen Strukturwandels regelmäßig aktualisiert. Mit dem Übergang zur der neuen Branchenuntergliederung wurde der wachsenden Bedeutung von Information und Kommunikation für die gesamtwirtschaftliche Produktion Rechnungen getragen, indem die bis dahin verstreut an vielen Stellen erfassten Aktivitäten zu einem Wirtschaftszweig zusammengefasst wurden. Ansonsten hielten sich die Änderungen in Grenzen, wenn auch, wie stets bei solchen Anlässen, die Gelegenheit genutzt wurde, Anpassungen in den Berechnungsverfahren vorzunehmen, zusätzliche Datenquellen zu berücksichtigen und im Laufe der Zeit aufgefallene Fehler zu korrigieren.

Größere Auswirkungen auf die Ergebnisse der Volkswirtschaftlichen Gesamtrechnungen dürfte die Revision 2014 haben. Mit ihr wird das System of National Accounts SNA 2008 umgesetzt, das seinen Niederschlag im Europäischen System Volkswirtschaftlicher Gesamtrechnungen ESVG 2010 fand. Da bei der Fortentwicklung der Volkswirtschaftlichen Gesamtrechnungen deren allmähliche Angleichung an die Bilanzierungsvorschriften von Unternehmen angestrebt wird, stellt die Erfassung von Forschungs- und Entwicklungsleistungen als Investitionen die wohl wichtigste methodische Änderung dar (Braakmann 2013). Bisher wurden solche Ausgaben im Wesentlichen als Vorleistungen angesehen, sie steigerten aber nicht den volkswirtschaftlichen Kapitalstock und die Produktionsmöglichkeiten eines Landes. Dies wird mit der Revision 2014 korrigiert. Auch werden künftig militärische Waffensystem auch als Investitionsausgaben behandelt und schlagen nicht mehr beim Staatskonsum zu Buche.[4]

3.4.2 Fehler und Lücken in der Datenerfassung

Fehler und Lücken in der Datenerfassung können mehrere Ursachen haben.

- Erstens greift man bei vielen Erhebungen, um den Aufwand für die Statistischen Ämter wie für die Befragten zu verringern, auf Stichprobenverfahren zurück. Damit verbunden ist aber ein *Stichprobenfehler*, der sich z. B. daraus ergibt, dass die für eine Stichprobe ausgewählten Unternehmen andere Merkmale der zu erhebenden Größe aufweisen als die Gesamtheit aller Unternehmen. Dies kann man zwar durch eine Hochrechnung versuchen auszugleichen. Man gewichtet dabei Unternehmenstypen, die in der Stichprobe im Vergleich zur Grundgesamtheit unterrepräsentiert sind höher und umgekehrt. Der Stichprobenfehler kann dann zu einem größeren Problem werden, wenn die Grund-

---

[4] Militärgüter, die auch für zivile Zwecke nutzbar sind, wurden bisher schon als Investitionen behandelt.

gesamtheit aller Unternehmen einem raschen Wandel unterliegt, so dass die Stichprobe „veraltet".
- Zweitens einstehen Fehler durch falsche Meldungen der Befragten und bei der Aufbereitung der Erhebungsergebnisse (siehe Kasten 3.2). So können Fragen falsch verstanden werden und es kommt zu Übertragungsfehlern. Auch können Unternehmen z. B. den falschen Wirtschaftszweigen zugeordnet werden.
- Drittens schränken fehlende Daten die Datenqualität ein. Melden einzelne Unternehmen nicht oder verspätet, so nehmen die statistischen Ämter in der Regel keine Schätzungen vor, sondern sie berücksichtigen die Angaben erst dann, wenn sie übermittelt wurden. Bis dahin verwenden sie in vielen Fällen hilfsweise den letzten von dem Unternehmen gemeldeten Wert.

Kasten 3.2: Fehlerhafte Meldung zur deutschen Industrieproduktion im Sommer 2013

Das Problem fehlerbehafteter amtlicher Statistiken ist offensichtlich kein Problem, das auf Länder mit schlecht entwickelter statistischer Infrastruktur beschränkt ist. Dies wurde jedenfalls im Sommer 2013 deutlich. Anfang Mai hatte das Statistische Bundesamt eine Zunahme der Industrieproduktion im März um (saisonbereinigt) 0,9 % gegenüber dem Vormonat vermeldet. In den Folgemonaten schien sich der Produktionsaufschwung zu beschleunigen. Für den April wurde ein Plus von 1,3 % gemeldet und für den Juni – nach einem leichten Minus um 0,5 % im Mai – ein Zuwachs um sogar 2,2 %. Auffällig war, dass der Produktionsanstieg fast ausschließlich in der Automobilindustrie zu verorten war, die Zuwächse von teilweise mehr als 20 % verzeichnete. Dies rief den Verband der Automobilindustrie auf den Plan, dessen eigene Statistiken diesem günstigen Bild der Produktionsentwicklung widersprachen. Daraufhin überprüften das Statistische Bundesamt bzw. die einzelnen Landesämter die Meldungen der Unternehmen und stießen dabei in der Tat in einem Fall auf unplausible Meldungen eines Unternehmens. Die „Falschmeldung" wies eine Dimension auf, dies es erforderlich machte, die gesamtwirtschaftliche Industrieproduktion beträchtlich nach unten zu revidieren. Für den März wurde nunmehr ein Plus von lediglich 0,6 % ausgewiesen; die Rate für den April wurde auf 0,6 % mehr als halbiert, der revidierte Wert für den Mai steht für ein Minus um immerhin 1,2 % und der Juni schlägt mit einem Zuwachs um nur noch 1,9 % zu Buche. Insgesamt liegt der revidierte Juni-Wert um 2,3 Indexpunkte unter den zuvor veröffentlichten Angaben.

Am Beispiel der Schätzung fehlender Werte wird ein Konflikt zwischen Aktualität der Daten und ihrer Genauigkeit deutlich, in dem sich die Produzenten von Statistiken häufig befinden. Eine große Aktualität, die von vielen Datennutzern verlangt wird, lässt sich oft nur durch Abstriche bei der Genauigkeit erreichen. Wichtige Konjunkturindikatoren wie Einzelhandelsumsatz, Industrieproduktion und Auftragseingang liegen 30 bis 40 Tage nach Ablauf des Monats vor, über den sie berichten. Zu dem Zeitpunkt haben jedoch bei weiten noch nicht alle berichtspflichtige Unternehmen ihre Meldungen abgegeben, so dass nachträglich Korrekturen unausweichlich sind. Bezüglich der Volkswirtschaftlichen Gesamtrechnungen haben sich die Statistischen Ämter der EU-Staaten verpflichtet, eine erste Schätzung des vierteljährlichen Bruttoinlandsprodukts 45 Tage („t+45") nach Ende eines Quartals vorzulegen und detaillierte Berechnungen nach 55 Tagen. Zu diesem Zeitpunkt liegt aber nur ein Teil der Primärdaten vor, die zur Berechnung des BIP erforderlich sind. Hier nehmen die Statistischen Ämter zunächst Schätzungen vor und korrigieren die veröffentlichten Daten bis zu vier Jahre im Nachhinein, wenn bisher fehlende Statistiken vorliegen. In diesem Zeitraum werden die Angaben der Volkswirtschaftlichen immer wieder revidiert.

Häufiger als die Ursprungsdaten werden im Laufe der Zeit die saisonbereinigten Werte revidiert, da erstens jede Änderungen in den Ursprungsdaten einen Einfluss auf die Saisonfaktoren ausüben, und zweitens die Bereinigungsverfahren am aktuellen Rand – wie oben beschrieben – um Informationsverluste zu vermeiden die Datenreihen mittels zeitreihenanalytischer Verfahren verlängern, was weitere Änderungen im Laufe der Zeit nach sich zieht.

3.4.3 Zum Ausmaß von Datenrevisionen – zwei Beispiele

Welcher Teil der beobachteten Datenrevisionen auf Änderungen in den Definitionen und Systematiken zurückzuführen ist, und welcher auf die nachträgliche Beseitigung von Fehlern und Lücken lässt sich im Nachhinein häufig nicht mehr unterscheiden. Dass sich aber bei den Revisionen die Angaben in einem Maße verändern können, das auch Einfluss auf die Einschätzung der Konjunktur hat, soll an zwei Beispielen verdeutlicht werden.

Das erste bezieht sich auf den Zensus im Einzelhandel. Da sich in dieser Branche der Unternehmensbestand rasch ändert, bereitet die Ziehung einer Stichprobe erhebliche Probleme. Hinzu kommt, dass manche der Befragten ihre Meldung verspätet abgeben, während erste Daten bereits früh, nämlich 30 Tage nach Ablauf des Berichtsmonats veröffentlicht werden. Diese erste Schnellschätzung basiert zudem auf Angaben aus lediglich sieben Bundesländern, weshalb jeweils zur Monatsmitte bereits revidierte Zahlen vorgelegt werden. Ab 2006 werden zudem zu Beginn eines jeden Jahres die Angaben für das zurückliegende Jahr im Rahmen der sog. Neuzugangsstichprobe an Änderungen im Berichtskreis angepasst, die im Einzelhandel besonders groß sind[5]. Diese ziehen zudem womöglich Änderungen bei der Saisonbereinigung nach sich.

Wie Tab. 3.3 zeigt, hatte die erste Schätzung des saison- und arbeitstäglich bereinigten realen Umsatzes für den März 2008, die Anfang Mai veröffentlicht wurde, ein Minus von gerade einmal 0,1 % gegenüber dem Februar ergeben. Bereits mit der Veröffentlichung am 30.5. wurde die Rate auf −2,2 % revidiert. In der Folgezeit wurde das ausgewiesene Minus zunächst größer und erreichte in der August-Veröffentlichung sogar 2,7 %. Danach

---

[5] Ab 2009 ist das Statistische Bundesamt zu einem geänderten Stichprobenverfahren übergegangen, das die Revisionen vermindern soll.

3.4 Datenqualität

Tab. 3.3 Revision der Monatswerte des realen Umsatzes im Einzelhandel. (Quelle: Echtzeit-Datenbank der Deutschen Bundesbank)

Berichts-monat	Veröffentlichungsdatum								
	2.5.2008	30.5.2008	1.7.2008	1.8.2008	1.9.2008	1.10.2008	31.10.2008	1.12.2008	9.1.2009
Jan 2008	1,9	1,5	1,5	1,6	1,3	1,2	1,2	1,4	1,3
Feb 2008	−0,7	1,0	1,0	1,0	1,2	1,2	1,1	1,1	1,2
Mär 2008	−0,1	−2,2	−2,5	−2,7	−2,3	−2,1	−2,1	−2,2	−2,2
Apr 2008		−1,7	−0,6	0,7	0,0	−0,2	−0,1	0,0	−0,1
Mai 2008			1,3	0,5	1,3	1,5	1,4	1,3	1,4
Jun 2008				−1,4	−1,4	−1,5	−1,5	−1,3	−1,4
Jul 2008					−1,5	−1,0	−0,1	−0,1	0,0
Aug 2008						3,1	1,9	1,6	1,5
Sep 2008							−2,3	−1,0	0,3
Okt 2008								−1,6	−2,2
Nov 2008									0,7

Einzelhandel ohne Handel mit Kraftfahrzeugen und ohne Tankstellen. Veränderung der saisonbereinigten Werte gegenüber dem Vormonat wurde wieder eine etwas schwächeres das Minus angegeben, dessen Wert sich bei 2,2 % stabilisierte. Der anfänglich hohe Rückgang im April hingegen wurde nach und nach bis fast auf null verringert, wobei die Revisionen zu dem Zeitpunkt, an dem die Darstellung abbricht, keineswegs abgeschlossen waren. In den Jahren 2006 und 2007 änderte sich bei den saisonbereinigten Daten in 30 % der Fälle sogar das Vorzeichen der Veränderungsrate gegenüber dem Vormonat (Jung 2009, S. 414).

Als zweites Beispiel dienen die Volkswirtschaftlichen Gesamtrechnungen. Die erste Veröffentlichung detaillierter Ergebnisse erfolgt bei ihnen – wie erwähnt – jeweils 55 Tage nach Ende eines Quartals. Zu diesem Zeitpunkt liegen z. B. bei der Bruttowertschöpfung nur 70 % der zur Berechnung verwendeten Indikatoren vor, bei den Bauinvestitionen nur 47 %, bei den geleisteten Arbeitsstunden sogar nur 39 %. Ein Quartal später liegt der Anteil verfügbarer Daten bei diesen beispielhaft genannten Reihen bereits 88, 74 bzw. 57 %. Folglich werden mit jeder Veröffentlichung alle Werte der letzten vier Quartale nochmals revidiert. Danach werden noch drei Jahre lange jeweils mit der Veröffentlichung im August die Daten angepasst. Nach vier Jahren gelten die Angaben als „endgültig", werden aber gleichwohl im Rahmen der regelmäßig erfolgenden grundlegenden Revisionen nochmals verändert, die in der Regel alle fünf Jahre vorgenommen werden.

In Tab. 3.4 werden die die jeweils ersten veröffentlichten Daten mit den „endgültigen" Werten verglichen. Betrachtet werden hier die Veränderungsraten gegenüber dem Vorjahr. Als Kennziffern des Umfangs der Revisionen werden die Mittlere Absolute Abweichung (Mittelwert der absoluten Differenz zwischen erster Veröffentlichung und endgültigen Wert), die Streuung (Wurzeln aus dem Mittelwert der quadratischen Differenz) sowie die jeweils größten Abweichungen nach oben und nach unten angegeben.

Wie die Tab. 3.4 zeigt, wurde die Veränderungsrate des Bruttoinlandsprodukts im Durchschnitt der Jahre 1993 bis 2008 um knapp 0,5 Prozentpunkte nachträglich revidiert. Dabei weichen die endgültigen Veränderungsraten maximal um rund einen Prozentpunkt nach unten und nach oben ab. Bei den Ausrüstungs- und den Bauinvestitionen sind die

Tab. 3.4 Durchschnittliche Revision ausgewählter Daten der Volkswirtschaftlichen Gesamtrechnungen

	Mittlere absolute Abweichung	Streuung	Größte Abweichung	
			Nach oben	Nach unten
Bruttoinlandsprodukt	0,45	0,56	0,9	−1,0
Private Konsumausgaben	0,42	0,58	1,2	−1,1
Ausrüstungsinvestitionen	1,31	1,68	2,8	−4,1
Bauinvestitionen	1,37	1,83	3,7	−4,5
Export	1,16	0,79	0,0	−2,7
Import	1,53	1,29	0,6	−4,4
Erwerbstätige	0,48	0,52	0,2	−1,3

Abweichung der zuerst veröffentlichten Vorjahresrate vom Datenstand Februar 2013 für den Zeitraum 1993 bis 2008. Eigene Berechnungen nach Angaben des Statistischen Bundesamtes

Abweichungen noch weitaus größer. Dabei kommt es in Einzelfällen vor, dass die endgültige Veränderungsrate um mehr als 4 Prozentpunkte unterschätzt wird. Beim Export und beim Import sind die zuerst veröffentlichten Veränderungsarten in der Regel zu niedrig, es kommt beim Export zu keinen, bei den Einfuhren nur zu geringen Überschätzungen.

Die teilweise nicht zu vermeidenden Ungenauigkeiten in den Daten haben naturgemäß Konsequenzen für das empirische Arbeiten. Sie können erstens eine Quelle von Prognosefehlern sein, etwa wenn auf Grundlage unzutreffender Daten falsche Trends ermittelt und fortgeschrieben werden. Zweitens legen solche Ungenauigkeiten Fingerspitzengefühl bei der Interpretation aktueller Daten nahe. So kann man bisweilen durch den Vergleich verschiedener Quellen oder aufbauend auf früher beobachtete Zusammenhänge versuchen, Größe und Richtung solcher Fehler abzuschätzen und in der Analyse zu berücksichtigen. Drittens haben nachträgliche Datenrevisionen Konsequenzen für die Evaluierung von Politiken und Prognosen. Will man heute beurteilen, ob eine wirtschaftspolitische Maßnahme in der Vergangenheit angemessen oder eine frühere Prognose zutreffend, muss man immer den Datenstand mit ins Bild nehmen, der zum Zeitpunkt vorlag, als die Maßnahmen getroffen oder die Prognose gemacht wurde. Daher sollten solche Evaluierungen korrekter Weise auf Basis von sogenannten Echtzeitdaten vorgenommen werden, also auf Grundlage des historischen Rechenstandes, der bei der Veröffentlichung einer Prognose bzw. der Entscheidung über die wirtschaftspolitische Maßnahme bekannt war.

Literatur

Braakmann, A. 2013. Veränderte Konzepte der Volkswirtschaftlichen Gesamtrechnungen. *Wirtschaft und Statistik* 2013:521–527.
Deutsche Bundesbank. 2012. Kalendarische Einflüsse auf das Wirtschaftsgeschehen. *Monatsberichte der Deutschen Bundesbank* 64 (12): 53–63.
Eichmann, W. 2005. Finanzserviceleistungen, indirekte Messung (FISIM). *Wirtschaft und Statistik* 2005:710–716.
Hujer, R., und R. Cremer. 1978. *Methoden der empirischen Wirtschaftsforschung. WiSo Kurzlehrbücher. Reihe Volkswirtschaft*. München: Vahlen.
Jung, S. 2009. Analyse der Revisionen ausgewählte Konjunkturindikatoren. *Wirtschaft und Statistik* 2009:406–415.
Körner, T., und J. Schmidt. 2006. Qualitätsberichte – ein neues Informationsangebot über Methoden, Definitionen und Datenqualität der Bundesstatistiken. *Wirtschaft und Statistik* 2006:109–117.
Räth, N., et al. 2011. Revision der Volkswirtschaftlichen Gesamtrechnungen 2011 für den Zeitraum 1991 bis 2010. *Wirtschaft und Statistik* 2011:825–865.
Speth, H.-T. 2004. *Komponentenzerlegung und Saisonbereinigung mit dem Verfahren BV4.1. Methodenberichte Heft 3*. Wiesbaden: Statistisches Bundesamt.
Stier, W. 2001. *Methoden der Zeitreihenanalyse*. Berlin: Springer.
Winker, P. 2010. *Empirische Wirtschaftsforschung und Ökonometrie*. 3. Aufl. Berlin: Springer.

4 Der Konjunkturzyklus: Messung und Datierung

Die Entdeckung des Konjunkturzyklus wird Clément Juglar (1819–1905) zugeschrieben, der 1860 aufgrund historischer Daten erstmals Konjunktur als wiederkehrendes Phänomen systematisch beschrieben hat. Diese Regelmäßigkeit, die auch konstituierend für die Konjunkturtheorie ist, findet in der Konjunkturdiagnose und -prognose traditionell große Aufmerksamkeit. Ziel vieler der empirisch-statistischen Arbeiten war und ist es, wiederkehrende Muster im Konjunkturzyklus zu entdecken, die hinreichend stabil sind, um allgemeine Aussagen erlauben, und zugleich Verfahren zu finden, die anzeigen, in welcher Phase der Konjunktur sich die Wirtschaft jeweils aktuell befindet. Dabei bilden Definition und Messung des Konjunkturzyklus häufig eine Einheit.

4.1 Definition und Einteilung des Konjunkturzyklus

Meilensteine in der empirischen Konjunkturforschung bilden die Arbeiten, die Arthur F. Burns (1904–1987) und sein akademischer Lehrer Wesley C. Mitchell (1874–1947) gemeinsam beim *National Bureau of Economic Research* (NBER) durchgeführt haben. In ihrem Standardwerk „Measuring Business Cycles" (Burns und Mitchell 1946, S. 3) findet man folgende Definition des Konjunkturzyklus:

▶ Business cycles are a type of fluctuation found in the aggregate economic activity of nations that organize their work mainly in business enterprises: a cycle consists of expansions occurring at about the same time in many economic activities, followed by similar general recessions, contractions, and revivals which merge into the expansion phase of the next cycle.

Wesentliches Charakteristikum eines Konjunkturzyklus ist demnach, dass die damit verbundenen Schwankungen die Volkswirtschaft als Ganzes betreffen, also bei vielen wirtschaftlichen Aktivitäten vorzufinden sind, und dass der Zyklus mit einer gewissen Regelmäßigkeit in Phasen verläuft. Es mangelt von Anfang an nicht an Versuchen, solche Regelmäßigkeiten hinsichtlich Dauer und Intensität der Zyklen zu finden sowie typische Phasen zu identifizieren, und diese Informationen für prognostische Zwecke zu nutzen.

4.1.1 Einteilung nach Phasen

Was die Einteilung in typische Phasen angeht, vertreten Burns und Mitchell ein Zwei-Phasen-Schema. Sie grenzen den Zyklus von Tiefpunkt zu Tiefpunkt ab, so dass jeder Zyklus aus einer Expansions- und einer daran anschließenden Kontraktions- (Rezessions-)phase besteht (Abb. 4.1). An dieser Einteilung orientiert sich heute noch die Konjunkturklassifikation des NBER für die USA.

Ausgehend von diesem Zwei-Phasen-Schema gibt es verschiedene Ansätze, die Konjunkturphasen feiner zu untergliedern. Auf Burns und Mitchell selbst geht der Vorschlag zurück, Auf- und Abschwünge jeweils in Drittel zu unterteilen. Gestützt auf empirische Untersuchungen für die USA schlägt Sichel (1994) die Weiterentwicklung zu einem Drei-Phasen-Schema vor. Darin unterteilt er Aufschwünge in zwei Teilzeiträume. In einer ersten Phase wächst die Produktion rasch, weil die vorhandenen und durch die vorhergehende Rezession unterausgelasteten Kapazitäten ohne zusätzlich Investitionen genutzt werden können, so dass sich die Produktion schnell wieder dem Vor-Rezessionsniveau annähern kann. Daran schließt sich eine zweite Aufschwungphase mit moderaterer Expansion an, in der das Wachstum stärker vom Ausbau der Kapazitäten bestimmt wird, der naturgemäß Zeit beansprucht.

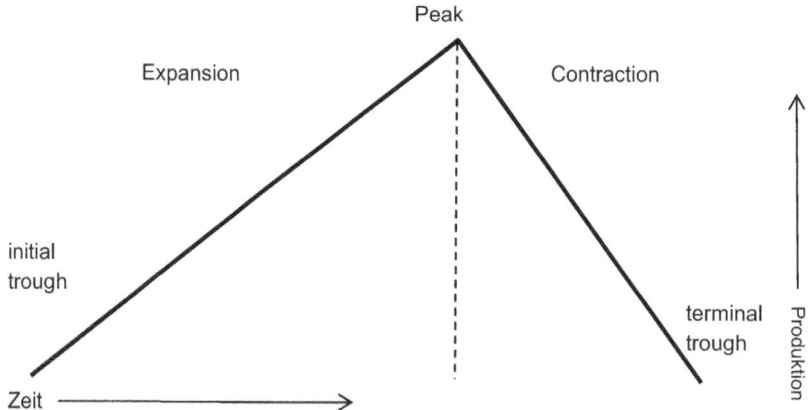

Abb. 4.1 Zwei-Phasenschema des Konkunkturzyklus nach Burns/Mitchell, Eigene Darstellung

4.1 Definition und Einteilung des Konjunkturzyklus

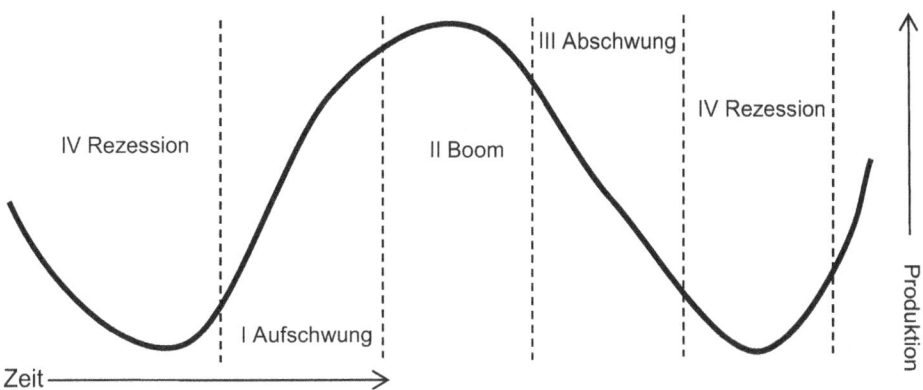

Abb. 4.2 Vier-Phasenschema des Konjunkturzyklus nach Haberler, Eigene Darstellung

Auf Haberler (1937) geht ein heute sehr verbreitetes Vier-Phasen-Schema zurück. An eine 1) Phase der Prosperität (zumeist Aufschwung genannt) schließt sich 2) eine Boomphase an, von der ausgehend der Übergang zu einer 3) Kontraktion (oder auch einem Abschwung) erfolgt, der schließlich 4) in einer Depression oder Rezession endet, aus der sich dann ein neuer Aufschwung entwickelt (Abb. 4.2).

Daneben gibt es weitere Versuche, Konjunkturzyklus in Phasen zu unterteilen. So unterscheidet z. B. Spiethoff sechs Phasen, wobei der wichtigste Unterschied zum Haberler-Schema ist, dass er Aufschwünge in drei Teilabschnitte unterteilt (ausführlicher dazu Assenmacher 1998, S. 10–12).

4.1.2 Dauer des Zyklus

Es gibt zahlreiche Versuche, Regelmäßigkeiten hinsichtlich der Dauer von Konjunkturzyklen zu finden. Ein Meilenstein in dieser Hinsicht ist Schumpeter's 1939 veröffentliche ausführliche Beschreibung der seit dem Ende des 18. Jahrhunderts beobachteten konjunkturellen Schwankungen. Er betrachtet dabei zahlreiche Länder und kann sich dabei auf eine Vielzahl von Vorarbeiten stützen. Seine Beobachtungen fasst Schumpeter zusammen, indem er Konjunkturzyklen als das Ergebnis des Zusammenspiels und der Überlagerung von drei Zyklen unterschiedlicher Länge interpretiert. Er bezeichnet diese als Kondratieff-, Juglar- und Kitchin-Zyklen.

- *Kondratieff-Zyklen* stellen langfristige Schwankungen dar, die Schumpeter als Folge von Innovationsschüben interpretiert. Sie dauern 48 bis 60 Jahre, den ersten Zyklus datiert Schumpeter auf den Zeitraum 1786 bis 1842.
- Jeder Kondratieff-Zyklus enthält eine ganze Zahl von *Juglar-Zyklen*, die 7 bis 11 Jahre dauern und auch als Investitionszyklen bezeichnet werden.
- In jedem Juglar-Zyklus wiederum findet man eine ganze Zahl – in der Regel 2 bis 3 – von *Kitchin-Wellen*, die 3 bis 4 Jahre dauern und als Lagerzyklen interpretiert werden können.

Diese Klassifikation Schumpeters wirkt bis heute prägende, andere Autoren auch ähnliche Einteilungen gefunden haben. So identifizierte Kuznets neben den von Schumpeter beschriebenen Zyklen auch 15 Jahre währende Bauzyklen. Hansen unterscheidet zwischen Minor cycles (3 1/2 Jahre), Major cycles (8 1/3 Jahre) und Bauzyklen (17–18 Jahre).

Solche Einteilungen sind sicherlich zu einem Gutteil eine Frage der Interpretation, denn man wird im Einzelfall stets streiten können, ob ein Tiefpunkt das Ende einer Juglar- oder eine Kitchin-Welle markiert. Betrachtet man jedoch in der Realität beobachtete Zyklen, so kann man in ihnen in der Tat – wenn dies auch manchmal etwas guten Willen erfordert – häufig eine Überlagerung von kürzeren und längeren Zyklen erkennen. Treffen die Tiefpunkte des kurzen und des längeren Zyklus zusammen, kommt es zu besonders deutlichen Konjunktureinbrüchen. Ein Tiefpunkt des kurzen Kitchin-Zyklus während eines Aufschwungs des längeren Juglar-Zyklus erscheint hingegen in den Datenreihen als ein Zwischentief, während dem die Produktion oft nicht einmal rückläufig ist. Daraus ergibt sich ein Wechsel von jeweils kräftigeren und schwächeren Abwärtsbewegungen der Konjunktur, die Helmstädter (1996) auch als M-Zyklus bezeichnete. Diese Unterscheidung von stärkeren und schwächeren Abschwüngen leitet unmittelbar über zu einer Einteilung von Zyklen in Konjunktur- und Wachstumszyklen.

4.1.3 Intensität der Schwankungen

Anfang und Ende klassischer Konjunkturen sind – wie aus der obigen Definition von Burns und Mitchell ersichtlich – durch ausgeprägte Rückgänge der Wirtschaftsleistung gekennzeichnet. Weist allerdings eine Volkswirtschaft einen steilen Wachstumstrend auf, wie dies z. B. in vielen Industrieländern in der Zeit nach dem zweiten Weltkrieg bis in die sechziger Jahre hinein zu beobachten war, so kann man Konjunkturen in diesem Sinne häufig nicht mehr beobachten. Gleichwohl ließen sich auch in diesen Jahren Schwankungen in der wirtschaftlichen Aktivität ausmachen, die sich allerdings in erster Linie in den Wachstumsraten der Produktion bemerkbar machen. Solche Schwankungen in der Intensität des Wachstums werden zur Unterscheidung vom klassischen Konjunkturzyklus, häufig als Wachstumszyklen bezeichnet.

Abb. 4.3 zeigt die Entwicklung des preisbereinigten Bruttoinlandsprodukts in Deutschland im Zeitraum 1970 bis 2012[1]. Sie lässt fünf Phasen mit absoluten Rückgängen des Bruttoinlandsprodukts erkennen. Drei davon sind deutlich ausgeprägt, nämlich die der Jahre 1974/1975, 1993 und – der bisher tiefste Einbruch – 2008/2009. Zwei weitere Phasen sind weniger klar erkennbar. Die Rezessionen von 1982 und 2003 waren nicht durch einen markanten Einbruch, sondern durch eine über längere Zeit unbefriedigende

---

[1] Vor 1991 beziehen sich die Angaben auf Westdeutschland und basieren auf Angaben zum realen Bruttoinlandsprodukt in konstanten Preisen. Ab 1991 werden verkettete Volumenindizes für Gesamtdeutschland dargestellt. Es handelt sich um saisonbereinigte Daten, die auf 1991 = 100 umbasiert wurden.

4.1 Definition und Einteilung des Konjunkturzyklus

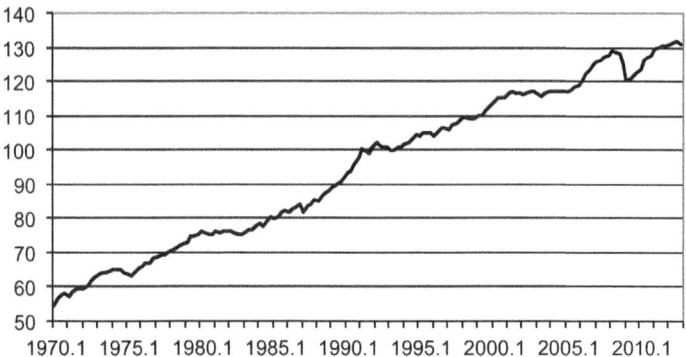

Abb. 4.3 Bruttoinlandsprodukt in Deutschland, Index 1991 = 100. Nach Angaben des Statistischen Bundesamtes

wirtschaftliche Entwicklung gekennzeichnet. Alles in allem lassen sich demnach im Beobachtungszeitraum vier voll ausgebildete Konjunkturzyklen erkennen, nämlich einen ersten – grob gerechnet – von 1974 bis 1982, einen zweiten von 1982 bis 1993 und einen dritten von 1993 bis 2003. Der vierte Zyklus begann 2003 und endete 2008. Der Zyklus, der 2008 begann, ist noch nicht vollständig ausgeprägt; ob der Rückgang des BIP im vierten Quartal 2012 sein Ende markiert, bleibt abzuwarten. Der 1974 endende Zyklus begann wohl 1967, jedoch sind hier die Abgrenzungen nicht eindeutig.

Abb. 4.4 zeigt die Veränderungsraten der gleichen Reihe wie in Abb. 4.3, wobei hier der Klarheit wegen Veränderungen gegenüber dem Vorjahr gewählt wurden; auf die damit verbundenen Probleme wird noch einzugehen sein. Das Bild zeigt, dass es in dem Jahren zwischen zwei absoluten Rückgängen des Bruttoinlandsprodukts immer wieder temporäre Wachstumsverlangsamungen gab, so z. B. in den Jahren 1987 und 1998. Rechnet man solche lokalen Minima in den Zuwachsraten mit, so kommt man je nach Zählweise auf mehr als 10 Wachstumszyklen im gleichen Zeitraum, wobei die genaue Abgrenzung in manchen

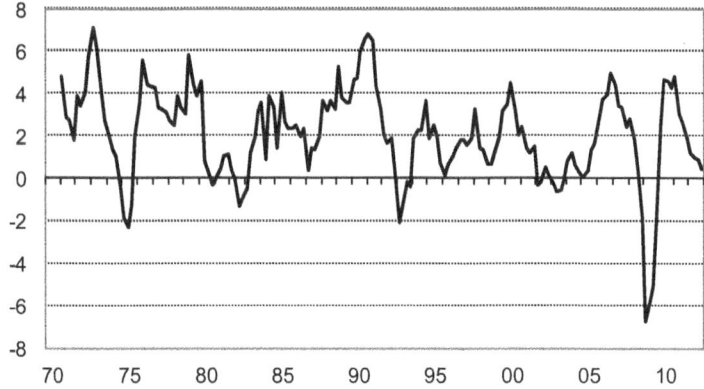

Abb. 4.4 Bruttoinlandsprodukt in Deutschland, Veränderungsraten gegenüber dem Vorjahr in %. Nach Angaben des Statistischen Bundesamtes

Fällen strittig sein dürfte. Interpretiert man die Konjunkturzyklen als Juglar-Wellen und die kürzeren Wachstumszyklen als Kitchin-Wellen, so enthält jeder Juglar-Zyklus mindestens zwei, der von 1993 bis 2003 wohl eher drei Kitchin-Wellen. Dies ist freilich nur eine erste, grobe Abgrenzung der deutschen Zyklen. Auf verschiedene Abgrenzungsmöglichkeiten soll im folgenden Abschn. 4.2 näher eingegangen werden.

4.2 Messung des Konjunkturzyklus

Bei den Verfahren zu Bestimmung und Abgrenzung von Konjunkturzyklen kann man zwischen univariaten und multivariaten Ansätzen unterscheiden. Zu den univariaten Methoden zählen alle Verfahren, die sich an eine Kennziffer, zumeist das Bruttoinlandsprodukt oder die Industrieproduktion anlehnen und deren Niveaus, Veränderungen oder Abweichungen von Trendwerten betrachten. Multivariate Verfahren stützen sich auf mehrere Indikatoren, die sie intuitiv – wie bei dem unten beschriebenen Ansatz des NBER – oder gestützt auf formale Verfahren zu einer Einschätzung des Zyklus verbinden.

4.2.1 Messung mit Hilfe von Wachstumsraten

Weit verbreitet ist die Messung am Bruttoinlandsprodukt, der umfassendsten Kennziffer der volkswirtschaftlichen Produktion. Da dieses für Vierteljahre berechnet und frühesten 45 Tage nach Abschluss eines Quartals veröffentlicht wird, wird alternativ häufig die Phaseneinteilung anhand der Industrieproduktion vorgenommen. Sie wird monatlich erhoben und liegt zeitnäher vor. Zudem spiegelt sie, obwohl die Industrie einen abnehmenden Teil zur Wirtschaftsleistung beiträgt, aufgrund ihrer engen Vernetzung mit weiten Teilen des Dienstleistungssektors die gesamtwirtschaftliche Aktivität nach wie vor gut wider.

Man kann zwar – wie in Abb. 4.3 verdeutlicht, die Niveaus dieser Reihen verwenden. Gebräuchlich ist aber deren Umrechnung in Wachstumsraten. Diese können zum einen – wie bereits in Abb. 4.4 verwendet – als Vorjahresrate berechnet werden. Diese ergibt sich bei Vierteljahreswerten als:

$$a_t = x_t / x_{t-4} \quad \text{bzw.} \quad a_t(\%) = (x_t / x_{t-4} - 1) * 100 \tag{4.1}$$

Der erste Ausdruck gibt einen Wachstumsfaktor wieder, der zweite die Zuwachsrate in %. Bei Monatswerten ändern sich der Zeitindex entsprechend. Alternativ kann man die Vorquartals- (Vormonats-)raten betrachten:

$$q_t = x_t / x_{t-1} \quad \text{bzw.} \quad q_t(\%) = (x_t / x_{t-1} - 1) * 100. \tag{4.2}$$

Letztere wird bisweilen durch Multiplikation mit 4 (bei Quartals-) bzw. 12 (bei Monatswerten) auf Jahreswerte hochgerechnet. Diese insbesondere in den USA beliebte sog. an-

4.2 Messung des Konjunkturzyklus

nualisierten Wachstumsrate soll ausdrücken, wie rasch die Wirtschaft gewachsen wäre, wenn es ein Jahr lang in jedem Quartal bzw. Monat den gleichen Zuwachs gegeben hätte wie zuletzt beobachtet[2]. Durch diesen Kniff lassen sich Vorjahres- und Vorquartalsraten besser vergleichen. Eine beliebte – wenn auch umstrittene – Definition einer Rezession knüpft an den Vorquartalsraten des saisonbereinigten BIP an. Sie besagt, dass eine Rezession eingetreten ist, wenn diese in mindestens zwei aufeinanderfolgenden Quartalen negativ waren.

Wenn man sich vor Augen hält, dass sich x_t durch Multiplikation von x_{t-4} mit den Vorquartalsraten der vergangenen vier Quartale errechnen lässt,

$$x_t = q_t \cdot q_{t-1} \cdot q_{t-2} \cdot q_{t-3} \cdot x_{t-4}, \text{bzw.} \tag{4.3}$$

$$a_t = q_t \cdot q_{t-1} \cdot q_{t-2} \cdot q_{t-3} \tag{4.4}$$

so wird deutlich, dass die Vorjahresrate des Quartals t nichts anderes ist als das Produkt der vier vergangenen Vorquartalsraten. In Bezug auf die Messung des Konjunkturzyklus bedeutet dies, dass die Vorjahresrate stets gegenüber der Vorquartalsrate nachläuft, da sie nicht nur die Rate für das aktuelle Quartal enthält, sondern auch die Veränderungsraten in den drei davorliegenden Vierteljahren.

Da real beobachtete Zeitreihen durch zahlreiche Irregularitäten beeinflusst und deshalb sehr volatil sind, soll der zeitliche Zusammenhang von Vorjahres- und Vorquartalsraten hier zunächst anhand eines hypothetischen Beispiels veranschaulicht werden. Die im oberen Teil von Abb. 4.5 dargestellte Zeitreihe wurde ermittelt, indem eine regelmäßige Sinusschwingung mit einer Dauer von fünf Jahren über einen Trend gelegt wurde, der für sich genommen von Quartal zu Quartal einen Zuwachs um 0,3 % impliziert. Dabei sind keine saisonalen oder irregulären Schwankungen unterstellt, so dass die Daten als Idealtyp einer saisonbereinigten Reihe interpretiert werden können, die frei von störenden irregulären Einflüssen ist. Im unteren Teil der Abbildung sieht man die aus dieser Beispielreihe abgeleiteten Vorjahres- und (annualisierten) Vorquartalsraten. Der Vorlauf der Vorquartalsraten ist deutlich: Sie erreichen die Höhe- und die Tiefpunkte stets ein halbes Jahr früher als die Vorjahresraten.

Deshalb sollte man Vorquartalsraten in der Konjunkturanalyse in sich den Vorzug gegeben. Gleichwohl hat die Vorjahresrate auch ihre Vorzüge. Um sie zu berechnen, verwendet man die Originaldaten ohne zusätzliche Aufbereitung, was ihre Handhabung stark vereinfacht. Vorquartalsraten lassen sich hingegen nur sinnvoll interpretieren, wenn sie aus saisonbereinigten Werten ermittelt wurden, da ansonsten die Veränderung von Quartal zu Quartal in vielen Fällen von saisonalen Schwankungen dominiert würde. Das Ergebnis

---

[2] Formal ist diese Rechnung insofern ungenau, als der Zinseszinseffekt vernachlässigt wird. Wenn eine Wirtschaft vier Quartale in Folge mit einer Vorquartalsrate von jeweils 0,5 % wächst, ist sie Im Jahresvergleich nicht um 2 % sondern um 2,01 % gewachsen. Bei kleinen Zuwächsen ist der Fehler – wie man sieht – allerdings vernachlässigbar.

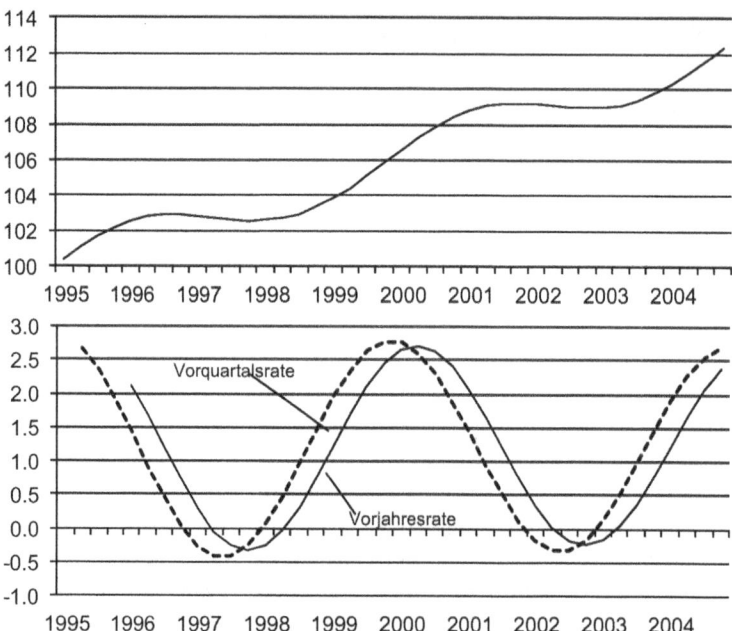

Abb. 4.5 Hypothetische Zeitreihe: Trend zuzüglich Sinusschwingung

einer Saisonbereinigung hängt aber – wie gezeigt – vom gewählten Verfahren ab, und dies gilt dann naturgemäß auch für die Vorquartalsraten. Die Vorjahresrate enthält hingegen bereits eine grobe Saisonbereinigung, da Quartale bzw. Monate mit ähnlichen saisonalen Bedingungen verglichen werden. Ein weiterer Nachteil der Vorquartalsrate ist, dass sie auch stärker als die Vorjahresrate durch die irreguläre Komponente der Zeitreihe beeinflusst ist und damit oft volatil ist.

Während die Quartalswerte – worauf noch einzugehen sein wird – bei der Erstellung von Prognosen eine große Rolle spielen, stehen im Blickpunkt der Öffentlichkeit eher die jahresdurchschnittlichen Veränderungsraten. Um das Verhältnis zwischen Quartalsraten und jahresdurchschnittlichen Raten besser darstellen zu können, soll einen gegenüber den Gln. (4.1 bis 4.4) leicht veränderte Notation verwendet werden. Danach bezeichnet $x_{t,n}$ den Wert in Quartal n des Jahres t, wobei n die Werte 1 bis 4 annehmen kann[3]. Unter Zuhilfenahme dieser Notation kann man die jahresdurchschnittlichen Veränderungsraten in zwei Komponenten zerlegen: Zum einen gewissermaßen die Rampe, von der aus die wirtschaftliche Entwicklung in ein neues Jahr hinein startet, zum anderen das Tempo, mit der die Wirtschaft im Verlauf eines Jahres wächst. Die „Startrampe" bezeichnet man auch als den statistischen Überhang. Man errechnet ihn – bei saison- und kalenderbereinigten Daten – als prozentuale Abweichung des Wertes im vierten Quartal vom Mittelwert der vier Quartalswerte.

---

[3] Für Monatswerte gilt die folgende Argumentation sinngemäß, nur dass n zwischen 1 und 12 liegt.

4.2 Messung des Konjunkturzyklus

$$\ddot{U}B_t = \left(x_{t,4} \Big/ \frac{1}{4}\sum_{n=1}^{4} x_{t,n} - 1 \right) * 100 \qquad (4.5)$$

Das Wachstum im Jahresverlauf bezeichnet man als Verlaufsrate. Sie ist definiert als die im letzten Quartal eines Jahres beobachtete Zuwachsrate gegenüber gleichen Quartal im Vorjahr:

$$VR_t = (x_{t,4}/x_{t-1,4} - 1) * 100 \qquad (4.6)$$

Die jahresdurchschnittliche Veränderungsrate JD_t ergibt sich näherungsweise aus dem Überhang am Ende des Vorjahres und der Hälfte der Verlaufsrate in dem betrachteten Jahr.

$$JD_t \approx \ddot{U}B_{t-1} + 0,5 * VR_t \qquad (4.7)$$

Um den Zusammenhang zwischen Vorquartalsraten und jahresdurchschnittlichen Veränderungen und die Bedeutung des Überhangs noch genauer zu verstehen, soll hier eine weitere Komponentenzerlegung dargestellt werden; eine formale Ableitung findet man bei Tödter (2010) bzw. Carnot et al. (2011, S. 61–62). Danach erhält man die jahresdurchschnittliche Veränderungsrate auch wie folgt:

$$JD_t \cong \frac{1}{4} q_{t-1,2} + \frac{2}{4} q_{t-1,3} + \frac{3}{4} q_{t-1,4}$$
$$+ \frac{4}{4} q_{t,1} + \frac{3}{4} q_{t,2} + \frac{2}{4} q_{t,3} + \frac{1}{4} q_{t,4} \qquad (4.8)$$

Diese Zerlegung zeigt, dass man die jahresdurchschnittliche Veränderungsrate als gewichteten Durchschnitt der Vorquartalsraten des Vorjahres und des laufenden Jahres darstellen kann. Das Gewichtungsschema hat die Form eines Dreiecks, das höchste Gewicht kommt dem ersten Quartal des laufenden Jahres zu. Die erste Zeile von Formel 4.8 ist eine geänderte Notation des Überhangs. Sie zeigt, dass mit Bekanntwerden der Vorquartalsrate des zweiten Quartals eines Jahres bereits ein – wenn auch kleiner – Teil des statistischen Überhangs für das Folgejahr feststeht und damit eine erste „harte" Information über die Vorjahresveränderung im Folgejahr bekannt ist. Die Formel macht auch plausibel, worauf später im Kontext der Evaluation von Prognosen (Abschn. 10.2.1) noch einzugehen sein wird, dass im Laufe eines Jahres der Prognosefehler abnehmen sollte, da mit jeder veröffentlichten Vorquartalsrate ein zusätzliches Glied von Gl. 4.8 bekannt und damit die Prognose der jahresdurchschnittlichen Rate immer genauer wird.

Die Zerlegung der Vorjahresrate in den Überhang und die Verlaufsrate macht deutlich, dass man aus einer jahresdurchschnittlichen Veränderungsrate allein keine Aussage über die konjunkturelle Entwicklung eines Jahres machen kann. Eine jahresdurchschnittliche Rate von 1% kann z. B. aus einem Unterhang von −0,4 und einer Verlaufsrate von 2,8% resultieren, die auf einen recht kräftigen Aufschwung hindeutet. Oder sie kann Resultat eines hohen Überhangs von 0,6% und einer Verlaufsrate von 0,8% sein, also einer eher

Tab. 4.1 Statistische Komponenten einer Prognose des Bruttoinlandsprodukts. (Quelle: Projektgruppe Gemeinschaftsdiagnose (2014))

	2013	2014	2015
Statistischer Überhang	−0,3	0,6	0,6
Jahresverlaufsrate	1,4	2,0	1,8
Jahresdurchschnittliche Veränderung, kalenderbereinigt	0,5	1,9	1,8
Kalendereffekt	−0,1	0,0	0,2
Jahresdurchschnittliche Veränderung	0,4	1,9	2,0

bescheidenen Expansion. Deshalb gehen viele Prognostiker dazu über, bei ihrer Prognose des Anstiegs des Bruttoinlandsprodukts diese Komponenten mit zu veröffentlichen, wobei sie außerdem den Arbeitstageeffekt gesondert ausweisen. Tab. 4.1 zeigt diese „statistischen Komponenten" am Beispiel der Prognose der Gemeinschaftsdiagnose vom Frühjahr 2014. Die Jahresverlaufsrate macht deutlich, dass das Expansionstempo im Jahr 2013 keineswegs so schwach war wie dies die Jahresdurchschnittsrate suggeriert, weil der Überhang negativ war. Und für 2015 wird ein etwas langsameres Expansionstempo als im Jahr 2014 erwartet; die höhere Jahresdurchschnittsrate kommt nur aufgrund des Kalendereffekts zustande.

4.2.2 Messung mit Hilfe der Trendabweichung

Alternativ zu den Veränderungsraten werden häufig Abweichungen von den Trendwerten zur Charakterisierung des Konjunkturzyklus herangezogen. Diese werden mitunter auch als gesamtwirtschaftliche Kapazitätsauslastung bzw. als Produktionslücke interpretiert.

Bevor auf die Probleme der Trendbereinigung von Datenreihen eingegangen wird, soll zunächst auf anhand der im vorigen Abschnitt bereits verwendeten hypothetischen Zeitreihe die Besonderheit der konjunktureller Hoch- und Tiefpunkte aus der Trendabweichung verdeutlich werden. Da in dieser Zeitreihe der Trend bekannt ist, ergibt sich die Abweichung vom Trend unmittelbar aus der Sinusschwankung, die diesen überlagert. In Abb. 4.6 sind zum Vergleich auch die Vorquartalsveränderungen abgetragen. Daraus wird deutlich, dass die Vorquartalsraten ihren höchsten Wert erreichen, wenn die Trendabweichung die Nulllinie von unten schneidet, und ihren niedrigsten, wenn sie diese von oben schneidet. Dauert ein Konjunkturzyklus, wenn man ihn anhand der Veränderungsraten abgrenzt, von einem Tiefpunkt zum nächsten, dann beginnt er anhand der Trendabweichung, wenn diese die Nulllinie von oben schneidet und er endet, wenn dies das nächste Mal der Fall ist.

In diesem Beispiel ist der Trend bekannt; in der Praxis ist er allerdings schwierig bestimmen. Ein einfacher Ansatz wäre, einen deterministischen Trend zu verwenden, zumeist ein Trendpolynom höheren Grades, das uns bei der Saisonbereinigung im Zusammenhang mit dem Berliner Verfahren bereits einmal begegnet ist (Abschn. 3.3.2.2). Gl. 4.9 gibt ein solches Polynom an, wobei t für den Zeitindex steht.

4.2 Messung des Konjunkturzyklus

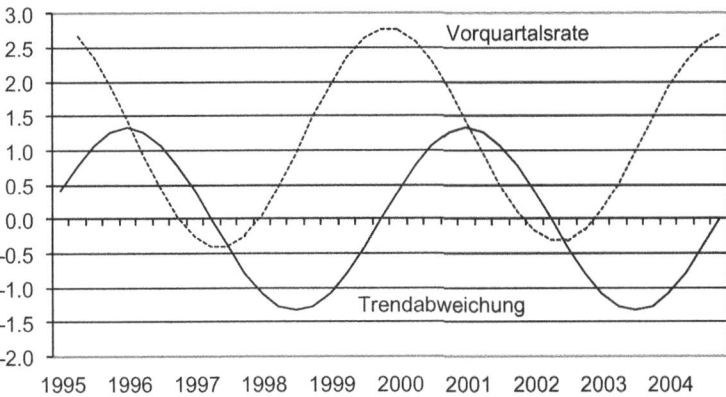

Abb. 4.6 Hypothetische Zeitreihe: Vorquartalsraten und Trendabweichung

$$y = \alpha_0 + \alpha_1 t + \alpha_2 t^2 + \alpha_3 t^3 + \ldots + \alpha_n t^n \tag{4.9}$$

Gebräuchlicher ist heute die Verwendung flexibler Trends die mit Hilfe diverser Filtertechniken ermittelt werden. Die größte Verbreitung hat der Hodrick-Prescott-Filter (HP-Filter) gefunden (Hodrick und Prescott 1997). Ist y die zu bereinigende Reihe und τ der zu schätzende Trendwert, dann wird τ bei dieser Technik ermittelt, indem folgende Funktion minimiert wird:

$$\min_{\tau_{t=1}^n} \sum (y_t - \tau_t)^2 + \lambda \sum \left[(\tau_{t+1} - \tau_t) - (\tau_t - \tau_{t-1}) \right]^2 \tag{4.10}$$

Der erste Term dieses Ausdrucks hätte dann sein Minimum erreicht, wenn der Trendwert zu jedem Zeitpunkt exakt dem beobachteten Wert entsprechen würde. Eine solche Reihe könnte man freilich kaum noch als Trend bezeichnen. Der zweite Term glättet daher die Reihe, indem er Veränderungen des Trendwerts über die Zeit „bestraft". Dabei bezeichnet man λ als Glättungsparameter. Je kleiner er ist, desto weniger fallen Änderungen des Trends ins Gewicht und desto flexibler passt sich der Trendwert den Beobachtungen an. Je größer λ wird, desto stärker nähert sich der Trend einer Geraden an. Um den Einfluss des Glättungsfaktors zu veranschaulichen, wird hier der Hodrick-Prescott-Filter auf die in Abb. 4.5 dargestellte hypothetische Zeitreihe angewendet, die – wohlgemerkt – einen logarithmisch linearen Trend aufweist. Bei λ = 100 – dieser Wert wird in der Literatur für Jahreswerte vorgeschlagen – weist der Hodrick-Prescott-Trend noch deutliche Sinusschwankungen auf. Bei einem deutlich größeren Wert des Glättungsparameters von 1600, der in der Literatur für Vierteljahreswerte vorgeschlagen hat, liegt der HP-Trend schon nahe an einem linearen Trend (Abb. 4.7).

Die Wahl des Glättungsfaktors ist also entscheidend für das Ausmaß der Trendabweichung, und welchen man wählt ist bis zu einem gewissen Grad willkürlich. Bei in der Realität beobachteten Zeitreihen, die nicht derart regelmäßige Schwankungen aufweisen

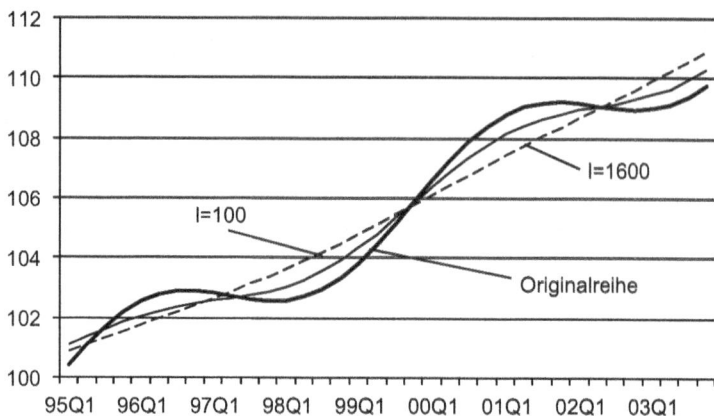

Abb. 4.7 Auswirkung unterschiedlicher Glättungsparameter beim Hodrick-Prescott-Filter auf den ermittelten Trend. Hypothetische Zeitreihe aus Abb. 4.5

wie die bisher betrachtete hypothetische Reihe, hängt auch die Abgrenzung der Zyklen von dem gewählten Glättungsfaktors ab. Ein weiteres Problem des Filters resultiert daraus, dass er dazu führt, dass sich der Trend gegen Ende des Beobachtungszeitraums stark dem tatsächlichen Wert annähert. Zur Lösung dieses „Endwertproblems" wird vorgeschlagen, vor Berechnung des HP-Filters die zu glättenden Datenreihen zu verlängern, indem man sie mit einem Zeitreihenmodell oder einem anderen Verfahren fortschreibt. Allerdings hängt dann der berechnete Trend auch von der gewählten Fortschreibungsmethode ab. Alternativ zum HP-Filter können auch andere Filterverfahren wie der Baxter-King-Filter (Baxter und King 1999) verwendet werden, die weniger stark von den beschriebenen Problemen beeinflusst sind. Aber auch diese erfordern mehr oder weniger willkürliche Festlegungen einzelner Parameter.

Wendet man Filtertechniken auf das Bruttoinlandsprodukt an, so werden die ermittelten Trendwerte häufig im Sinne einer potenziellen Produktion interpretiert, die bei Normalauslastung aller Kapazitäten erreicht werden kann. Folglich sind die Trendabweichungen ein Maß für die gesamtwirtschaftliche Kapazitätsauslastung. Diese Sichtweise legt nahe, den Trend nicht aus einem reinen Zeitreihenmodell sondern aus einer gesamtwirtschaftlichen Produktionsfunktion abzuleiten. Diesen Ansatz verfolgt z. B. die EU, die sich auf ein einheitliches Verfahren zur Schätzung des Produktionspotenzials ihrer Mitgliedsländer verständigt hat (D'Auria et al. 2010). Die Schwierigkeiten bleiben aber die gleichen: Das Produktionspotenzial ist eine geschätzte Größe, deren Niveau und Entwicklung vom Schätzansatz abhängt und die zu recht unterschiedlichen Schätzungen der gesamtwirtschaftlichen Kapazitätsauslastung führen können (Deutsche Bundesbank 2003). Ungeachtet dieser methodischen Probleme ist die gesamtwirtschaftliche Kapazitätsauslastung allerdings mittlerweile zu einer politisch bedeutsamen Größe geworden (Kasten 4.1).

4.2 Messung des Konjunkturzyklus

Kasten 4.1: Gesamtwirtschaftliche Produktionslücke und finanzpolitische Regeln

Bei der Beurteilung der Finanzpolitik kommt dem sog. strukturellen Saldo des öffentlichen Haushaltes eine große Bedeutung zu. Dies geht aus Artikel 115 des Grundgesetzes hervor, demzufolge die Kreditaufnahme des Bundes bereinigt um konjunkturelle Effekte 0,35 % des Bruttoinlandsprodukts nicht überschreiten darf (sog. Schuldenbremse). Der konjunkturelle Effekt wird aus der gesamtwirtschaftlichen Kapazitätsauslastung abgeleitet. Um ihn zu ermitteln, ist es zunächst erforderlich, das Produktionspotenzial zu schätzen. In einem zweiten Schritte wird die Produktionslücke als Differenz zwischen tatsächlicher und potenzieller Produktion ermittelt. Auf sie aufbauend wird in einem dritten Schritt die Konjunkturkomponente des Budgetsaldos ermittelt. Diese wird berechnet, indem die Produktionslücke mit einer in der Vergangenheit beobachteten Budgetsensitivität multipliziert wird. Diese Kennziffer gibt an, wie sich der Budgetsaldo in Reaktion auf eine Änderung der Kapazitätsauslastung um einen Prozentpunkt verändert. Bereinigt man in einem vierten Rechenschritt den tatsächlichen Budgetsaldo um diese Konjunkturkomponente, erhält man den strukturellen Saldo.

Problematisch ist allerdings, dass das Produktionspotenzial nicht beobachtbar ist, sondern geschätzt werden muss. Damit wäre an sich der Willkür Tür und Tor geöffnet und eine Regierung könnte wahrscheinlich fast jederzeit ein Produktionspotenzial bestimmen, bei dem die Schuldenbremse eingehalten wird. Um eine solche Willkür zu vermeiden, wendet die Bundesregierung bei der Schätzung des Produktionspotenzials ein Verfahren an, das von der EU-Kommission entwickelt wurde und auch im Rahmen der Haushaltsüberwachung durch die EU angewendet wird. Dieses Verfahren (D'Auria et al. 2010) kombiniert das Konzept der Produktionsfunktion mit verschiedenen Filtertechniken zur Bestimmung der Trendwerte der Komponenten dieser Produktionsfunktion. Dieses Verfahren wendet die Bundesregierung nicht nur intern an. Es bildet vielmehr auch die Grundlage der Mittelfristprojektionen der von der Bundesregierung in Auftrag gegebenen Gemeinschaftsdiagnose unabhängiger Wirtschaftsforschungsinstitute, womit die Rechnungen der Bundesregierung einer externen Kontrolle unterliegen. Das so bestimmte Produktionspotenzial dient einerseits der Berechnung der Struktur- und der Konjunkturkomponente der öffentlichen Haushalte, andererseits der Ableitung der Mittelfristprojektion, die den an die EU zu meldenden Stabilitätsprogrammen zugrunde liegen.

Obwohl viele Details des sog. EU-Verfahrens auf europäischer Ebene festgelegt werden, lässt sich nicht vermeiden, dass die Schätzung des Produktionspotenzials bisweilen von einem Jahr zum anderen kräftig revidiert wird. So wurde im Frühjahr 2008 das mittelfristige Wachstum des Produktionspotenzials auf 1,6 % geschätzt (Projektgruppe Gemeinschaftsdiagnose 2008, S. 61). Im Frühjahr 2009, nachdem Deutschland in eine tiefe Rezession gefallen war, wurde das Potenzialwachstum auf 0,9 % zurückgenommen (Projektgruppe Gemeinschaftsdiagnose 2009, S. 71), unter anderem weil man davon ausging, dass durch die Krise ein Teil des Kapitalstocks entwertet worden sei. Generell zeigt die Erfahrung, dass bereits geringe Änderungen bei den Methoden zur Bestimmung der Trends zu deutlich abweichenden Potenzialschätzungen führen können (Projektgruppe Gemeinschaftsdiagnose 2012, S. 44–45). Insofern dürfte für Diskussionen gesorgt sein, falls einmal eine Verletzung der Schuldenbremse in Deutschland droht.

Abgesehen von den Schwierigkeiten bei der Bestimmung der trendmäßigen Produktion bildet die Analyse der Abweichung der Produktion von ihrem Trend einen ebenso einfachen wie anschaulichen Ansatz, um Konjunkturphasen abzugrenzen. Abb. 4.8 stellt dieses Vorgehen, das inzwischen große Verbreitung gefunden hat, idealtypisch dar. Darin ist die bereits in Abb. 4.5 verwendete Zeitreihe als Abweichung vom Trend dargestellt. Davon ausgehend werden die Zeitabschnitte zum einen anhand der Trendabweichung der gesamtwirtschaftlichen Aktivität und zum anderen anhand der Bewegung der Variable relativ zum Trend vier Phasen zugeordnet.

In Phase I liegt die wirtschaftliche Aktivität oberhalb des Trends und die Trendabweichung nimmt zu. Die sind typische Anzeichen einer Boomphase: Die Auslastung der Wirtschaft ist bereits hoch und sie erhöht sich weiter. In Phase II ist die Trendabweichung noch positiv, der Abstand zum Trend nimmt aber ab, was Kennzeichen eines Abschwungs ist. In Phase III befindet sich das Aktivitätsniveau unterhalb des Trends und der Trendabstand vergrößert sich, was für eine wachsende Unterauslastung der Kapazitäten und damit für eine Rezession steht. In Phase IV sind die gesamtwirtschaftlichen Kapazitäten immer noch unterausgelastet, der Trendabstand verringert sich aber, d. h. die Kapazitäten nähern sich wieder der Normalauslastung. Dies ist typisch für einen Aufschwung.

Kritisch sind auch bei diesem Verfahren zum einen die Wahl des Saisonbereinigungsverfahrens, zum anderen die Methodenwahl bei der Bestimmung des Trends. Van Ruth et al. (2005), die dieses Klassifikationsverfahren beim holländischen Centraal Plan Bureau (CPB) entwickelt und erstmals angewendet haben, schlagen für die Saisonbereinigung das CENSUS-X12-Verfahren und für die Berechnung des Trends den Hodrick-Prescott-Filter vor. Allerdings weist der zumeist glattere Verlauf der mit dem Berliner Verfahren

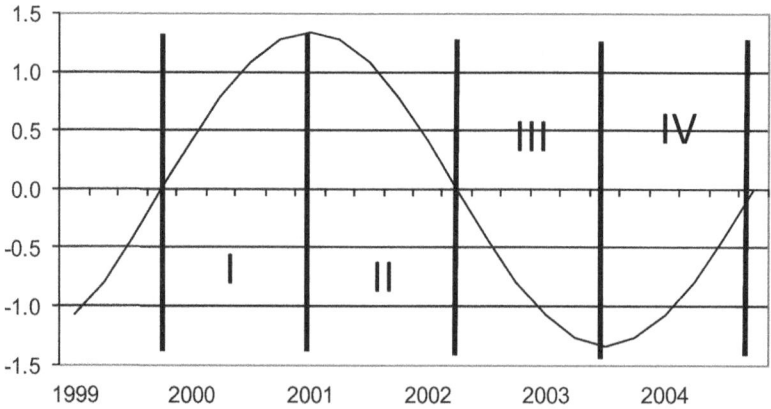

Abb. 4.8 Einteilung von Konjunkturphasen mit Hilfe der Trendabweichung

4.2 Messung des Konjunkturzyklus

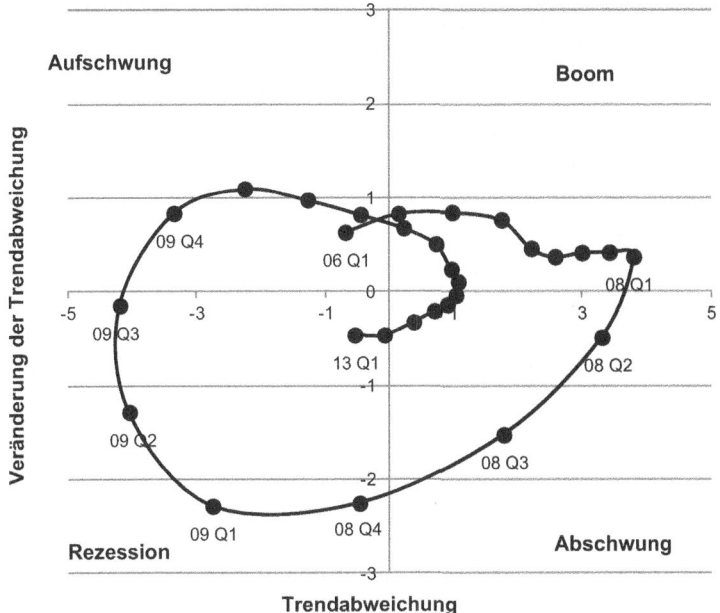

Abb. 4.9 Darstellung des deutschen Bruttoinlandsprodukts in Form einer Konjunkturuhr; Abweichung der Trendzykluskomponente der mit dem BV 4.1-Verfahren bereinigten Reihe von langfristigen Trend. Eigene Berechnungen nach Angaben des Statistischen Bundesamtes

saison- und arbeitstäglich bereinigten Reihen gerade in dieser Anwendung große Vorteile auf. Deshalb greift das Statistische Bundesamt, das den beschriebenen Ansatz für seinen Konjunktur-Monitor verwendet (https://www.destatis.de/KoMo/Konjunkturmonitor.svg), auf dieses Saisonbereinigungsverfahren zurück (Oltmanns 2009). Bei der Bestimmung des Trends verwendet auch das Statistische Bundesamt den Hodrick-Prescott-Filter.

Anschaulich wird die Darstellung der Konjunkturphasen, wenn man sie in die Form einer „Konjunktur-Uhr" überträgt. Dazu transformiert man die Darstellung in Abb. 4.8 in ein Streudiagramm, in dem man auf der waagrechten Achse die Trendabweichung und auf der senkrechten Achse die Veränderung der Trendabweichung abträgt. Abb. 4.9 zeigt das deutsche Bruttoinlandsprodukt in dieser Form. Aus ihr wird deutlich, dass sich an einen Aufschwung, der bis Anfang 2008 andauerte, ein sehr kurzer, nur zwei Quartale währender Abschwung anschloss. Dem folgte eine tiefe, aber ebenfalls kurze Rezession. Im vierten Quartal 2009 setzte bereits wieder ein Aufschwung ein. Die Quartale des Jahres 2012 liegen in der Mitte des Diagramms und lassen sich damit nicht eindeutig einer Zyklusphase zurechnen. Dieser Umstand wird uns in Abschn. 4.3.2 ein weiteres Mal begegnen. Nach dem Rechenstand von Mai 2013 wären das vierte Quartal 2012 und das erste 2013 als – wenn auch wohl milde – Rezession anzusehen. Allerdings kann sich das Urteil mit Vorliegen einer längeren Zeitreihe noch ändern.

4.2.3 Messung anhand mehrerer Größen

Da Konjunktur – wie oben ausgeführt – ein gesamtwirtschaftliches Phänomen ist, das in zahlreichen Teilbereichen der Wirtschaft zu registrieren ist, gibt es zahlreiche Ansätze, die eine mehrdimensionale Sichtweise verfolgen, also Konjunkturzyklen anhand mehrerer Kennziffern einteilen. Eine Methode hierfür ist die Bildung von Sammelindikatoren der Konjunktur, die in Abschn. 5.3.1. ausführlich dargestellt werden. Hier soll auf zwei andere Ansätze eingegangen werden, die beide auf der Idee „stilisierter Fakten" des Konjunkturzyklus basieren. Als solche stilisierten Fakten bezeichnet man typische Verlaufsmuster verschiedener makroökonomischer Kennziffern während des Konjunkturzyklus. Die in Abschn. 4.2.2. angesprochene Entwicklung der Kapazitätsauslastung ist ein stilisiertes Faktum der Konjunktur. Tab. 4.2 enthält eine Auswahl weiterer Fakten, wobei festzuhalten ist, dass diese keineswegs in allen Zyklen der Vergangenheit zu beobachten waren und auch nicht für alle Länder gleichermaßen gelten dürften.

Der erste hier dargestellte mehrdimensionale Ansatz, diese stilisierten Fakten aufgreift, ist das für die USA angewendete Verfahren des *Business Cycle Dating Committee* des National Bureau of Economic Research (NBER). Es verwendet die stilisierten Fakten in flexibler, eher intuitiver Weise. Das zweite dargestellte Verfahren schätzt aus einer Auswahl stilisierter Fakten mit Hilfe eines statistischen Klassifikationsverfahrens, der Diskriminanzanalyse, die Zuordnung von Beobachtungspunkten zu Zyklusphasen.

Tab. 4.2 Stilisierte Fakten der Konjunktur. (Nach Angaben bei Kromphardt (1989))

Realwirtschaftliche Sphäre	1. Hohe Korrelation der Produktion in einzelnen Wirtschaftsbereichen
	2. Prozyklische Entwicklung der Arbeitsproduktivität
	3. Überdurchschnittliche Schwankung der Produktion dauerhafter Investitions- und Konsumgüter; Prozyklische Schwankung der Investitionsquote
	4. Prozyklische Entwicklung der Exporte
Monetärer Sektor	5. Prozyklische Entwicklung der monetären Aggregate (Geldmengen) und der Umlaufgeschwindigkeit
	6. Prozyklische Entwicklung der kurzfristigen Zinsen
Arbeitsmarkt	7. Prozyklische Entwicklung der Offenen Stellen
	8. Prozyklische Entwicklung der Selbstkündigungen
	9. Antizyklische Entwicklung der Entlassungen
Preise, Löhne, Verteilung	10. Prozyklische Entwicklung der Unternehmensgewinne
	11. Prozyklische Entwicklung des Preisniveaus
	12. Prozyklische Entwicklung der Reallöhne
	13. Antizyklische Entwicklung der Lohnquote

4.2.3.1 Die Konjunkturklassifikation des NBER

Das Business Cycle Dating Committee des NBER orientiert sich bei seiner Zykleneinteilung an dem in Abschn. 4.1.1 dargestellten Zwei-Phasen-Schema von Burns und Mitchell. Es zieht zur Identifikation der Auf- und der Abschwungphasen vier Indikatoren heran, die fallweise durch weitere Indikatoren ergänzt werden. Die vier zentralen Kennziffern sind die Industrieproduktion, die Beschäftigung, die realen Umsätze in Industrie und Handel sowie die Realeinkommen der privaten Haushalte. Wie aus diesen Indikatoren eine Zyklusabgrenzung abgeleitet wird, soll am Beispiel der Klassifikation des Abschwungs 2001 gezeigt werden. Damals stellte das Komitee Im November 2001 fest, dass alle vier Indikatoren seit dem März 2001 nach unten wiesen, weshalb es den Beginn des Abschwungs auf den März 2001 festlegte.

Abb. 4.10 zeigt die vier Indikatoren im Umfeld dieses Abschwungs, wobei die fette Linie die Datenlage abbildet, die der damaligen Klassifikation zugrunde lag, während die magere Linie den heutigen Datenstand abbildet. Die Industrieproduktion war damals bereits seit geraumer Zeit rückläufig gewesen, die Beschäftigung ging seit März 2001 deutlich zurück. Mehr Probleme bereiteten die beiden anderen Indikatoren. Die realen

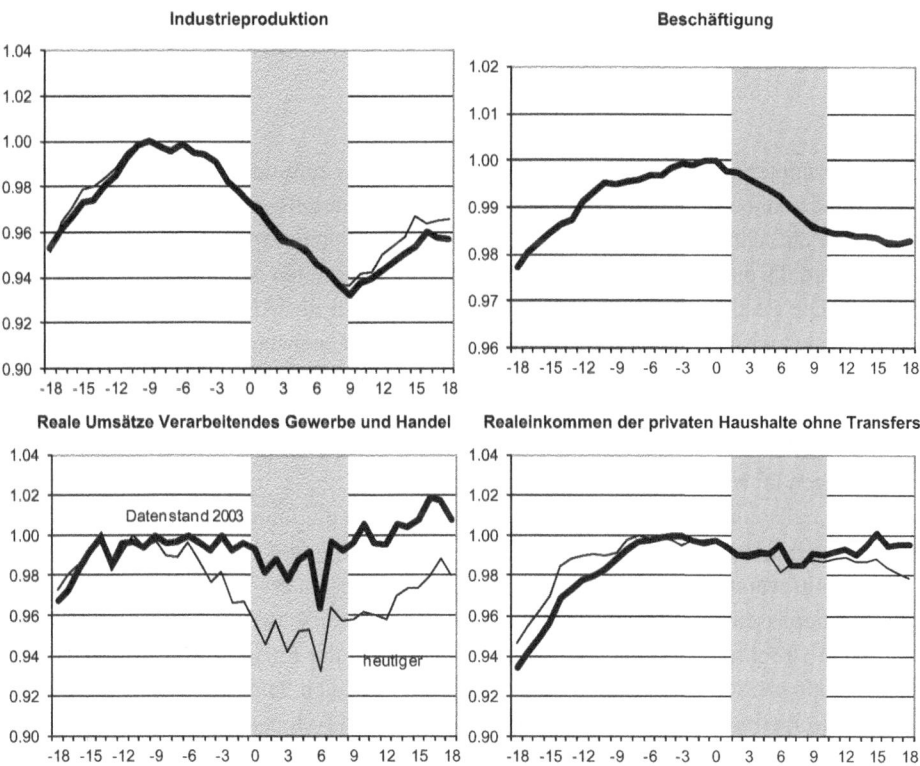

Abb. 4.10 Datierung der Kontraktionsphase 2001 in den USA durch das Business Cycle Dating Committee des NBER. Nach Angaben des NBER. Schraffiert: Kontraktionsphase

Tab. 4.3 Konjunkturzyklen in den USA seit dem zweiten Weltkrieg. (Nach Angaben des National Bureau of Economic Research)

Höhepunkt	Tiefpunkt	Dauer in Monaten			
		Kontraktionsphase	Expansionsphase	Gesamter Zyklus	
		Vom Höhe- zum Tiefpunkt	Vom Tief- zum Höhepunkt	Von Tief- zu Tiefpunkt	Von Höhe- zu Höhepunkt
Feb 1945	Okt 1945	8	80	88	93
Nov 1948	Okt 1949	11	37	48	45
Jul 1953	Mai 1954	10	45	55	56
Aug 1957	Apr 1958	8	39	47	49
Apr 1960	Feb 1961	10	24	34	32
Dez 1969	Nov 1970	11	106	117	116
Nov 1973	Mär 1975	16	36	52	47
Jan 1980	Jul 1980	6	58	64	74
Jul 1981	Nov 1982	16	12	28	18
Jul 1990	Mär 1991	8	92	100	108
Mär 2001	Nov 2001	8	120	128	128
Dez 2007	Jun 2009	18	73	91	81
Durchschnitt		11	59	73	66

Umsätze stagnierten zwar seit einiger Zeit, zeigten aber – zumindest nach dem damaligen Datenstand – keinen eindeutigen Abwärtstrend. Erst spätere Revisionen ergaben, dass die Umsätze wohl schon seit mehreren Monaten zurückgegangen waren. Die Realeinkommen waren ebenfalls nur leicht rückläufig, und sanken im gesamten Abschwung niemals sehr deutlich. Die Festlegung auf den März 2001 als Beginn des Abschwungs war also ein Kompromiss zwischen all diesen Daten. Nach heutigem Datenstand hätte man den Beginn der Rezession möglicherweise auf einen etwas früheren Zeitpunkt festgelegt, denn die Umsätze waren nach heutigem Datenstand wohl schon im Herbst 2000 ähnlich deutlich rückläufig gewesen wie die Industrieproduktion. Aber das Dating Committee ändert seine Festlegungen im Nachhinein nicht mehr.

Tab. 4.3 gibt einen Überblick über die vom NBER für die Jahre seit dem zweiten Weltkrieg klassifizierten Zyklen; insgesamt liegt die Klassifikation zurück bis 1854 vor. Im Durchschnitt waren die Aufschwungphasen mit 59 Monaten etwa 5 Mal so lang wie die Abschwungphasen (11 Monate). Am längsten war der Aufschwung der neunziger Jahre mit vollen 10 Jahren. Der jüngste Abschwung während der Finanzkrise war mit 18 Monaten der längste seit dem zweiten Weltkrieg. Zum Vergleich: Die Abschwungphase während der Weltwirtschaftskrise begann 1929 und dauerte 43 Monate.

Einen ähnlichen Ansatz wie das NBER verfolgt für den Euro-Raum das Business Cycle Dating Committee des Centers for Economic Policy Research (CEPR) (http://www.cepr.org/data/dating/). Es definiert zurück bis in den siebziger Jahre des vorigen Jahrtausends vier abgeschlossene Rezessionsphase im Euro-Raum: 1974/1975 und 1980/1982 während der beiden Ölkrisen; 1991/1992 und 2008/2009. Den Beginn einer fünften Rezessionsphase datierte das CEPR auf das dritte Quartal 2011. Auffällig ist, dass in den Jahren 2001 bis 2003, also in der Zeit nach dem Platzen der sog. Dotcom-Blase, im Euro-Raum im Gegensatz zu den USA nicht als Rezession identifiziert wurde.

4.2.3.2 Konjunkturklassifikation mit Hilfe der Diskriminanzanalyse

Bei den bisher vorgestellten Verfahren zur Klassifikation des Konjunkturzyklus stößt man häufig auf zwei Probleme: Erstens basieren sie in der Regel auf saisonbereinigten Daten und sind somit abhängig vom gewählten Saisonbereinigungsverfahren. Zweitens benötigt man häufig explizit – bei Klassifikationen auf Grundlage der Trendabweichung – oder implizit ein Schätzung der trendmäßigen Entwicklung, die sich am aktuellen Rand aufgrund des Endwertproblems nicht eindeutig ermitteln lässt. Im Folgenden wird ein am RWI angewendetes Verfahren beschrieben (Heilemann und Münch 1999), das auf Ursprungszahlen basiert und ohne die Zeitreiheneigenschaften der Konjunkturindikatoren auskommt und damit auch nicht anfällig ist für falsche Einschätzungen des Trends. Erkauft werden diese Vorteile allerdings dadurch, dass die Klassifikationsergebnisse durch Vorabfestlegungen wesentlich beeinflusst werden können.

Das Klassifikationsverfahren verwendet die Diskriminanzanalyse[4]. Hierbei handelt es sich um ein formales Verfahren, mit dem beobachtete Objekte (im Folgenden Quartale) basierend auf einem Satz von metrisch skalierten Merkmalen (Klassifikatoren) einer von mindestens zwei nominal skalierten Klassen (hier Konjunkturphasen) zugeordnet werden. Da es sich bei der Diskriminanzanalyse um ein strukturen-prüfendes Verfahren handelt (Backhaus et al. 2011, S. 188), müssen die Klassen exogen vorgegeben werden. Die Zuordnung der Quartale zu den Konjunkturphasen geschieht durch die Schätzung sog. Diskriminanzfunktionen. Diese werden so gebildet, dass die Streuung der Merkmale innerhalb der Gruppe (hier der Konjunkturphase) möglichst gering und die Unterschiede zwischen den Gruppen möglichst groß sind.

Man muss das Vorgehen bei dieser Klassifikation als „lernendes Verfahren" verstehen. Am Anfang erfolgt eine a priori-Zuordnung aller Beobachtungspunkte des Untersuchungszeitraums zu einer Zyklusphase, was recht pauschal erfolgen kann, z. B. anhand von Angaben zur Kapazitätsauslastung. Das RWI orientiert sich an einem Vier-Phasen-Schema (Abschn. 4.1.1) und ordnet daher alle Quartale im Beobachtungszeitraum einer von vier Phasen zu. Alle Quartale mit sinkender Kapazitätsauslastung gelten in diesem ersten Schritt als Abschwungphase, alle mit steigender als Aufschwungphase. Um die lokalen Maxima und Minima der Kapazitätsauslastung werden z. B. 4 Quartale als obere bzw. als untere Wendepunktphase definiert.

---

[4] Auf eine formale Darstellung des Verfahrens soll hier verzichtet werden. Ein einführende Darstellung findet man bei Backhaus et al. 2011.

Anschließend wird für alle Quartale mit Hilfe der Diskriminanzanalyse die zuzuordnende Zyklusphase geschätzt. Dabei wird zunächst eine möglichst große Zahl von Klassifikatoren verwendet, aus denen aufgrund von statistischen Tests jene ausgewählt werden, die eine möglichst trennscharfe Zuordnung zu den Zyklusphasen erlauben. Alle Klassifikatoren werden vor dieser Rechnung in stationäre Variablen umgeformt, zumeist durch die Bildung von Veränderungsraten gegenüber dem Vorjahr. In einem nächsten Schritt werden „Fehlzuordnungen" an den Rändern der einzelnen Phasen zum Anlass genommen, die ursprüngliche Zuordnung zu ändern und die Berechnung erneut durchzuführen. Die neue Schätzung der Diskriminanzfunktion führt zu einer neuen Zuordnung der Quartale, die wiederum überprüft werden muss. Dieser Vorgang wird so lange wiederholt, bis am Übergang zwischen jeweils zwei Zyklusphasen möglichst keine Fehlklassifikationen mehr vorkommen und die Zahl der Fehlzuordnungen insgesamt möglichst gering ist (Heilemann und Schuhr 2008). Im Auge behalten – und hier kommt ein weiteres subjektives Element in das Verfahren – muss man dabei allerdings die Auswahl der Klassifikatoren. Gelingt eine Zuordnung zu den Phasen nur, wenn Nuancierungen verwandter Sachverhalte als Klassifikatoren verwendet werden (z. B. Kreditmengen nach unterschiedlicher Abgrenzung), könnte dies ein Hinweis auf falsche Vorgaben hinsichtlich der Zyklusphasen sein. Idealer Weise sollten die Klassifikatoren ein breites Spektrum stilisierter Fakten abdecken[5].

Für die Konjunkturanalyse bringt das Verfahren drei Erkenntnisse: Erstens gewinnt man durch die Auswahl der Klassifikatoren und aufgrund deren Mittelwerte in den Zyklusphasen Erkenntnisse über die Charakteristika der Konjunkturzyklen in der analysierten Volkswirtschaft. Zweitens erhält man als Ergebnis des beschriebenen iterativen Prozesses eine Definition von Zyklusphasen. Drittens kann man das Verfahren prognostisch einsetzen, d. h. man kann z. B. Diskriminanzfunktionen bis einschließlich 2011 schätzen und anschließend die Quartale danach einer Zyklusphase zuzuordnen.

Tab. 4.4 stellt die Auswahl der Variablen dar, mit denen sich ab dem Jahr 1971 alle Quartale bis zum zweiten Quartal 2013 einer der vier Zyklusphasen zuordnen lassen; die Trefferquote in diesem Zeitraum beträgt 95,2 %. Zu den Variablen sind die Phasenmittelwerte dargestellt[6]. Man sieht deutliche Unterschiede der durchschnittlichen Zuwachsraten des Bruttoinlandsprodukts in den vier Phasen. Deutlich sichtbar wird aber auch, dass eine der charakteristischen Variablen für den deutschen Konjunkturzyklus die Ausrüstungsinvestitionen sind, die – anders als das Bruttoinlandsprodukt – sowohl beim Übergang vom Boom zum Abschwung als auch von der Rezession zum Aufschwung deutliche Sprünge

---

[5] So konnten Döhrn et al. (2012) mit Hilfe der Diskriminanzanalyse die Abgrenzungen von Auf- und Abschwungphasen durch das CEPR nur unter Verwendung einer auffällig großen Zahl monetärer Indikatoren reproduzieren, während realwirtschaftliche Größen kaum eine Rolle spielten. Es erscheint aber wenig plausibel, die Trennung von Auf- und Abschwungsphasen vor allem an divergierenden Entwicklungen bei mehreren monetären Aggregaten festzumachen.

[6] Am Beginn einer Diskriminanzanalyse wird getestet, ob die Gruppenmittelwerte der klassifizierenden Variablen gleich sind. Dies kann bei den dargestellten Variablen mit Ausnahme des langfristigen Realzinses auf einem Signifikanzniveau von 99,9 % abgelehnt werden, beim Realzins lediglich auf dem 90 % Niveau.

4.2 Messung des Konjunkturzyklus

Tab. 4.4 Mittelwerte der Klassifikatoren in den Phasen des deutschen Konjunkturzyklus 1971–2013. (Eigene Berechnungen)

	Unterer Wendepunkt	Aufschwung	Oberer Wendepunkt	Abschwung
Reales BIP[a]	−0,95	2,63	3,83	0,76
Ausrüstungsinvestitionen[a]	−7,23	6,32	6,93	−5,84
Außenbeitrag[b]	3,72	3,34	2,34	1,13
Preisindex des BIP[a]	3,34	1,98	2,26	4,47
Abh. Erwerbstätige[a]	−0,69	0,67	2,02	−0,17
Lohnstückkosten[a]	4,40	0,91	2,09	5,37
Kurzfristzins, nominal	4,24	3,94	6,11	8,99
Langfristzinsen, real[c]	2,78	3,69	3,51	3,55

[a] Veränderungen gegenüber dem Vorjahr
[b] Nominal, in % des Bruttoinlandsprodukts
[c] Deflationiert mit Verbraucherpreisen

Tab. 4.5 Abgrenzung der Zyklusphasen in Deutschland[a]; 1972–2012. (Eigene Berechnungen)

	Aufschwung	Oberer Wendepunkt	Abschwung	Unterer Wendepunkt	Länge des Zyklus
1	1972 II, 3	1972 IV; 2	1973 II; 4	1974 II; 6	15
2	1975 IV; 14	1979 II; 4	1980 II; 10	1982 IV; 3	31
3	1983 II; 28	1990 III; 6	1991 IV; 9	1994 II; 1	44
4	1994 III; 22	2000 I; 5	2001 III; 2	2001 IV; 8	37
5	2003 IV; 17	2008 I; 3	–; 0	2008 IV; 5	25
6	2010 I; 6	2011 III; 3	2012 II; 2	2012 IV; 2	13
Durchschnitt[b]	15	4	5	4	25

[a] Quartal des Beginns der Phase und Dauer in Quartalen
[b] Durchschnittliche Dauer der ausgewiesenen Phasen in Quartalen, gerundet

aufweisen. Die inländischen Preise schwanken in Deutschland antizyklisch. Eine Erklärung hierfür findet man in den Lohnstückkosten, die in Aufschwüngen, wenn die Kapazitätsauslastung steigt, nur moderat zunehmen, im Boom bei zunehmend angespannten Kapazitäten dann aber verstärkt und im Abschwung sogar kräftig steigen, weil dann einerseits häufig noch in guten Zeiten vereinbarte Lohnerhöhungen wirksam werden, andererseits die Kapazitätsauslastung fällt. Ferner sieht man, das Abschwünge in Deutschland häufig außenwirtschaftlich (niedrige Werte des Außenbeitrags) oder durch die Geldpolitik ausgelöst wurden (hoher Kurzfristzins).

Tab. 4.5 stellt die mit Hilfe des Verfahrens gefundenen Konjunkturzyklen im Beobachtungszeitraum dar. Eine Besonderheit ist hier, dass nach dem bis 2008 währenden Aufschwung Deutschland so plötzlich in eine Rezession geriet, so dass die Abschwungphase gewissermaßen ausfiel. Ansonsten gilt auch für Deutschland, dass Aufschwünge länger dauern als Abschwünge. Die Länge der Zyklen unterscheidet sich deutlich. Besonders lang war der Zyklus in den achtziger Jahren. Hingegen war der jüngste Zyklus mit nur 13 Quartalen ausgesprochen kurz. Allerdings bereitet dessen Abgrenzung aufgrund der ungewöhnlichen Werte der monetären Variablen große Schwierigkeiten (Kasten 4.2), so dass die vorgestellte Abgrenzung als vorläufig anzusehen ist.

Kasten 4.2: Zur zyklischen Klassifikation der Jahre nach 2009
Im vierten Quartal des Jahres 2008 war die deutsche Wirtschaft im Sog der globalen Finanzkrise ziemlich unvermittelt in eine tiefe Rezession gefallen, ohne dass sich ein typischer Abschwung herausgebildet hatte. Die untere Wendepunktphase endete mit dem vierten Quartal 2009 und es setzte ein kräftiger, aber nach derzeitigem Rechenstand auch relativ kurzer Aufschwung ein. Allerdings wird die Klassifikation dadurch erschwert, dass einige der Klassifikatoren nicht nur gemessen an der vermuteten Zyklusphase sondern auch in langfristiger Perspektive ungewöhnliche Werte aufwiesen.

Relativ deutlich auf einen Abschwung im Laufe des Jahres 2012 und eine daran anschließende Rezession deuten das Bruttoinlandsprodukt, die Ausrüstungsinvestitionen und die Lohnstückkosten hin. Das Bruttoinlandsprodukt war im Durchschnitt des zweiten und dritten Quartals 2012 um lediglich rund 0,5 % höher als im Vorjahr, und die Ausrüstungsinvestitionen sogar um rund 5,5 % niedriger. Zudem stiegen die Lohnstückkosten beschleunigt um rund 3,5 %, nach nur etwa 2 % in den Quartalen zuvor. All dies liegt nahe bei den historischen Mittelwerten von Abschwungphasen (Tab. 4.4). Tendenziell passt zu dem Bild auch der Preisindex des BIP, dessen Anstieg sich in dieser Zeit beschleunigte.

Ungewöhnliche Konstellationen fand man bei den anderen Variablen. Der Außenbeitrag lag in Relation zum Bruttoinlandsprodukt während des gesamten Zyklus deutlich über den Werten der Vergangenheit. Zudem nahm die Erwerbstätigkeit – anders als in früheren Abschwüngen und Rezessionen – bis zuletzt deutlich zu. Insbesondere aber liegen die beiden Zinssätze aufgrund der mit Blick auf die Euro-Krise äußerst expansiven Geldpolitik der EZB erheblich unter allen Werten der Vergangenheit.

Schätzt man die Diskriminanzfunktionen bis Mitte 2011 und prognostiziert mit ihrer Hilfe die Zyklusphasen der nachfolgenden Quartale, so erhält man ein Anhalten des Aufschwungs bis ins erste Quartal 2012 und anschließend – ohne dass es zu einem oberen Wendepunkt und einem Abschwung gekommen wäre – unmittelbar eine untere Wendepunktphase, die vier Quartale anhält. Erweitert man anschließend den Stützbereich bis zum zweiten Quartal 2013, schätzt die Diskriminanzfunktionen neu und klassifiziert den fraglichen Zeitraum auf deren Grundlage, so erhält man für die zweite Jahreshälfte 2011 und das erste Quartal 2012 zwar eine obere Wendepunktphase, danach aber erneut unmittelbar einen unteren Wendepunkt. Der für das zweite und dritte Quartal 2012 vermutete Abschwung lässt sich aber nicht diagnostizieren. Allerdings sind die Wahrscheinlichkeiten, mit denen die Quartale ab Mitte 2011 den jeweiligen Phasen zugeordnet werden, verglichen mit früheren Zuordnungen gering, was die Schwierigkeiten bei der Klassifikation noch einmal deutlich zu Tage treten lässt.

Tab. 4.6 Konjunkturzyklen in Deutschland seit 1972 nach einem Zwei-Phasen-Schema. (Eigene Berechnungen)

Höhepunkt	Tiefpunkt	Dauer in Quartalen			
		Kontraktionsphase	Expansionsphase	Gesamter Zyklus	
		Vom Höhe- zum Tiefpunkt	Vom Tief- zum Höhepunkt	Von Tief- zu Tiefpunkt	Von Höhe- zu Höhepunkt
–	IV 1971		3		
III 1972	I 1975	10	18	13	28
III 1979	IV 1982	13	35	31	48
III 1991	I 1994	10	28	45	38
I 2001	II 2002	5	23	33	28
I 2008	IV 2009	7	9	30	16
I 2012	I 2013	4		13	
Durchschnitt		8	19	28	32

Weil es sich im in den folgenden Abschnitten dieses Buches an manchen Stellen anbietet, sich auf ein Zwei-Phasen-Schema zu beziehen, wurde das vorgestellte Verfahren auch auf diesen Fall angewendet. Das Ergebnis findet man in Tab. 4.6. Der Vergleich mit Tab. 4.5 zeigt, dass das Urteil über die Lage von Wendepunkten auch von der Zahl der der Klassifizierung zugrunde gelegten Zyklusphasen abhängt. Die Zahl und die Länge der Zyklen betreffend zeigen sich jedoch keine größeren Abweichungen. Zu bedenken ist auch hier, dass die Klassifikation des jüngsten Zyklus noch vorläufig ist.

4.3 Anwendung von Referenzzyklen in der Konjunkturdiagnose

Die alles in allem relativ große Regelmäßigkeit von Konjunkturzyklen legt den Versuch nahe, einen „typischen" Konjunkturzyklus, einen Referenzzyklus, zu identifizieren, der für prognostische Zwecke eingesetzt werden kann. Freilich sollten die Möglichkeiten eines solchen Ansatzes nicht überschätzt werden. Zwar sind einige Erkenntnisse recht gut abgesichert. So dauerten – wie hier für die USA und für Deutschland gezeigt – Aufschwünge in der Regel länger als Abschwünge. Die Wendepunktphasen zogen sich in Deutschland zudem im Durchschnitt gut ein Jahr hin. Jedoch ist die Zahl der beobachteten Zyklen gering, und die Unterschiede zwischen ihnen sind beträchtlich. Seit den siebziger Jahren gab es in Deutschland gerade sechs voll ausgeprägte Zyklen. Dies ist wohl die wesentliche Ursache dafür, dass der Referenzzyklen-Ansatz – obwohl er die Konjunkturanalyse mit begründete – eine Zeitlang in der empirischen Konjunkturforschung in den Hintergrund geriet. Allenfalls am Rande spielte der Vergleich mit früheren Zyklen eine Rolle, etwa um die Plausibilität von Prognosen zu überprüfen.

Wieder stärkere Beachtung erfuhr der Ansatz während der tiefen Rezession der Jahre 2008/2009 im Gefolge der Finanzkrise. Da solche Krisen seltene Ereignisse darstellen, sammelten zahlreiche Autoren und Institutionen Erfahrungen aus vergleichbaren Situationen

Tab. 4.7 Dauer und Tiefe von Rezessionen; Erfahrungen aus 21 Industrieländern 1960 bis 2008. (Nach Angaben des IMF (2009, S. 105))

	Dauer in Quartalen	Rückgang des BIP in %[a]
Insgesamt	3,64	−2,71
Treiber der Rezession		
Finanzkrise	5,67	−3,39
Andere	3,36	−2,61
Synchroner Abschwung		
Ja	4,54	−3,45
Nein	3,25	−2,39
Synchrone Finanzkrise[b]	7,33	−4,82

[a] Saisonbereinigtes BIP im Tiefpunkt der Rezession in Relation zum Hochpunkt
[b] Beschränkt aussagefähig wegen geringer Zahl von Beobachtungen

über lange Zeiträume und aus verschiedenen Ländern, um daraus Erkenntnisse über den wahrscheinlichen Ablauf der aktuellen Krise zu gewinnen. Tab. 4.7 zeigt beispielhaft eine Analyse des Internationalen Währungsfonds (IMF), der Rezessionen in den Industriestaaten während der vergangenen fünfzig Jahre analysierte und sie danach klassifizierte, ob sie a) ihren Ursprung im Finanzsektor hatten und b) ob sie in nur einzelnen Ländern oder in mehreren Volkswirtschaften simultan auftraten.

Wie die Auswertung zeigt, waren Rezessionen besonders lang und besonders tief, wenn sie in Zusammenhang mit Finanzkrisen standen. Zudem waren synchrone, d. h. in mehreren Ländern gleichzeitig zu beobachtende Abschwünge ebenfalls intensiver und länger. Daraus folgerte der IMF, dass auch die Rezession im Zuge der globalen Finanz- und Wirtschaftskrise tief sein würde und die Erholung nur sehr schleppend verlaufe. Diese Vermutung bestätigte sich für eine ganze Reihe von Ländern, wenn auch nicht für alle. So kamen die USA und Großbritannien in der Tat sehr langsam aus der Rezession. Deutschland ist allerdings ein Gegenbeispiel; hier kam es rasch wieder zu einem Aufschwung. Dies dürfte u. a. daran liegen, dass Deutschland – anders als andere Länder – eher unter dem Einbruch des Welthandels im Zuge der Rezession litt als unter den Folgewirkungen binnenwirtschaftlicher Übersteigerungen. Von daher erholte sich die deutsche Wirtschaft, sobald sich der internationale Warenaustausch normalisierte.

Literatur

Assenmacher, W. 1998. *Konjunkturtheorie*. München: Oldenbourg.
Backhaus, K., B. Erichsen, W. Plinke, und R. Weiber. 2011. *Multivariate Analysemethoden. Eine anwendungsorientierte Einführung*. 13. Aufl. Heidelberg: Springer.
Baxter, M., und R. King. 1999. Measuring business cycle: Approximate band-pass filters for economic time series. *Review of Economic and Statistics* 81:575–593.
Burns, A. F., und W. C. Mitchell. 1946. *Measuring business cycles*. New York: National Bureau of Economic Research.

Literatur

Carnot, N., V. Koen, und B. Tissot. 2011. *Economic forecasting*. 2nd ed. Houndmills: Palgrave-McMillan.
D'Auria, F., et al. 2010. The production function methodology for calculating potential growth rates and output gaps. European Commission, Economic Papers 420, Brüssel.
Deutsche Bundesbank. 2003. Zur Entwicklung des Produktionspotenzials in Deutschland. *Monatsberichte der Deutschen Bundesbank* 55 (3): 43–54.
Döhrn, R., et al. 2012. Abgrenzung der Auf- und Abschwungphasen im Euro-Raum. *RWI Konjunkturberichte* 63 (2): 27–30.
Heilemann, U., und H. J. Münch. 1999. Classification of West German Business Cycles 1955–1994. *Jahrbücher für Nationalökonomie und Statistik* 219:632–656.
Heilemann, U., und R. Schuhr. 2008. Zur Evolution des deutschen Konjunkturzyklus 1958–2004, Ergebnisse einer dynamischen Diskriminanzanalyse. *Jahrbücher für Nationalökonomie und Statistik* 228:84–109.
Helmstädter, E. 1996. Die M-Form des Wachstumszyklus. *Jahrbücher für Nationalökonomie und Statistik* 206:383–394.
Hodrick, R. J., und E. C. Prescott. 1997. Postwar U.S. business cycles: An empirical investigation. *Journal of Money, Credit and Banking* 29 (1): 1–16.
IMF – International Monetary Fund. 2009. Crisis and recovery. World Economic Outlook April 2009. Washington D.C., IMF.
Kromphardt, J. 1989. Konjunkturtheorie heute: Ein Überblick. *Zeitschrift für Wirtschafts- und Sozialwissenschaften* 109:173–221.
Oltmanns, E. 2009. Das Bruttoinlandsprodukt im Konjunkturzyklus. *Wirtschaft und Statistik* 2009:963–969.
Projektgruppe Gemeinschaftsdiagnose. 2008. *Folgen der US-Immobilienkrise belasten Konjunktur. Gemeinschaftsdiagnose Frühjahr 2008*. Kiel.
Projektgruppe Gemeinschaftsdiagnose. 2009. *Im Sog der Weltrezession. Gemeinschaftsdiagnose vom Frühjahr 2009*. München.
Projektgruppe Gemeinschaftsdiagnose. 2012. *Deutsche Konjunktur im Aufwind, Europäische Schuldenkrise schwelt weiter. Gemeinschaftsdiagnose vom Frühjahrs 2012*. München.
Projektgruppe Gemeinschaftsdiagnose. 2014. *Deutsche Konjunktur im Aufschwung – aber Gegenwind von der Wirtschaftspolitik. Gemeinschaftsdiagnose vom Frühjahrs 2014*. Halle.
Schumpeter, J. A. 1939. *Business cycles. A theoretical, historical, and statistical analysis of the capitalist process*. New York: McGraw-Hill. Deutsche Ausgabe: Schumpeter, J. A. 1961. *Konjunkturzyklen. Eine theoretische, historische und statistische Analyse des kapitalistischen Prozesses*. Göttingen: Vandenhoeck & Ruprecht.
Sichel, D. 1994. Inventories and the three phases of the business cycle. *Journal of Business & Economic Statistics* 12 (3): 269–277.
Tödter, K. H. 2010. How useful is the carry-over effect for short term economic forecasting? Diskussionspapier 21/2010. Deutsche Bundesbank. Frankfurt a. M.
Van Ruth, F., B. Schouten, und R. Wekker. 2005. The Statistics Netherlands' Business Cycle tracer. Methodological aspects; concept, cycle computation and indicator selection. Second draft October 2005. www.cbs.nl. Zugegriffen: 8. Dez. 2009.

Konjunkturindikatoren 5

Indikatoren sind ein traditionell wichtiges Instrument der Konjunkturanalyse. So findet man bei Schumpeter (1939, S. 22–24) eine umfangreiche Liste von verschiedener Seite vorgeschlagener, zum Teil heute noch gebräuchlicher (wie die Auftragseingänge), zum Teil aber auch inzwischen eher skurril anmutender (wie Gottesdienstbesuche) Konjunkturindikatoren. Da es dem Menschen überdies allem Anschein nach schwer fällt zu akzeptieren, dass Ereignisse ohne Vorboten eintreten können, werden insbesondere dann, wenn traditionelle Indikatoren in der Prognose versagen, immer wieder neue vorgeschlagen, von denen man glaubt, dass sie gerade eine jüngst eingetretene Entwicklung, die mit den bisherigen Instrumenten nicht vorherzusehen war, zutreffend angezeigt hätten. Der Fantasie sind bei solchen Indikatoren keine Grenzen gesetzt, ihr praktischer Nutzen ist aber begrenzt (Kasten 5.1).

Kasten 5.1: Miniröcke und Lippenstifte – ungewöhnliche Konjunkturindikatoren

Gerade in Krisenzeiten stoßen auch skurrile Konjunkturindikatoren auf ein gewisses Interesse in der Öffentlichkeit. So sollen die Rock-Mode, der Absatz von Lippenstiften oder die Haar-Mode (letzteres zumindest in Japan) Aufschluss über die konjunkturelle Entwicklung geben.

Lange Tradition hat insbesondere der Rocksaum-Indikator. Er stammt von dem amerikanischen Ökonomen George Taylor, der im Jahr 1920 einen Zusammenhang zwischen Rocklänge und wirtschaftlicher Stimmung gefunden zu haben glaubte. Je besser die Wirtschaftslage, je höher die Aktienkurse, desto besser die Stimmung der Menschen, und desto kürzer ist nach seiner Auffassung die Rockmode. Umgekehrt gilt nach dieser Hypothese auch: Verschlechtert sich die Wirtschaftslage, werden die Röcke wieder länger. Im Gegensatz zu anderen Indikatoren dieser Art wurde die Aussagekraft in diesem Fall sogar empirisch überprüft. Van Baardwijk und Franses (2010) sammelten durch eine Auswertung von Modezeitschriften für den Zeitraum 1921 bis 2010 Angaben zur Rocklänge. Diese stellten sie der NBER-Abgrenzung der Konjunkturzyklen in den USA gegenüber. Dabei konnten sie in der Tat einen statistisch signifikanten Zusammenhang feststellen. Allerdings fanden sie einem Vorlauf der Konjunktur gegenüber der Rocklänge, was deren Nutzen als Konjunkturindikator in Frage stellt.

Der Lippenstift-Indikator beruht auf der Beobachtung eines amerikanischen Kosmetikherstellers, wonach in wirtschaftlichen schlechten Zeiten der Lippenstift-Absatz nach oben geht. Begründet wird dies damit, dass bei sinkenden Einkommen das Geld für teurere Kosmetika fehlt und daher gewissermaßen als Ersatzhandlung vermehrt Lippenstifte gekauft werden, die ein vergleichsweise preiswertes Kosmetik-Produkt sind. Eine fundierte empirische Überprüfung des Zusammenhangs gibt es aber in diesem Fall nicht, was auch für die meisten anderen „ungewöhnlichen" Indikatoren gilt. Sie liefern eine nette Geschichte, sind aber ohne größeren Nutzen für die Konjunkturanalyse.

Zum täglichen Handwerkszeug der Konjunkturforscher gehören nach wie vor eher traditionelle Indikatoren, die oft auch schon vor achtzig Jahren genutzt wurden. Im vorhergehenden Abschnitt wurden bereits einige dieser Indikatoren zur Einteilung von Konjunkturzyklen herangezogen. Allerdings ermöglichen der technische Fortschritt und Verbesserung im internationalen Datenaustausch auch neue Indikatoren. Im folgenden Abschnitt sollen einige diese Messziffern – traditionelle und neue – näher vorgestellt werden.

5.1 Auswahl und Einteilung von Indikatoren

Am Anfang soll die Frage stehen, welche Zeitreihen überhaupt als Konjunkturindikatoren in Frage kommen. Nach Nerb (1996, S. 321) sind solche Zeitreihen hierfür geeignet, die folgende Anforderungen erfüllen. Sie sollten:

- aus wirtschaftlichen Gründen im Zusammenhang mit der Konjunktur stehen. Damit will man dem Vorwurf des *Measurement without Theory* begegnen, wenn auch häufig das Indikans (d. h. die anzuzeigenden Größe) nicht deduktiv aus dem Indikator abgeleitet werden kann.
- auf einer statistisch repräsentativen Basis stehen. Damit will man die Rolle von Zufallseinflüssen einschränken.
- weit zurückreichend vorliegen. Dadurch ist es möglich, den Zusammenhang mit der Konjunktur über längere Zeiträume zu überprüfen
- in einem stabilen Zusammenhang mit Konjunkturverlauf stehen. Wechselnde Zusammenhänge vergrößern letztlich die Unsicherheit über die konjunkturelle Entwicklung.
- einen glatten Verlauf aufweisen. Kommt es häufig zu großen Ausschlägen in den Daten, kann man das konjunkturelle Signal nur schwer isolieren.

5.1 Auswahl und Einteilung von Indikatoren

- kurzfristig verfügbar und wenig revisionsanfällig sein. Mit großem Nachlauf veröffentlichte Daten sind für die Beurteilung der aktuellen Lage wenig hilfreich. Durch Revisionen kann sich unter Umständen die Einschätzung der aktuellen Konjunkturlage beträchtlich ändern.

Diese Anforderungen machen deutlich, dass man an geeignete Konjunkturindikatoren strenge Maßstäbe anlegen sollte. Andererseits darf man die Anforderungen auch nicht zu eng auslegen. So liegen viele neuere, z. B. auf im Internet gewonnenen Angaben basierende Indikatoren nur für vergleichsweise kurze Zeiträume vor. Man sollte sie dennoch nicht so lange ignorieren, bis entsprechend lange Beobachtungsreihen vorliegen, sondern man sollte allenfalls bei ihrer Interpretation Vorsicht walten lassen.

Indikatoren erfüllen in der Konjunkturanalyse zwei wesentliche Aufgaben.

- Erstens helfen sie, *Informationslags* zu verkürzen. Vierteljahreswerte des Bruttoinlandsprodukts, der zentralen Messziffer konjunktureller Schwankungen, werden – wie erwähnt – jeweils 45 Tage nach Ablauf eines Quartals veröffentlicht. Über die Kapazitätsauslastung herrscht sogar, berücksichtigt man die Messprobleme am aktuellen Rand, noch weitaus länger Unklarheit. Indikatoren liegen in der Regel weitaus früher und zudem monatlich vor und erlauben dadurch bereits ein erstes Urteil über die wirtschaftliche Entwicklung des betreffenden Quartals, lange bevor Daten zum BIP veröffentlicht werden.
- Zweitens besitzen zumindest manche Indikatoren mehr oder weniger ausgeprägte *Vorlaufeigenschaften*. Dadurch ermöglichen sie einen Blick in die Zukunft, also eine Vorausschätzung der wirtschaftlichen Entwicklung, wenn auch zumeist nur für die sehr kurze Frist.

Letzteres legt eine Einteilung der Indikatoren in *vorlaufende*, *gleichlaufende* und *nachlaufende* nahe. Zu ersteren zählt man – wie die bei den nachstehenden ausführlicheren Darstellungen gezeigt werden wird – z. B. die Auftragseingänge, die Aktienkurse, die Zinsstrukturkurve und viele Umfragen zu den Erwartungen von Wirtschaftssubjekten. Gleichlaufend sind Aktivitätsindikatoren wie die Industrie- und die Bauproduktion, der Einzelhandelsumsatz und – auch hier – einige Umfragen. Sie liefern keinen Beitrag zur Prognose, überbrücken aber Informationslücken. Nachlaufend sind insbesondere Arbeitsmarktindikatoren, da sich die Beschäftigung sich erst mit Verzögerung an ein verändertes Aktivitätsniveau in der Wirtschaft anpasst. Die Zahl der Arbeitslosen ist allerdings die erste „harte Informationen" über die wirtschaftliche Entwicklung im jeweils abgelaufenen Monat, so dass der Vorsprung hinsichtlich des Veröffentlichungszeitpunkts den ökonomisch begründeten Nachteil des Nachlaufs zum Teil ausgleicht.

Häufig ist in der Presse und der Öffentlichkeit auch von Frühindikatoren die Rede. Unbestimmt ist dabei zumeist, ob dies ein Synonym für „vorlaufender Indikator" sein soll, oder ob sich das „Früh" auf den Veröffentlichungszeitpunkt bezieht. Im letzteren Sinne könnte man die Arbeitslosenquote durchaus als Frühindikator bezeichnen.

Eine andere Einteilung von Konjunkturindikatoren erhält man, wenn man die Art des Zusammenhangs zwischen Indikator und der durch ihn anzuzeigende Größe (Indikans) betrachtet, also bei der Konjunkturanalyse in der Regel mit dem Bruttoinlandsprodukt. Danach bietet sich eine Einteilung in folgende Kategorien an (Rogers 1998):

- Indikatoren, die Teil der Berechnung des BIP und seiner Komponenten sind. Hierzu zählen u. a. die genannten in der Regel gleichlaufenden Aktivitätsindikatoren Industrieproduktion, Bauproduktion und Einzelhandelsumsatz. Diese Indikatoren liefern zumeist ein teilidentisches oder zumindest ein partiell-teilidentisches Abbild der zu beschreibenden Größen (Abschn. 3.1)
- Indikatoren, die in einem – bisweilen theoretisch, bisweilen eher technisch fundierten – Ursache-Wirkungszusammenhang mit dem BIP stehen. In diese Gruppe muss man eine Reihe der oben genannten vorlaufenden Indikatoren, aber auch einige nachlaufende Indikatoren rechnen. So ist der Auftragseingang deshalb ein vorlaufender Konjunkturindikator, weil Aufträge von heute zur Produktion morgen werden. Arbeitsmarktindikatoren sind zwar nachlaufend, stehen aber ebenfalls in einem Ursache-Wirkungs-Zusammenhang mit der Produktion.
- Indikatoren, die in einem statistischen Zusammenhang mit der Konjunktur stehen. Hierzu zählen insbesondere die Konjunkturumfragen, aber auch die Sammelindizes.

Die folgende Darstellung ausgewählter Indikatoren orientiert sich an dieser Einteilung. Allerdings soll hier nur auf wenige wichtige Indikatoren eingegangen werden.

5.2 Ausgewählte Einzelindikatoren

5.2.1 Indikatoren, die in die Berechnung des BIP eingehen

5.2.1.1 Industrieproduktion

Obwohl der Industriesektor in den meisten Ländern mit hohem Einkommen allenfalls 20 % zur gesamtwirtschaftlichen Wertschöpfung beiträgt, ist die Industrieproduktion – genauer der Produktionsindex für das Verarbeitende Gewerbe – nach wie vor eine sehr wichtiger Konjunkturindikator, der eng mit dem Bruttoinlandsprodukt korreliert ist. Dabei spielt eine Rolle, dass auch die Nachfrage nach zahlreichen Dienstleistungen wie die des Großhandels, des Verkehrssektors oder unternehmensbezogener Dienstleister in einem engen Zusammenhang zur Industrieproduktion steht. Der wesentliche Vorteil der Industrieproduktion gegenüber dem Bruttoinlandsprodukt liegt darin, dass sie in tieferer zeitlicher Untergliederung, nämlich monatlich erhoben und daher zeitnäher veröffentlicht wird.

Der Produktionsindex für das Verarbeitende Gewerbe wird vom Statistischen Bundesamt auf Basis einer Erhebung berechnet, die sich an Betriebe[1] mit 50 und mehr Be-

---

[1] Bei Unternehmen, zu denen mehrere Betriebe gehören, sind die einzelnen Betriebe meldepflichtig, nicht aber das Unternehmen.

5.2 Ausgewählte Einzelindikatoren

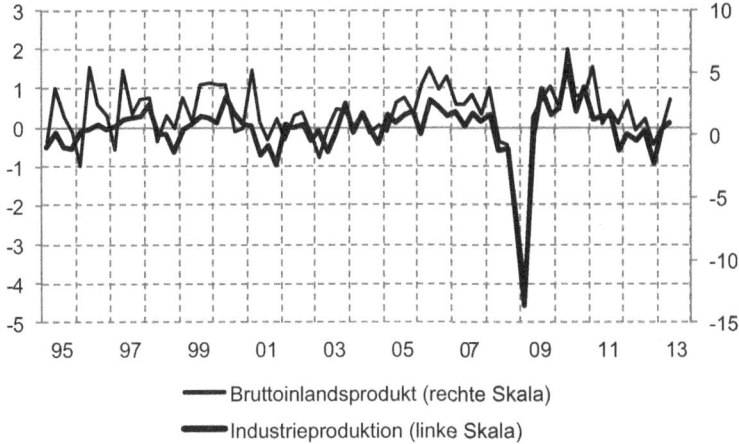

Abb. 5.1 Bruttoinlandsprodukt und Industrieproduktion, saisonbereinigt, Veränderungen gegenüber dem Vorquartal in %. Nach Angaben des Statistischen Bundesamtes und der Deutschen Bundesbank

schäftigten richtet. Diese melden bis zum 25. des Folgemonats die monatliche Produktion von über 5600 industriellen Erzeugnissen nach Wert und Menge in der Abgrenzung des „Güterverzeichnisses für Produktionsstatistiken, Ausgabe 2009" an die Statistischen Landesämter. Aus den gemeldeten Produktionsdaten werden Messzahlen der Produktion gebildet, indem sie auf den Monatsdurchschnitt des Basisjahres 2010 bezogen werden. Dabei werden Wertangaben mit Hilfe von Erzeugerpreisindizes für gewerbliche Produkte preisbereinigt. Die Messzahlen für die einzelnen Produkte werden mit deren Anteilen am Bruttoproduktionswert zu Angaben für Wirtschaftszweige und schließlich auch für das Verarbeitende Gewerbe insgesamt zusammengefasst. Die Gewichte für die Aggregation stammen aus der jährlichen Kostenstrukturerhebung im Verarbeitenden Gewerbe. Der Index wird als Laspeyres-Index Abschn. 3.3.1 gebildet, also mit konstanten Gewichten. Das Gewichtungsschema wird in der Regel nach jeweils fünf Jahren aktualisiert.

Die monatlich meldenden Betriebe decken knapp 80 % des gesamten Wertes der deutschen Industrieproduktion ab. In dem vom Statistischen Bundesamt nach dem gleichen Konzept berechneten vierteljährlichen Produktionsindex werden zusätzlich die Meldungen der nur vierteljährlich meldepflichtigen Betriebe berücksichtigt, zu denen Unternehmen mit in der Regel 20 und mehr Beschäftigten zählen. Die monatlichen Indizes werden an diesen vierteljährlichen Index angepasst. Veröffentlicht werden erste Angaben zur Industrieproduktion in der Regel rund 40 Tage nach dem Ende des Monats über den berichtet wird. Diese basieren noch zu etwa 10 % auf geschätzten Angaben. Mit den Veröffentlichungen der Folgemonate werden daher die Angaben jeweils revidiert.

Abb. 5.1 stellt die Vorquartalsveränderungen der saisonbereinigten Werte von Bruttoinlandsprodukt und Industrieproduktion einander gegenüber. Letztere wurde dazu durch Durchschnittsbildung zu Quartalsdaten zusammengefasst. Die Abbildung zeigt, dass selbst bei dem erfahrungsgemäß zu volatilen Raten führenden Vorquartalsvergleichen ein deutlicher Zusammenhang zwischen beiden Reihen vorliegt. Die Industrieproduktion weist dabei deutlich stärkere konjunkturelle Ausschläge auf als das Bruttoinlandsprodukt. Der Korrelationskoeffizient für den Zeitraum 1995 bis 2013 beträgt 0,81, wobei die Stärke des Zusammenhangs allerdings wesentlich durch den tiefen Einbruch im Jahr 2009 geprägt ist.

5.2.1.2 Einzelhandelsumsatz

Der Einzelhandelsumsatz wird monatlich als Messziffer im Rahmen einer Stichprobe erhoben. Rund 26.000 Einzelhandelsunternehmen melden ihren monatlichen Umsatz (ohne Umsatzsteuer) zunächst an die Statistischen Landesämter, weitere etwa 700 bundesweit tätige Großunternehmen melden zudem direkt an das Statistische Bundesamt. Die gemeldeten Umsätze werden in einen Index umgerechnet, indem der durchschnittliche Jahresumsatz eines Basisjahres gleich 100 gesetzt wird. Entsprechende Daten werden für den Einzelhandel insgesamt wie auch für dessen Wirtschaftszweige berechnet. Aus den nominalen Angaben wird ein Index der realen (preisbereinigten) Umsätze errechnet, indem die Nominalwerte mit dem Index der Einzelhandelspreise deflationiert werden.

Erste Angaben zum Einzelhandelsumsatz werden bereits recht früh, nämlich nur 30 Tage nach Ablauf des Monats, über den berichtet wurde veröffentlicht (sog. Schnellmeldungen). Zu diesem Zeitpunkt liegen allerdings noch nicht alle Unternehmensmeldungen vor, insbesondere fehlen noch die Angaben für einige Bundesländer. In der Regel 15 Tage später werden daher revidierte und detailliertere Angaben veröffentlicht; d. h. es liegen zwei monatliche Veröffentlichungen vor. Die Aussagekraft der Erhebung wird aber dadurch eingeschränkt, dass der Berichtskreis einem raschen Wandel unterliegt. Ein Problem ist dabei, dass ausscheidende Unternehmen den Index sofort beeinflussen, während neu gegründete Unternehmen erst mit Verzögerung erfasst werden. Dem begegnet das Statistische Bundesamt mit seiner Neuzugangsstichprobe, die jeweils zu Jahresbeginn in den Index integriert wird. Probleme bereitet allerdings allem Anschein nach die wachsende Bedeutung des Internethandels.

Da ein großer Teil der Konsumausgaben der privaten Haushalte im Einzelhandel getätigt werden, sind die Einzelhandelsumsätze ein wichtiger Indikator der Entwicklung des privaten Konsums. Abb. 5.2 zeigt, dass zwischen beiden Größen zwar ein merklicher, aber nicht sehr enger Zusammenhang besteht. Der Korrelationskoeffizient zwischen den Vorquartalsveränderungen der saisonbereinigten Werte beträgt im Zeitraum 1995 bis 2013 lediglich 0,66; schließt man das vierte Quartal 2006 und das erste 2007 aus der Rechnung aus – damals war es aufgrund einer seit Langem angekündigten kräftigen Anhebung der Mehrwertsteuer zu großen Verwerfungen gekommen – reduziert sich der Korrelationskoeffizient sogar auf 0,48. Wesentliche Ursache für die letztlich nicht allzu hohe Korrelation dürfte neben den bereits angesprochenen Messprobleme sein, dass die Konsumenten in wachsendem Umfang Dienstleistungen nachfragen, die nicht zur Umsatzsteigerung des Einzelhandels beitragen, so z. B. Kommunikationsdienste.

5.2 Ausgewählte Einzelindikatoren

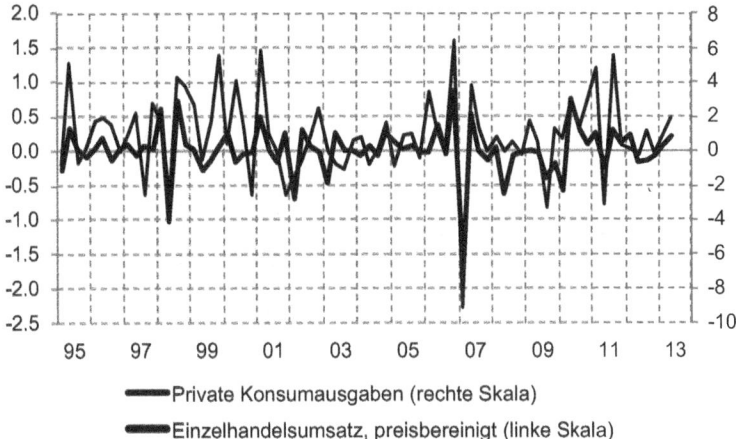

Abb. 5.2 Private Konsumausgaben und Einzelhandelsumsatz, saisonbereinigt, Veränderungen gegenüber dem Vorquartal in %. Nach Angaben des Statistischen Bundesamtes und der Deutschen Bundesbank

5.2.1.3 Bauproduktion

Die Bauproduktion wird im Rahmen des Monatsberichts im Bauhauptgewerbe erhoben. Auskunftspflichtig sind Betriebe mit 20 und mehr tätigen Personen und Arbeitsgemeinschaften unabhängig von ihrer Größe. Da es im Baugewerbe auch viele kleinere Betriebe gibt, werden die Ergebnisse auf Angaben für das gesamte Baugewerbe hochgerechnet. Grundlage für diese Hochrechnung bildet eine jeweils zur Jahresmitte durchgeführte Totalerhebung. Daraus wird – ähnlich wie bei Produktionsindex für das Verarbeitende Gewerbe (Abschn. 5.2.1.1) ein Produktionsindex für das Bauhauptgewerbe als Laspeyres-Mengenindex berechnet[2].

Der Produktionsindex bildet zum einen eine Grundlage für die Berechnung der Bruttowertschöpfung der Bauwirtschaft im Rahmen der Entstehungsrechnung der Volkswirtschaftlichen Gesamtrechnungen. Zum anderen ist dient sie in der Konjunkturanalyse als Indikator der Bauinvestitionen. Letztgenannte sind, wie Abb. 5.3 verdeutlicht, mit der Bauproduktion hoch korreliert; der Korrelationskoeffizient der Vorquartalsveränderungen beträgt 0,91.

5.2.2 Indikatoren in ökonomischen Zusammenhang mit dem Indikans

Im vorhergehenden Abschnitt wurden einige Indikatoren vorgestellt, die eine wesentliche Grundlage für die Berechnung zentraler Größen der Volkswirtschaftlichen Gesamtrech-

---

[2] Ab 2013 wird daneben auch ein Produktionsindex für das Ausbaugewerbe und die Bauwirtschaft insgesamt veröffentlicht. Damit wird der Tatsache Rechnung getragen, dass die Bautätigkeit in Deutschland in abnehmendem Maße durch den Neubau von Gebäuden geprägt wird und zunehmend von Aus- und Umbaumaßnahmen an bestehenden Gebäuden wie z. B. energetische Sanierung.

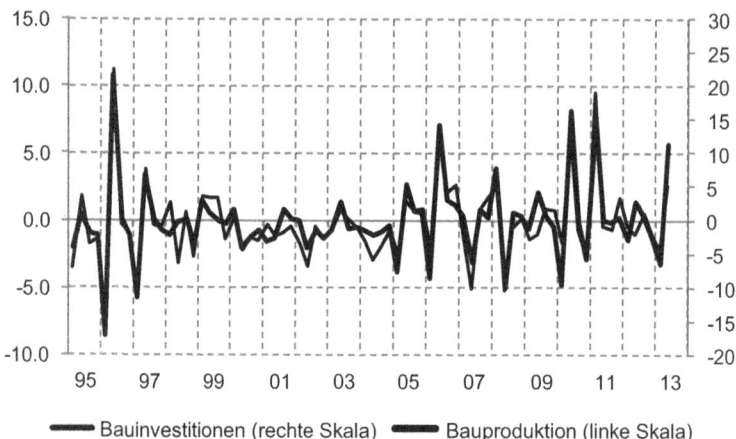

Abb. 5.3 Bauinvestitionen und Bauproduktion, saisonbereinigt, Veränderungen gegenüber dem Vorquartal in %. Nach Angaben des Statistischen Bundesamtes und der Deutschen Bundesbank

nungen darstellen und die daher auch Informationen für eine Schätzung bisher nicht veröffentlichter Werte dieser Positionen der Gesamtrechnung liefern können. Im Folgenden geht es um Indikatoren, die in einem ökonomischen Zusammenhang mit der anzuzeigenden Größe – dem Indikans – stehen und aus diesem Grund für deren Prognose verwendet werden können. Dabei muss man bei vielen dieser Indikatoren zwei Kanäle zwischen Indikator und Indikans unterscheiden. Erstens gibt es einen direkten Kanal von Indikator auf Indikans: Wenn z. B. die Aktienkurse steigen, beeinflusst dies das Verhalten der Wirtschaftssubjekte und damit die wirtschaftliche Entwicklung. Solche Zusammenhänge werden uns noch beschäftigen, wenn auf die Rolle von Strukturmodellen in Konjunkturdiagnose und -prognose eingegangen wird. Andererseits gibt es einen Kanal von dem Indikans auf den Indikator, wobei der Vorteil des Indikators darin besteht, dass sich in ihm Entwicklungen früher widerspiegeln, sei es weil der Indikator früher veröffentlicht wird, sei es weil der Indikator auf künftige Veränderungen im Indikans hinweist. Steigen etwa die Aktienkurse, so kann dies darauf hinweisen, dass zahlreiche Marktteilnehmer eine günstigere wirtschaftliche Entwicklung erwarten, so dass die Aktienkurse als vorlaufender Indikator der Konjunktur verwendet werden können. Unter diesem zweiten Aspekt sollen die in diesem Abschnitt dargestellten Indikatoren verstanden werden. Dabei soll der Blick erweitert werden auf Größen außerhalb der Volkswirtschaftlichen Gesamtrechnungen.

5.2.2.1 Auftragseingang in der Industrie

Der Auftragseingang in der Industrie wird ähnlich wie Industrieproduktion im Rahmen einer Monatserhebung vom Statistischen Bundesamt erhoben. Ausgehend von dem eher technischen Wirkungskanal, nach dem Aufträge erst nach und nach produktionswirksam werden, sollte es sich bei Auftragseingang um einen vorlaufenden Indikator handeln.

Auskunftspflichtig sind auch hier Betriebe mit 50 oder mehr Beschäftigten. Sie melden den Wert (ohne Umsatzsteuer) aller im jeweiligen Berichtsmonat fest akzeptierten Auf-

5.2 Ausgewählte Einzelindikatoren

Tab. 5.1 Zusammenhang von Auftragseingang und Produktion; Korrelationskoeffizienten[a] der Veränderungsraten gegenüber dem Vorjahr im Zeitraum 1996 bis 2013

	Vorlauf des Auftragseingangs (in Monaten)				
	0	1	2	3	4
Verarbeitendes Gewerbe insgesamt	0,893	0,931	0,942	0,929	0,878
Ohne „Sonstiger Fahrzeugbau"	0,897	0,934	0,941	0,930	0,882
Vorleistungsgüterhersteller	0,896	0,931	0,937	0,902	0,842
Investitionsgüterhersteller	0,833	0,875	0,898	0,912	0,871
Ohne „Sonstiger Fahrzeugbau"	0,838	0,878	0,894	0,912	0,876
Konsumgüterhersteller	0,805	0,706	0,703	0,629	0,576
Auftragseingang Vorleistungsgüter gegenüber Produktion insgesamt	0,818	0,870	0,897	0,889	0,854

Eigene Berechnungen nach Angaben des Statistischen Bundesamtes und der Deutschen Bundesbank
[a] Korrelation gegenüber der Produktion im jeweiligen Wirtschaftszweig

träge auf Lieferung selbst hergestellter (oder in Lohnarbeit gefertigter) Erzeugnisse; Handelsware wird also nicht erfasst. Dabei wird zwischen aus dem Inland und den von ausländischen Auftraggebern erteilten Orders unterschieden. Die Ergebnisse werden monatlich als Wertindizes zur Messung der nominalen sowie als Volumenindizes zur Darstellung der preisbereinigten Nachfrageentwicklung dargestellt; die Deflationierung erfolgt dabei mit den Erzeuger- bzw. den Ausfuhrpreisen. Unterschieden werden dabei 129 Wirtschaftszweige. Nicht betrachtet werden Branchen, die typischerweise keine Auftragsfertigung betrieben, wie der Bergbau, die Gewinnung von Steinen und Erden sowie das Ernährungsgewerbe.

Veröffentlicht werden die Angaben etwa fünf Wochen nach Ablauf des Monats, über den berichtet wird. Da zu diesem Zeitpunkt noch nicht alle Unternehmen ihre Meldungen abgegeben haben, enthält die erste Veröffentlichung noch geschätzte Angaben. Diese werden bis zur nächsten Veröffentlichung vier Wochen später durch die Originalmeldungen ersetzt. In Rezessionen kann der Auftragseingang allerdings unter Umständen ein zu günstiges Bild der Wirtschaftslage zeichnen, weil die dann erfahrungsgemäß auftretenden Stornierungen von Aufträgen statistisch nicht erfasst werden.

Die Auftragseingänge werden in einzelnen Monaten bisweilen wesentlich durch Großaufträge beeinflusst, wie z. B. Bestellungen von Flugzeugen oder Schiffen. Daher können sie große Ausschläge aufweisen, die das konjunkturelle Signal überdecken, zumal Großaufträge in der Regel eine lange Laufzeit haben, und deshalb unklar ist, wann sie zu Produktion führen. Daher werden auch häufig die Auftragseingänge ohne den Bereich „Sonstiger Fahrzeugbau" betrachtet. Zu ihm zählen u. a. der Schiffbau, der Luftfahrzeugbau und der Schienenfahrzeugbau, für die Großaufträge typisch sind.

Der Vorlauf der Auftragseingänge vor der Produktion ist überraschend gering (Tab. 5.1). Den höchsten Korrelationskoeffizienten ergibt sich bei einem Vorlauf des Auftragseingangs von zwei Monaten. Bei Investitionsgütern ist der Vorlauf etwas länger, bei Konsumgütern gibt es praktisch keinen Vorlauf, wobei hier in Branchen, die typischer Weise

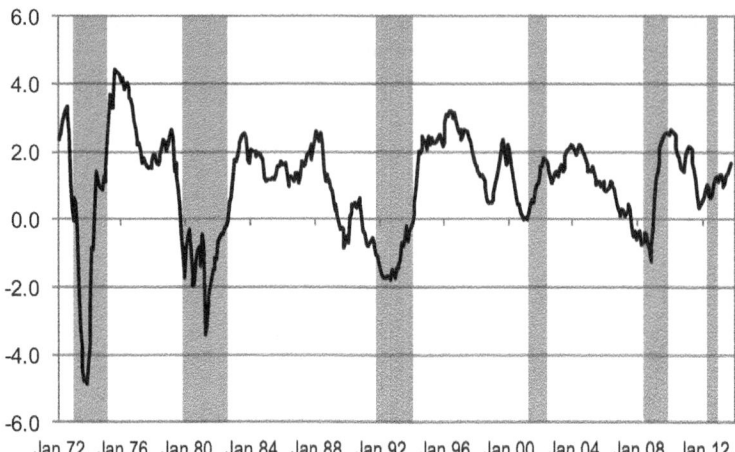

Abb. 5.4 Zinsstrukturkurve (Langfristiger Zins abzüglich kurzfristiger Zins) und Konjunkturzyklen in Deutschland. Zur Abgrenzung der Konjunkturzyklen siehe Tab. 4.6

nicht auf Auftrag arbeiten, kein Auftragseingang erhoben wird. Da Vorleistungsgüter am Anfang der Produktionskette stehen, wird häufig vermutet, dass die Aufträge dort einen Vorlauf gegenüber der gesamtwirtschaftlichen Produktion aufweisen. Der Vorlauf ist mit zwei Monaten aber nicht länger als der des Auftragseingangs insgesamt.

5.2.2.2 Der Zins-Spread

Eine wichtige Rolle bei der Einschätzung der Konjunkturaussichten spielt in vielen Analysen der Zins-Spread, definiert als Unterschied zwischen den langfristigen Zinsen (zumeist gemessen an den Renditen zehnjähriger Staatsanleihen) und den kurzfristigen Zinsen (gemessen häufig am Drei-Monats-Interbankenzins). Begründet werden kann die Eignung dieser Differenz als Konjunkturindikator damit, dass der langfristige Zins die erwarteten volkswirtschaftlichen Erträge widerspiegelt, während der kurzfristige Zins die Ausrichtung der Geldpolitik und damit die Finanzierungskosten repräsentiert. In konjunkturellen Normallagen ist zu erwarten, dass die langfristigen Zinsen über den kurzfristigen liegen. Sind jedoch die erwarteten Erträge gering, der langfristige Zins also niedrig, während zugleich die Finanzierungskosten hoch sind, ist dies ein Hinweis auf einen bevorstehenden Rückgang der Investitionen und damit auf eine zu erwartende Rezession. Eine solche Situation bezeichnet man als „inverse Zinsstruktur", die häufig als Rezessionsindikator dient.

In der Tat ging in den USA allen Rezessionen bis 2009 eine inverse Zinsstruktur voraus, und je länger die Inversion dauerte, desto länger dauerte die nachfolgende Rezession (Carnot et al. 2011, S. 46–47). Auch sendete die inverse Zinsstruktur im Fall der USA keine Fehlalarme, d. h. jeder Periode mit inverser Zinsstruktur folgte eine Rezession. In Deutschland ist der Fall nicht ganz so eindeutig (Abb. 5.4): Zum Teil war die inverse Zinsstruktur nicht Vorläufer eines Abschwungs, sondern trat erst auf, als dieser schon voll im Gang war. Auch wurde 1988 eine inverse Zinsstruktur beobachtet, ohne dass dem ein

5.2 Ausgewählte Einzelindikatoren

Abb. 5.5 Aktienkurse während der Zyklusphasen in Deutschland; DAX; Zur Abgrenzung der Zyklusphasen siehe Tab. 4.6

Abschwung folgte; Ursache hierfür war aber der Konjunkturimpuls, der von der Wiedervereinigung ausging; auch viele andere Indikatoren hatten 1988 auf eine bevorstehenden Rezession hindeutet.

Generell gilt aber, dass der Aussagegehalt der Zinsstrukturkurve bezüglich der Konjunktur seit der Finanzkrise 2008/2009 zumindest vorübergehend gelitten hat. Da die Notenbanken, um die Liquiditätsversorgung der Finanzinstitute sicher zu stellen, die kurzfristigen Zinsen nahe Null gesenkt hatten, war z. B. im Euro-Raum die Zinsstruktur auch während der hartnäckigen Rezession der Jahre 2011 bis 2013 stets „normal".

5.2.2.3 Aktienkurse

Ähnlich wie die langfristigen Zinsen, so drücken auch Aktienkurse Erwartungen von Marktteilnehmern aus. Wird eine günstige Entwicklung der Konjunktur erwartet, so verbessern sich die Ertragsaussichten von Unternehmen, und dies sollte sich zuerst in einem Anstieg der Aktienkurse niederschlagen. Ungünstige Wirtschaftsaussichten hingegen sollten einen Druck auf die Kurse ausüben. Da die Kurse die Informationen einer großen Zahl von Marktteilnehmern in sich vereinigen, könnten sie ein recht effizientes Prognoseinstrument darstellen. In Deutschland weisen Aktienkurse allerdings erst seit der Wiedervereinigung eine erkennbare zyklische Komponente auf; vorher waren die Kurse generell wenig volatil, was auch damit zusammenhängen mag, dass Aktien hierzulande eine damals noch geringe Verbreitung als Anlageform hatten und überwiegend von institutionellen Anlegern gehalten wurden. Erst seit den neunziger Jahren zeigen die Aktienkurse auch in Deutschland den in den USA bereits längerem beobachteten Vorlauf vor der Konjunktur. So gingen den in den Jahren 2001 und 2008 beginnenden Kontraktionsphasen, und auch der im Jahr 2012 zu vermutenden, jeweils Rückgänge der Aktienkurse voraus. Ganz eindeutig ist das Muster aber nicht: Nach der Rezession 2002/2003 sank der Aktienkurs bis in die Aufschwungphase hinein (Abb. 5.5).

5.2.2.4 Transportaktivitäten

Zahlreiche wirtschaftliche Tätigkeiten sind unmittelbar mit Transportaktivitäten verbunden. So erfordert die Produktion von Gütern die Anlieferung von Rohstoffen oder Vorprodukten, national oder international gehandelte Waren müssen zum Kunden verbracht werden und Touristen an den Bestimmungsort ihrer Urlaubsreise. Insofern sollte man meinen, dass Indikatoren aus dem Verkehrssektor eine zentrale Rolle in der Konjunkturanalyse spielten. Dies war allerdings lange Jahre nicht der Fall. Dies hing zum einen damit zusammen, dass viele Daten zum Transport erst mit großer zeitlicher Verzögerung veröffentlicht werden. Zum anderen sagen in Tonnen ausgedrückte Transportleistungen oft wenig über die dahinterstehende wirtschaftliche Aktivität aus. In den vergangenen Jahren haben sich allerdings die Bedingungen für eine Nutzung von Kennziffern der Transportaktivität als Konjunkturindikatoren verbessert.

Eine Ursache für diese Verbesserung war die Einführung elektronischer Mauterfassungssysteme, die etwa ab dem Jahr 2005 in mehreren europäischen Ländern – so u. a. in Österreich und in Deutschland – nach und nach eingeführt wurden. Zwar liefern solche Systeme nach wie vor keine Hinweise darauf, ob ein erfasster Lkw preiswerte Plastikprodukte oder hochwertige Computerteile geladen hat. Aber sie liefern gut aggregierbare Daten – z. B. die Zahl der getätigten Fahrten – die zudem sehr zeitnah vorliegen. So werden die Angaben der deutschen Mautstatistik in der Regel am fünfzehnten Arbeitstag nach Ablauf eines Monats veröffentlicht, womit die Angaben im Schnitt rund 15 Tage vor denen zur Industrieproduktion des betreffenden Monats bekannt sind.[3] Analysen zeigen, dass sich anhand der Mautdaten die Industrieproduktion in der Tat recht zuverlässig schätzen lässt (Döhrn 2012). Allerdings ist der Vorteil gegenüber Stimmungsindikatoren wie dem ifo Geschäftsklimaindex (Abschn. 5.2.3.1) oder dem Purchasing Managers' Index (Abschn. 5.2.3.3) nur gering (Döhrn 2013). Ein technisches Problem ist, dass entsprechende Angaben erst ab 2007 vorliegen, wodurch der Erfahrungsschatz bezüglich des Verhaltens dieses Indikators im Konjunkturverlauf noch gering ist, zumal in den Beobachtungszeitraum die Rezession 2008/2009 fällt, die alle Konjunkturindikatoren auf Talfahrt schickte, was die Korrelation zwischen den Reihen tendenziell erhöhte.

Eine andere Innovation, die die Möglichkeiten verbesserte, Angaben zu Transportaktivitäten in der Konjunkturanalyse zu nutzen, war die Einführung des Containers als Transportmedium. Die damit verbundene Standardisierung der Transporteinheiten führte zu einer besseren Messbarkeit des Güterumschlags. Unabhängig von der tatsächlichen Größe der verwendeten Container wird der Umschlag in den Seehäfen in Twenty Foot Equivalent Units (TEU) umgerechnet. Zugleich berichten viele Seehäfen schon relativ kurz nach Ablauf eines Monats Angaben zum Containerverkehr. Dies macht sich der Containerumschlag-Index zunutze, den das Rheinisch-Westfälische Institut für Wirtschaftsforschung (RWI) gemeinsam mit dem Institut für Seeverkehrswirtschaft und Logistik (ISL) als Indikator des Welthandels entwickelt hat (Döhrn und Maatsch 2012). In diesem Index werden Angaben zum Containerverkehr in 73 großen Häfen erfasst. Etwa 20 Tage nach Ablauf

---

[3] Veröffentlicht werden die Daten vom Bundesamt für Güterverkehr (BAG) www.bag.bund.de.

5.2 Ausgewählte Einzelindikatoren 75

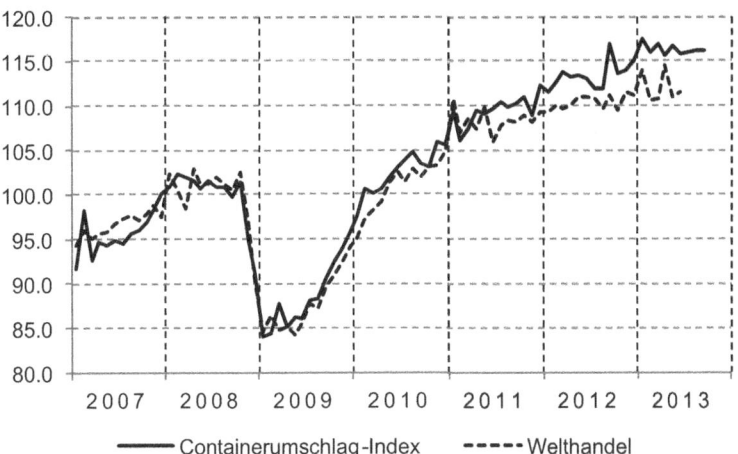

Abb. 5.6 RWI/ISL-Containerumschlag-Index und Welthandel; saisonbereinigt, 2008 = 100; Berechnungen von RWI und ISL, Welthandel nach Angaben des IWF

eines Monats hat eine hinreichend große Anzahl von Häfen entsprechende Angaben veröffentlicht, so dass eine Schnellschätzung des RWI/ISL Containerumschlag-Index für den jeweils zuletzt abgelaufenen Monat möglich ist. Damit liegt der Index rund drei Monate früher vor als zum Beispiel die Angaben des Internationalen Währungsfonds zum Welthandel, und immerhin gut ein Monat früher als ein weit verbreiteter Welthandelsindikator des holländischen Centraal Plan Bureau (CPB).

Abb. 5.6 zeigt, dass der RWI/ISL-Containerumschlag-Index einen ausgeprägten Gleichlauf mit dem Welthandel aufweist, und man sieht am aktuellen Rand auch den Informationsvorsprung, den der Index gegenüber dem nach Angaben des IWF berechneten Welthandel bietet. Schwächen des Containerindex resultieren daraus, dass er den Handel mit Gütern ignoriert, die üblicher Weise nicht in Containern transportiert werden. Dazu gehören in erster Linie Rohstoffe, insbesondere Rohöl, aber auch Fahrzeuge. Auch wird der Index erst ab 2007 berechnet, mit entsprechenden Problemen für die Saisonbereinigung. Zwar liegen auch für frühere Jahre Angaben zum Containerumschlag vor, jedoch nur für einen kleineren Kreis von Häfen. Zudem kann man für frühere Jahre konjunkturelle Tendenzen schwieriger trennen von dem Anstieg des Containerumschlags, der allein dadurch hervorgerufen wurde, dass der Container andere Transportverhältnisse verdrängte. Der Prozess der Containerisierung des Welthandels war im Jahr 2007 nahezu abgeschlossen.

5.2.2.5 Internet-basierte Indikatoren

Die bisherigen Konjunkturindikatoren basieren auf Daten die entweder speziell für diesen Zweck erhoben werden oder die ohnehin regelmäßig anfallen. Daneben gab es immer wieder Versuche, andere regelmäßig zugängliche Informationsquellen nutzbar zu machen, um Hinweise auf die künftige konjunkturelle Entwicklung zu erhalten. Ein früher Versuch in diese Richtung ist der „R-Wort Index", der auf der Häufigkeit der Nennung des Wortes „Rezession" in der Presse basiert und der für die USA vom Economist erhoben wird. Entsprechende Indikatoren für Deutschland weisen durchaus „Prognosequalitäten" auf (vgl. Grossarth-Maticek und Mayr 2008).

Während der R-Wort-Index in die Kategorie jener Indikatoren gehört, die in einem rein statistischen Zusammenhang mit der Konjunktur stehen, bietet die wachsende Verbreitung des Internets auch Möglichkeiten, Konjunkturindikatoren abzuleiten, die in einem Ursache-Wirkungszusammenhang mit der Konjunktur stehen. Grundlage dieser Indikatoren ist die Tatsache, dass viele Verbraucher sich vor Kaufentscheidungen im Internet über Produkte informieren. Daher sollten Internetanfragen einen Vorlauf vor den Konsumausgaben aufweisen. In der Tat konnten Choi und Varian (2012) für die USA zeigen, dass die Zahl der Anfragen nach bestimmten Automarken Hinweise auf die künftige Entwicklung der Zulassungen dieser Marke geben können, und dass Anfragen nach Reisezielen eine Prognose der Reisen in diese Region erlauben.

Angaben zur Häufigkeit von Suchanfragen stellt die Suchmaschine Google seit 2008 unter der Anwendung Google-Trends der Allgemeinheit zur Verfügung. Die Daten liegen sogar wochenweise vor, so dass sie sehr zeitnah Aufschluss über Tendenzen in der Konsumnachfrage, aber auch andere Bereiche der Volkswirtschaft geben können. Allerdings gäbe die Entwicklung der Zahl der Anfragen an Google für sich genommen nur wenig Aussagekraft. Da die Nutzung des Internets im Laufe der Jahre beträchtlich zugenommen hat, dürften die Google-Anfragen zu nahezu allen Themen deutlich gestiegen sein. Dieses Problem umgeht Google, indem nur die relative Zahl der Anfragen ausgewiesen wird, d. h. die Anfragen zu einem Themenbereich werden ins Verhältnis zu den Suchanfragen insgesamt gesetzt. Ein anderes Problem resultiert daraus, dass Suchbegriffe mehrdeutig sein können, sich mit der Zeit wandeln können oder dass sie von stark von aktuellen Entwicklungen geprägt werden. Ein erster Versuch, einen Internet-basierten Indikator für die Arbeitsmarktentwicklung in Deutschland zu bilden scheiterte letztlich an diesen Problemen, da er sich auf konkrete Suchwörter wie Arbeitsamt konzentrierte (Askitas und Zimmermann 2008). Man kann diese allerdings entschärfen, indem man die Suche nicht auf einzelne Wörter beschränkt, sondern Kategorien betrachtet, denen Google alle Suchworte zuordnet.

Basierend auf diesen Überlegungen hat das Rheinisch-Westfälische Institut für Wirtschaftsforschung einen Konsumindikator für Deutschland entwickelt, der die Zahl der Suchanfragen in konsumrelevanten Themenbereichen betrachtet. Untersuchungen zeigen, dass die Zahl dieser Anfragen, wenn man sie entsprechend aufbereitet, eine bessere Kurzfristprognose der Konsumausgaben privater Haushalte erlaubt als direkte Konsumentenbefragungen (Schmidt und Vosen 2011, 2012).

Abb. 5.7 zeigt ein Beispiel für die Ausgangsdaten, auf denen dieser Konsumindikator basiert. Die Suchanfragen nach dem Begriff „Parfum" weisen eine starke Saisonalität auf; vor Weihnachten nehmen die Anfragen erheblich zu. Dies legt nahe, dass man die Daten saisonbereinigen sollte. Eine auffällige Abweichung sieht man im September 2006, als die Suchanfragen – anders im September der anderen Jahre – kräftig zunahmen. Dieser Ausreißer verdeutlicht ein grundsätzliches Problem der Datenquelle. Im September 2006 lief

5.2 Ausgewählte Einzelindikatoren

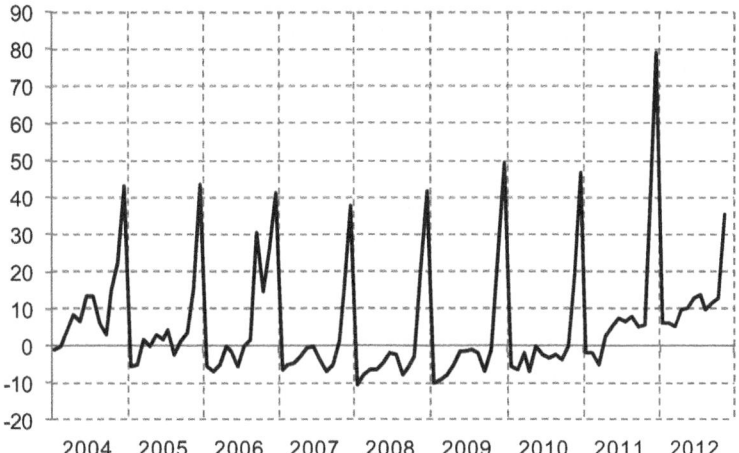

Abb. 5.7 Relative Häufigkeit von Google-Suchanfragen nach dem Begriff „Parfum" in der Kategorie Körperpflege"; nach Angaben von Google Trends

der Film „Das Parfum" an, und den verwendeten Verfahren zur Klassifizierung der Suchbegriffe fällt es wohl schwer, die Begriffe wirklich trennscharf zuzuordnen.

Aus den so und ähnlich anfallenden Angaben von Google Trends wird der RWI-Konsumindikator wie folgt konstruiert: Da es das Ziel des Indikators ist, Hinweise auf die Veränderung der vierteljährlichen Privaten Konsumausgaben der Volkswirtschaftlichen Gesamtrechnungen zu geben, werden die von Google bereitgestellten Monatsdaten zunächst zu Vierteljahreswerten verdichtet und anschließend saisonbereinigt. Dies geschieht für 43 von Google ausgewiesene Kategorien, die in engem Zusammenhang mit Konsumausgaben stehen. Die 43 Reihen werden anschließend in Form eines Diffusions-Index zusammengefasst (Abschn. 5.3.1.1); der Indikator gibt somit den Prozentsatz der gegenüber dem Vorquartal steigenden Indikatorreihen wieder. Er weist einen Vorlauf von einem Quartal gegenüber den Konsumausgaben auf, gibt er aber in erster Linie Hinweise auf deren Dynamik, also wie sich deren Veränderungsraten entwickeln.

5.2.3 Indikatoren im rein statistischen Zusammenhang mit dem Indikans

5.2.3.1 Der ifo-Konjunkturtest

Der ifo Geschäftsklimaindex ist einer der am meisten beachteten Konjunkturindikatoren für Deutschland. Er wird monatlich durch das ifo Institut – Leibniz-Institut für Wirtschaftsforschung an der Universität München im Rahmen des ifo-Konjunkturtests erhoben. Der ifo Konjunkturtest ist eine monatliche Umfrage unter 7000 Unternehmen des Verarbeitenden Gewerbes, des Groß- und Einzelhandels sowie der Bauwirtschaft. Seit 2001 veröffentlicht das Institut außerdem einen Konjunkturtest für den Dienstleistungssektor. Einen umfassenden Überblick über den ifo Konjunkturtest gibt Goldrian (2004).

Die Befragung erstreckt sich auf eine Reihe von Aspekten der gegenwärtigen Wirtschaftslage und der Pläne und Erwartungen der Unternehmen in den nächsten 3 bzw. 6 Monaten. So müssen die Unternehmen des Verarbeitenden Gewerbes monatlich sieben Fragen zur Geschäftslage (Geschäftslage allgemein, Produktion im Vormonat, Beurteilung der Fertigwarenlager, Nachfragesituation im Vormonat, Auftragsbestand im Vormonat Beurteilung des Auftragsbestandes und Inlandsverkaufspreise im Vormonat) sowie vier Fragen zu den Plänen und Erwartungen (Produktion, Inlandsverkaufspreise und Export in den kommenden drei Monaten, Geschäftsentwicklung in den kommenden sechs Monaten) beantworten. Hinzu kommen einige Fragen, die einmal je Quartal zu beantworten sind, so u. a. die zur Kapazitätsauslastung und zur Reichweite der Auftragsbestände. Ab September 2006 wird außerdem monatlich nach den Beschäftigungsplanungen für die kommenden drei Monate gefragt. An Unternehmen in anderen Branchen werden zum Teil abweichende Fragen gestellt, die Fragen nach der Geschäftslage und den Geschäftserwartungen sind aber Standard.

Zu jeder dieser Fragen werden den Unternehmen drei Antwortmöglichkeiten vorgegeben: Eine positive Antwort (z. B. Geschäftslage ist gut), eine neutrale Antwort (Geschäftslage ist befriedigend/saisonüblich) und eine negative Antwort (Geschäftslage ist schlecht). Aus diesen Antworten werden Saldenindizes gebildet, indem der prozentuale Anteil der negativen Antworten von dem der positiven Antworten subtrahiert wird. Die neutralen Antworten bleiben unberücksichtigt. Bezeichnen z. B. 12.5 % der Unternehmen die Geschäftslage als gut und 37,8 % diese als schlecht, so ergibt sich als Index der Lagebeurteilung ein Wert von $-25{,}3$. Theoretisch kann der Index also zwischen $+100$ und -100 schwanken, wenn er auch in der Regel diese Grenzen bei Weitem nicht erreicht. Damit die ifo-Indizes die Gesamtwirtschaft gut abbilden, werden die Antworten der Unternehmen bei der Zusammenfassung zu Branchen- und gesamtwirtschaftlichen Indizes hinsichtlich ihrer Größe und Wertschöpfungsanteile gewichtet.

Große Beachtung in der Öffentlichkeit finden der Lage- und der Erwartungsindex. Während erster einen Gleichlauf mit der Konjunktur aufweisen sollte, ist für den Erwartungsindex ein Vorlauf zu erwarten, da nach den Aussichten für das kommende Halbjahr gefragt wird. Beide Indizes werden zusammengefasst zum Geschäftsklima (GK), das als geometrisches Mittel von Geschäftslage (GL) und Geschäftserwartungen (GE) gebildet wird. Da beide Indizes auch negative Werte aufweisen können, werden Sie vor Bildung des arithmetischen Mittels zunächst um 200 erhöht, was sicherstellt, dass der Wert positiv ist. Nach Bildung des geometrischen Mittels wird das Ergebnis wieder um 200 vermindert.

$$GK = \sqrt{(GL+200)\cdot(GE+200)} - 200 \qquad (5.1)$$

Dieser Saldenindex wird auch, damit er rechnerisch einfacher zu handhaben ist, in einen Index umgewandelt werden, der in einem Basisjahr den Wert 100 annimmt. Außerdem werden die Daten saisonbereinigt. Alle Indizes werden sowohl für die Gewerbliche Wirtschaft – definiert als eine Zusammenfassung von Verarbeitendem Gewerbe, Handel und Bauwirtschaft – als auch differenziert nach Sektoren ausgewiesen.

5.2 Ausgewählte Einzelindikatoren

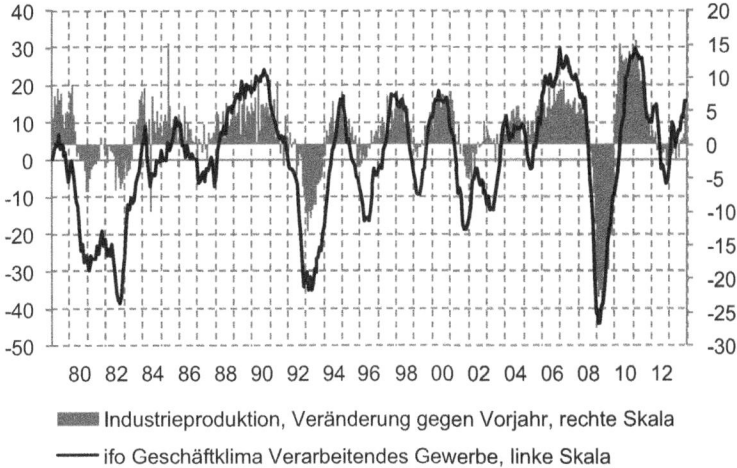

Abb. 5.8 ifo Geschäftsklimaindex im Verarbeitenden Gewerbe und Industrieproduktion; vor 1991 Westdeutschland

Der ifo Geschäftsklimaindex weist – wie Abb. 5.8 zeigt – einen schönen Gleichlauf mit der Konjunktur, sofern man diese an der Veränderung der wirtschaftlichen Aktivität gegenüber dem Vorjahr misst; die Abbildung zeigt dies für die Industrieproduktion, ähnliches gilt auch für das Bruttoinlandprodukt. Die Korrelation ist – wie Seiler und Wohlrabe 2013 zeigen – insgesamt wie auch für Teilzeiträume hoch. Nur zeitweise gab es in der Vergangenheit Störungen des Zusammenhangs, so in den Jahren 2002 bis 2004, als der Geschäftsklimaindex sich mehrfach deutlich verbesserte ohne dass sich ein Aufschwung bei der Produktion einstellte. Bezüglich der für die Konjunkturanalyse wichtigen Vorquartals- bzw. Vormonatsraten sind die Prognoseeigenschaften des ifo Geschäftsklimas wie auch seiner Teilindizes deutlich weniger gut, aber es besteht ebenfalls ein statistisch signifikanter Zusammenhang. Etwas überraschend weist der Index, obwohl die Unternehmen explizit nach der Entwicklung in den kommenden sechs Monaten gefragt werden, keinen nennenswerten Vorlauf vor der Konjunktur auf. Zur Verringerung des Informationslags trägt er jedoch wesentlich bei, weil die Ergebnisse des ifo Konjunkturtests sehr früh veröffentlich werden, nämlich ungefähr am 25. Tag des Monats, in dem die Umfrage durchgeführt wurde. Damit beträgt der Vorsprung gegenüber der Veröffentlichung realwirtschaftliche Indikatoren gut sechs Wochen.

5.2.3.2 ZEW Konjunkturerwartungen

Seit 1992 erhebt das Zentrum für Europäische Wirtschaftsforschung (ZEW), Mannheim einen monatlichen Finanzmarkttest, an dem sich bis zu 350 Finanzexperten aus Banken, Versicherungen und Industrieunternehmen beteiligen. Im Rahmen dieses Tests werden die Experten unter anderem nach ihrer Einschätzung der augenblicklichen konjunkturellen Entwicklung in Deutschland (und in sechs anderen Ländern) und nach der voraussichtlichen in den jeweils kommenden sechs Monaten gefragt. Die Antworten auf letztgenannte

Frage bilden die Grundlage für die Berechnung der ZEW Konjunkturerwartungen. Wie beim ifo-Index werden drei Antworten vorgegeben, zuzüglich der Möglichkeit, keine Einschätzung vorzunehmen. Die Indikator wird ermittelt, indem – ähnlich wie bei den ifo-Befragungen – der Saldo aus den prozentualen Anteilen der positiven Einschätzungen („die gesamtwirtschaftliche Situation wird sich mittelfristig (6 Monate) verbessern") und der negativen Antworten (.... wird sich verschlechtern) gebildet wird. Die neutrale Antwort (Lage bleibt unverändert) wird auch hier nicht berücksichtigt. Damit kann der Indikator ebenfalls zwischen +100 und −100 schwanken. Im Oktober 2009 erwarteten beispielsweise 66,8 % der Befragten eine Verbesserung der Lage und 9,8 % eine Verschlechterung, womit der ZEW-Indikator den Wert +56 erreichte.

Abb. 5.9 zeigt, dass die ZEW Konjunkturerwartungen einen Vorlauf vor der Konjunktur aufweisen, die hier wie im vorhergehenden Abschnitt an der Veränderung der Industrieproduktion gegenüber dem Vorjahr gemessen wird. Die Korrelation zwischen beiden Reihen erreicht ihren höchsten Wert bei einem Vorlauf des ZEW-Indikators von neun Monaten (Tab. 5.2). Allerdings verdeutlicht die Abbildung auch, dass die Korrelation deutlich geringer ist als beim ifo Geschäftsklima.

Bei allen Gemeinsamkeiten in der Berechnung des Index dürfen die Unterschiede zwischen den ZEW Konjunkturerwartungen und dem ifo Geschäftsklimaindex nicht übersehen werden. Das ifo Institut befragt Unternehmen nach den eigenen Geschäftserwartungen, und die konjunkturelle Aussage ergibt sich daraus, ob der Anteil von Unternehmen mit positiven Einschätzungen steigt oder fällt. ZEW befragt Experten unmittelbar nach ihren Erwartungen bezüglich der Konjunktur. Diese dürften allerdings ihre Einschätzung aus einer für alle Befragten ähnlichen Informationsbasis ableiten, was die Unterschiede in den individuellen Einschätzungen tendenziell verringert. Manche Befragte stützen sich bei ihrer Antwort möglicherweise nicht einmal auf eigene Analysen, sondern geben Ein-

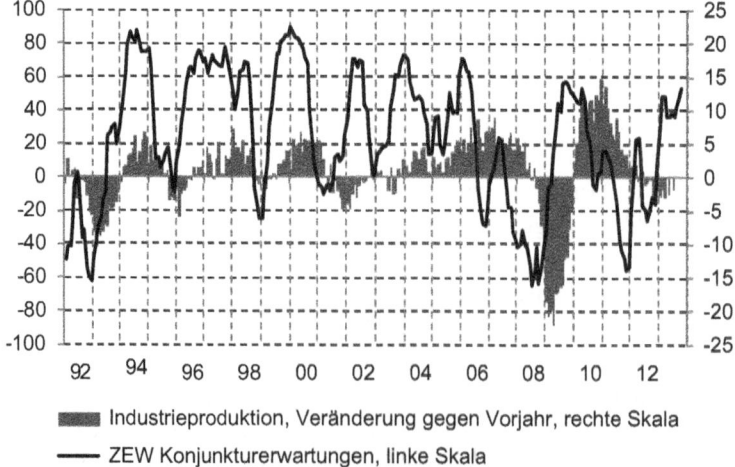

Abb. 5.9 ZEW Konjunkturerwartungen und Industrieproduktion

Tab. 5.2 Korrelation von ifo Geschäftsklimaindex, ZEW Konjunkturerwartungen und Purchasing Managers' Index mit der Vorjahresveränderung der Industrieproduktion, 1997 bis 2012

Vorlauf des Index in Monaten	ifo Geschäftsklima Verarbeitendes Gewerbe	ZEW-Konjunkturerwartungen	Purchasing Managers' Index Verarbeitendes Gewerbe
0	0,863	0,024	0,813
1	0,861	0,119	0,853
2	0,836	0,202	0,863
3	0,788	0,288	0,850
4	0,719	0,364	0,811
5	0,634	0,430	0,759
6	0,529	0,487	0,680
7	0,420	0,527	0,603
8	0,303	0,558	0,507
9	0,177	0,570	0,395
10	0,054	0,566	0,271
11	−0,066	0,547	0,154

Eigene Berechnungen

schätzungen anderer Analysten wider, weshalb der Index anfällig für ein Herdenverhalten ist. Dies könnte die Erklärung dafür sein, dass der ZEW-Indikator eine hohe Volatilität aufweist. Werte nahe der Nulllinie werden sehr selten beobachtet und der Wertebereich zwischen −100 und +100 wird fast zur Gänze ausgeschöpft.

5.2.3.3 Purchasing Managers' Index

Der Purchasing Managers' Index PMI (Einkaufsmanagerindex) wird ähnlich wie der ifo-Geschäftsklimaindex in einer Umfrage unter Unternehmen ermittelt. Befragt werden deren Einkaufsleiter und Geschäftsführer; dahinter steht die Überlegung, dass die Produktionspläne von Unternehmen sich als erstes in der Beschaffung von Rohstoffen und Vorprodukten äußern, und damit Einkaufsmanager als Erste Beschleunigungen oder Verlangsamungen der wirtschaftlichen Aktivität registrieren. In den USA wird der PMI bereits ab 1931 erhoben, seit 1982 wird das heute noch gültige Konzept angewendet. Seit den neunziger Jahren werden vergleichbare Umfragen in einer zunehmenden Zahl von Ländern durchgeführt. Eine Version für Deutschland wird seit 1996 von dem britischen Markit-Institut in Zusammenarbeit mit dem Bundesverband Materialwirtschaft, Einkauf, Logistik im Auftrag der Nachrichtenagentur Reuters erhoben.

Die Befragten werden um ihre Einschätzung zu einer Reihe von Fragen gebeten. Dabei haben sie auch hier drei Antwortmöglichkeiten: eine positive (z. B. besser), eine neutrale (z. B. unverändert) und eine negative (z. B. schlechter). Für jede dieser Fragen wird ein Index gebildet, indem der Anteil der Befragten, die eine positive Antwort geben und die Hälfte des Anteils der neutralen Antworten. Antworten beispielsweise 30 % der Befragten

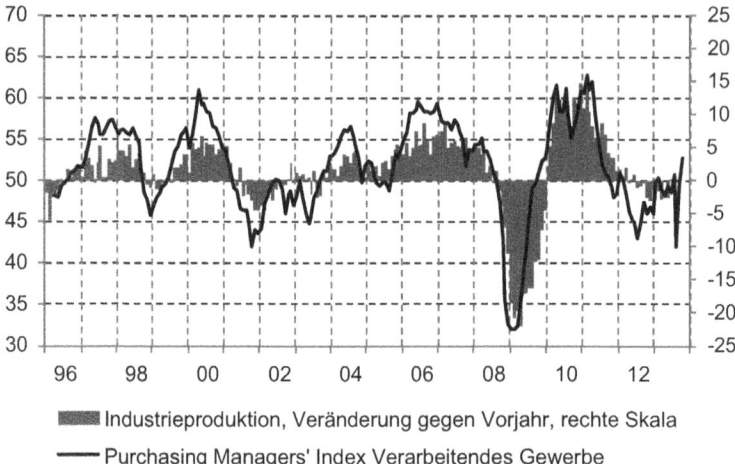

■ Industrieproduktion, Veränderung gegen Vorjahr, rechte Skala
— Purchasing Managers' Index Verarbeitendes Gewerbe

Abb. 5.10 Purchasing Managers' Index und Industrieproduktion

„Besser", 32 % „Unverändert" und 38 % „Schlechter", so ergibt sich ein Indexwert von 46 (30 + 0,5 × 32). Dadurch schwankt der Index um einen Wert von 50.

Der PMI wird dann als gewichteter Durchschnitt aus den Antworten auf fünf Fragen ermittelt. Berücksichtigt wird die Antwort auf die Fragen nach der Höhe der Produktion (Gewicht: 25 %), der Höhe des Auftragsbestands (30 %), der Beurteilung der Lieferfristen (Länger, gleich, kürzer) (15 %), der Beurteilung des Lagerbestandes (Einkaufslager) (10 %) und der Beschäftigung (20 %) ein.[4] Ursprünglich war die Befragung auf den Industriesektor konzentriert; inzwischen gibt es auch entsprechende Umfragen für den Dienstleistungssektor. In jüngster Zeit wird aus den Angaben für den Industrie- und den Dienstleistungsindex auch ein Gesamtindex gebildet.

Der PMI für die Industrie wird so interpretiert, dass er ab einem Wert von 50 ein Ansteigen der Industrieproduktion anzeigt. Beachtung findet (zumindest in den USA) auch der Schwellenwert 42, da ab diesem von einem gesamtwirtschaftlichen Wachstum ausgegangen wird.

Während der PMI in den USA aufgrund seiner langen Tradition ein etabliertes Instrument der Konjunkturanalyse ist, ist ein Urteil über seine Eignung als Konjunkturindikator für Deutschland derzeit noch unter dem Vorbehalt zu treffen, dass der Beobachtungszeitraum immer noch recht kurz ist. Abb. 5.10 zeigt aber einen sehr engen Zusammenhang zwischen PMI und der Veränderungsrate der Industrieproduktion. Der Korrelationskoeffizient ist ähnlich hoch wie beim ifo Geschäftsklimaindex. Der Vorlauf gegenüber der Industrieproduktion beträgt zwei Monate (Tab. 5.2). Da der PMI für Deutschland ähnlich

---

[4] Verbürgt ist diese Gewichtung für die USA. Für andere Länder liegen keine definitiven Hinweise vor außer, dass die Berechnungsmethode international vergleichbar ist. Auch gibt es für Deutschland keine Angaben zur Zahl der an der Befragung teilnehmenden Unternehmen.

früh veröffentlicht wird wie der ifo Geschäftsklimaindex, erlaubt auch er eine zeitnahe Einschätzung der Konjunktur.

Tab. 5.2 vergleicht abschließend die die Stärke des Zusammenhang der hier angesprochenen umfragebasierten Konjunkturindikatoren mit der Industrieproduktion und die Vorlaufeigenschaften. Betrachten wird der Zeitraum 1997 bis 2012, da für diesen Angaben zu allen drei Indikatoren vorliegen. Ifo Geschäftsklimaindex und PMI sind ähnlich eng mit den Vorjahresveränderungen der Industrieproduktion korreliert, wobei der PMI einen kleinen Vorlauf aufweist. Die Korrelationskoeffizienten der ZEW Konjunkturerwartungen sind geringer, der Vorlauf aber größer.

5.2.3.4 Die Konjunkturumfragen der EU

Bereits im Jahr 1961 begann die Europäische Kommission, ihre *Business and Consumer Survey*, in deren Rahmen monatlich Konjunkturumfragen in der Europäischen Union durchgeführt werden. Das durch sie abgedeckte Spektrum der Wirtschaft wurde dabei im Laufe der Jahre beständig erweitert. Inzwischen gibt es neben den Umfragen unter Industrieunternehmen und unter Konsumenten auch Befragungen im Bereich der Bauwirtschaft, des Einzelhandels, des Dienstleistungssektors und – als jüngste Entwicklung – ab 2007 auch unter den Anbietern von Finanzdienstleistungen. Monatlich befragt werden in der EU rund 135.000 Unternehmen und 40.000 Verbraucher. Die Unternehmen beantworten monatlich 5 bis 7 Fragen, die Verbraucher 12 Fragen. Hinzu kommen einige Fragen, die nur einmal pro Quartal gestellt werden. Zu diesen Befragungen werden sowohl unbereinigte als auch saisonbereinigte Ergebnisse veröffentlicht. Außerdem gibt es im Halbjahresabstand zwei Investitionsumfragen, von denen die im Herbst durchgeführte ein erweitertes Befragungsprogramm hat.

Obwohl die EU auch die Ergebnisse für die einzelnen Mitgliedsländer veröffentlicht liegt die eigentliche Stärke der Umfrage darin, dass für alle EU-Länder sowie für die Beitrittskandidaten ein standardisiertes Befragungsprogramm gilt (European Commission 2014). So entsteht auf der Ebene der EU und für den Euro-Raum ein konsistentes Bild der Konjunktur. Auf Länderebene arbeitet die Kommission mit nationalen Umfrageinstitutionen zusammen – in Deutschland sind dies das ifo Institut und für die Verbraucherumfragen die Gesellschaft für Konsumforschung. Da auch die Erhebungstechnik (drei Antwortmöglichkeiten), die Aufbereitung (Saldenindizes) und das Befragungsprogramm dem ifo Konjunkturtests stark ähneln (Abschn. 5.2.3.1), sind von diesem abweichende Ergebnisse für Deutschland auch kaum zu erwarten.

Allerdings werden die Ergebnisse anders als in den korrespondierenden nationalen Erhebungen zusammengefasst. So ergibt sich der Vertrauensindex für die Industrie (*Industrial Confidence Index*) als arithmetisches Mittel der Saldenindizes für die Geschäftserwartungen, der Beurteilung des Auftragsbestandes und der Einschätzung der Fertigwarenlager. Außerdem wird ein Indikator der Wirtschaftsstimmung (*Economic Sentiment Indicator*) errechnet, der sich als gewichteter Mittelwert der Vertrauensindikatoren für die Industrie (Gewicht: 40 %), den Dienstleistungssektor (30 %), der Verbraucher (20 %), der Bauwirtschaft (5 %) und des Einzelhandels (5 %) ergibt.

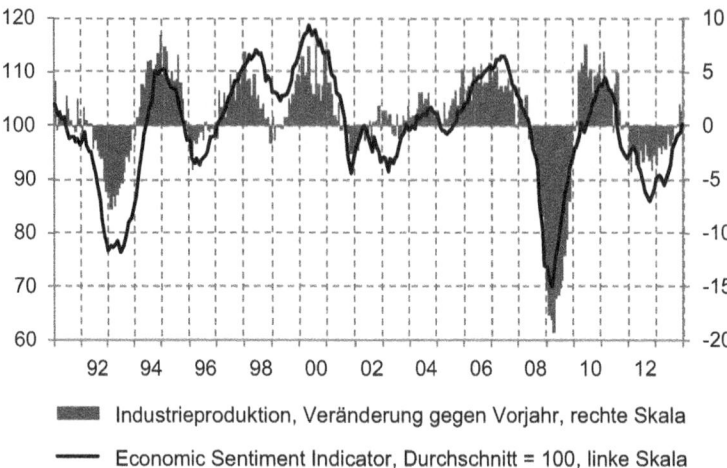

Abb. 5.11 Industrieproduktion und Economic Sentiment Index im Euro-Raum, 1991 bis 2013

Abb. 5.11 zeigt beispielhaft den Zusammenhang von Economic Sentiment Index und der Vorjahresveränderung der Industrieproduktion (einschl. Bauwirtschaft) im Euro-Raum. Beide Reihen entwickeln sich nahezu parallel, der Korrelationskoeffizient beträgt 0,829. Einen nennenswerten Vorlauf vor der Produktion weist der Indikator allerdings nicht auf, in manchen Situationen hat es eher den Anschein, dass er der Konjunktur etwas nachläuft. Der Economic Sentiment Index ist von der Anlage her ein breit aufgestellter Indikator, der auch die Entwicklung im Dienstleistungssektor und die Stimmung der Verbraucher einschließt. Daher wäre es plausibel, wenn er enger mit dem Bruttoinlandsprodukt korreliert wäre als mit der Industrieproduktion. Dies ist allerdings nicht der Fall.

5.2.3.5 Der Konsumklimaindex

Um frühzeitig Informationen über die privaten Konsumausgaben zu erhalten, haben Umfragen unter Verbrauchern und darauf aufbauend die Berechnungen von Konsumklimaindizes eine lange Tradition. Zurückgehend auf die Arbeiten von George Katona (1901–1981) veröffentlicht die University of Michigan bereits seit 1952 zunächst vierteljährlich, später monatlich einen Konsumklimaindex für die USA. In Deutschland begründete die Forschungsstelle für empirische Sozialökonomik die Forschung zur Stimmung unter den Verbrauchern und gab lange Jahre einen entsprechenden Index heraus, dessen Berechnung aber inzwischen eingestellt wurde. Beerbt wurde er von einem monatlichen Konsumklimaindex, den die Gesellschaft für Konsumforschung GfK publiziert. Freilich sind die Informationen spärlich, wie dieser Index zustande kommt. In den Pressemitteilungen der GfK heißt es dazu lediglich, dass in den Konsumklimaindex die Einkommenserwartungen, die Anschaffungs- und die Sparneigung eingehen. Wie die Teilindizes kombiniert werden, ist jedoch unklar. Zwar wird der Index aus der im Auftrag der EU-Kommission durchgeführten monatlichen Befragung zur Ermittlung der Konsumklimaindex im Rah-

5.2 Ausgewählte Einzelindikatoren

men der *Business and Consumer Survey* abgeleitet, die von der GfK publizierten Ergebnisse weichen aber von denen der EU-Befragung ab.

Im Rahmen der EU-Befragung werden 2000 Konsumenten monatlich 12 Fragen vorgelegt, die sich zum Teil auf die Vergangenheit beziehen (Wie hat sich Ihre wirtschaftliche Situation in den vergangenen 12 Monaten verändert?), zum Teil auf die Zukunft (Was erwarten Sie, wie sich die finanzielle Situation ihres Haushalts in den kommenden 12 Monaten ändern wird?). Ähnliche Fragen enthält der Fragebogen zur allgemeinen wirtschaftlichen Lage und zur Preisentwicklung sowie – beschränkt auf die künftige Entwicklung – zur Arbeitslosigkeit. Weitere Fragen beziehen sich direkt auf die Anschaffungsbereitschaft (Ist es der richtige Zeitpunkt, größere Anschaffungen zu tätigen? Planen Sie, größere Anschaffungen zu tätigen?) und die Sparneigung (Ist es eine gute Zeit zu sparen? Planen Sie, Geld zu sparen?).

In den Konsumklimaindex gehen – für alle EU-Länder einheitlich – die Antworten auf vier Fragen ein: Die Frage nach der erwarteten Veränderung der finanziellen Lage, die nach der erwarteten Ersparnis, die nach der erwarteten Veränderung der allgemeinen wirtschaftlichen Lage und die nach der erwarteten Veränderung der Arbeitslosigkeit. Berechnet wird das arithmetische Mittel der saisonbereinigten Saldenindizes auf diese Fragen.[5]

Allerdings ist der so ermittelte Konsumklimaindex für Deutschland ein ausgesprochen schwacher Indikator der Konsumnachfrage. So leistet er, bezieht man ihn als zusätzliche Variable in eine Konsumfunktion ein, keinen statistisch signifikanten Beitrag zur Erklärung der Konsumnachfrage, d. h. er liefert keinerlei Informationen, die nicht bereits in den üblichen Konsumdeterminanten wie Einkommen oder Zinsen enthalten sind. Auch weist er keine ausgeprägten Vorlaufeigenschaften gegenüber dem privaten Konsum auf (Döhrn et al. 2011). Hierin unterscheidet sich die Situation in Deutschland deutlich von der in anderen Ländern. Dies verdeutlicht bereits eine einfache Korrelationsrechnung: Während z. B. in Frankreich, Italien, den Niederlanden und Spanien Konsumklimaindex und Veränderung der Konsumausgaben hoch miteinander korreliert sind, und zwar sowohl bei einem Gleichlauf als auch einem Vorlauf des Konsumklimaindex von einem Quartal, ist der Zusammenhang in Deutschland gering (Tab. 5.3). Nur Österreich weist unter den hier betrachteten Ländern einen noch schwächeren Zusammenhang auf.

Das Beispiel zeigt auch, dass einheitliche Regeln für die Berechnung von Klimaindikatoren nicht unbedingt zu Ergebnissen führen, die bei der Konjunkturanalyse hilfreich sind. Verwendet man nämlich andere aus dem Fragenkatalog abgeleitete Teilindizes, so lassen sich durchaus signifikante Erklärungsbeiträge zum Konsum bzw. Vorlaufeigenschaften finden. Dies gilt insbesondere für die Frage nach den Preiserwartungen und nach den geplanten größeren Anschaffungen (Döhrn et al. 2011).

---

[5] Da der Fragebogen des Konsumklimaindex fünf Antwortmöglichkeiten (äußerst positiv, positiv, neutral, negativ, äußerst negativ) vorsieht, wird der Saldenindex hier abweichend vom oben beschriebenen Vorgehen berechnet. Mit positivem Gewicht gehen ein der Anteil der äußerst positiven Antworten und der halbe Anteil der positiven Antworten. Mit negativem Gewicht gehen ein der Anteil der äußerst negativen Antworten und der halbe Anteil der negativen Antworten.

Tab. 5.3 Korrelation zwischen dem im Auftrag der EU erhobenen Konsumklimaindex und der Vorjahresveränderung der privaten Konsumausgaben in ausgewählten Ländern, Vierteljahreswert 1996 bis 2013

	Gleichlauf des Konsumklimas	Vorlauf des Konsumklimas von einem Quartal
Deutschland	0,460	0,295
Frankreich	0,722	0,689
Italien	0,702	0,725
Niederlande	0,792	0,752
Österreich	0,146	0,095
Spanien	0,851	0,881

Eigene Berechnungen nach Angaben der Europäischen Kommission

Kasten 5.2: Was treibt den Konsumklimaindex: Ökonomische Fakten versus narrative Erklärungen

Konjunkturumfragen stützen sich mit gutem Grund auf standardisierte Fragen, weil man sonst zu keinen über die Zeit vergleichbaren Ergebnissen gelangen würde. Von daher steigen z. B. die ifo Geschäftserwartungen allein deshalb, weil ein höherer Anteil an den befragten Unternehmen die Zukunft optimistischer sieht (oder ein abnehmender Anteil pessimistischer). Der tiefere Grund, weshalb ein Index gestiegen oder gefallen ist, geht aus solchen Umfragen allerdings nicht hervor, es sei denn man ergänzt sie um Spezialfragen, die auf einzelne Motive eingehen. Allerdings laden allzu häufig zeitliche Koinzidenzen zu einer Interpretation der Umfrageergebnisse ein, die durch belegbare Fakten nicht gedeckt ist.

Zahlreiche Beispiele für solche narrativen Erklärungen liefert die GFK bei der Vorstellung der monatlichen Ergebnisse ihres Konsumklimaindex. So hieß es bei der Vorstellung der Konsumklimaindex im Juni 2014, dass die Zinssenkung der EZB der Konsumklima Auftrieb verliehen habe, weil die Spareignung gesunken sei. In den Monaten davor diente die Krise in der Ukraine im April zunächst als Begründung für einen Rückgang des Konsumklimas, und anschließend im Mai mit Verweis auf eine Entspannung der Lage als Begründung einer Stabilisierung des Index. Als Begründung für einen Rückgang der Einkommenserwartungen im Dezember 2013 wurde die Erwartung einer steigenden Abgabenbelastung aufgrund der Rentenbeschlüsse der neuen Bundesregierung angeführt, wobei sich diese Ängste im Januar 2014 wohl verflüchtigt hatten, den die GFK berichtet – übrigens ohne Verweis auf die eigene Einschätzung vom Dezember – vom günstigsten Wert der Einkommenserwartungen seit 13 Jahren.

In keinem der Beispiele stützt sich die Interpretation der Befragungsergebnisse auf die Umfrage selbst. Die Konsumenten wurden nicht gefragt, wie sie das Rentenpaket der Bundesregierung einschätzen, und wie die Risiken aus der Krise in der Ukraine. Dies behauptet die GFK in ihren Pressemitteilungen auch nicht, sondern sie bietet die genannten Fakten als Erklärungen an. Gleichwohl sind solche Erklärungsversuche gefährlich. Zum einen verselbständigen sie sich in der Öffentlichkeit. So stand am 25.

Juni auf tagesschau.de, dass den Deutschen „dank der Leitzinssenkung der EZB das Geld locker" sitzt. Und das Handelsblatt titelte am 29.4. „Ukraine-Krise schlägt Verbrauchern auf die Stimmung". Zum anderen verstellen solche narrativen Erklärungen möglicherweise den Blick auf die „wahren" Hintergründe der Entwicklung in diesem Fall der Konsumausgaben und führen zu Fehlinterpretationen und damit auch zu Fehlprognosen.

5.3 Verdichtung der Informationen aus Konjunkturindikatoren

Der vorstehende, bei Weitem nicht vollständige Überblick macht deutlich, dass Indikatoren in großer Zahl und in dichter Folge veröffentlicht werden. Es wäre sehr überraschend, würden sie alle stets in die gleiche Richtung weisen. Vielmehr dürfte es häufig vorkommen, dass sie unterschiedliche Bilder der aktuellen und zu erwartenden Konjunkturlage zeichnen. Für den Konjunkturanalytiker ergibt sich daraus das Problem, wie die vielfältigen Informationen zu einem einheitlichen Bild der aktuellen konjunkturellen Tendenz verdichtet werden können. Vor diesem Hintergrund haben Versuche eine lange Tradition, die in mehreren Indikatoren enthaltenen Informationen in einer einzigen Kennziffer zusammenzufassen. Der traditionelle Ansatz ist dabei die Berechnung von Sammelindikatoren. Bereits in den zwanziger Jahren des vorigen Jahrhunderts wurde mit dem Harvard-Barometer ein solcher Sammelindex für die USA berechnet, der allerdings die Weltwirtschaftskrise nicht anzeigte.

Erlosch im Zuge des kräftigen Wirtschaftsaufschwungs nach dem Zweiten Weltkrieg das Interesse an Sammelindikatoren etwas, so wurden in Deutschland seit der Mitte der siebziger Jahre wieder vermehrt solche Indizes berechnet (van Suntum 1993). Dabei gab es gerade in den letzten 20 Jahren erhebliche methodische Fortschritte bei der Verdichtung großer Datenmengen. So wurden hielten etwa ab 2000 Faktormodelle Einzug in die Konjunkturanalyse. In jüngster Zeit findet man mehr und mehr Systeme von Brückengleichungen.

Grundsätzliches Problem all dieser Versuche ist die Auswahl der Einzelindikatoren, die in solche Berechnungen einbezogen werden sollen. Systematische Analysen der Auswahl sind rar und klare Kriterien hierfür gibt es nicht. Dies gilt insbesondere für Sammelindikatoren, bei denen die Auswahl der Einzelindikatoren oft durch die Korrelation des Gesamtindex mit der Konjunktur im Nachhinein gerechtfertigt wird. Bei den beiden anderen Ansätzen gilt eher das Prinzip, möglichst viele Einzelindikatoren zu verwenden und den Rest den mathematischen Verfahren zu überlassen.

Ein anderes Problem resultiert daraus, dass die verschiedenen Konjunkturindikatoren unterschiedlich aktuell vorliegen, weil sie mit unterschiedlicher Verzögerung veröffentlicht werden. So wird – wie in Abschn. 5.2.1.1 erwähnt – die Industrieproduktion etwa 40 Tage nach Ablauf des Berichtsmonats veröffentlicht, während z. B. Umfrageindikatoren bereits wenige Tage nach Abschluss der Umfrage und vor dem Ende des Umfragemonats publiziert werden. Daraus resultiert das Problem der „ausgefransten Enden" (ragged edge), womit beschrieben wird, dass Zeitreihen mit unterschiedlich endenden Beobachtungszeiträumen verbunden werden müssen. Auf Lösungsansätze für dieses Problem soll gesondert eingegangen werden (Abschn. 5.3.4).

5.3.1 Sammelindikatoren

5.3.1.1 Diffusionsindizes

Der Diffusionsindex geht auf Burns und Mitchell zurück und stellt die einfachste Form eines Sammelindikators dar. Bei seiner Berechnung werden die Informationen, die in den Ausgangsdaten der in ihn einbezogenen Einzelindikatoren enthalten sind, auf eine einfache Aussage verdichtet, nämlich darauf, ob der Einzelindex gestiegen ist oder nicht. Formal werden alle verwendeten Ausgangsdaten A_i des Einzelindex i folgender Transformation unterzogen:

$$D_{i,t} = \begin{cases} 1 & A_{i,t} > A_{i,t-1} \\ 0 & sonst \end{cases} \quad (5.2)$$

Diese Formel gilt in den Fällen, in denen ein Anstieg des Indikators A für eine Besserung der konjunkturellen Lage steht. Ist das Verhältnis umgekehrt, wie z. B. bei der Arbeitslosigkeit, die mit günstigerer Konjunktur fallen sollte, muss die Formel sinngemäß angepasst angewendet werden. Der Diffusionsindex D ergibt sich dann als

$$D_t = \frac{1}{n}\sum_{i=1}^{n} D_{i,t} \cdot 100 \quad (5.3)$$

Mit anderen Worten gibt der Diffusionsindex den Prozentsatz der n Einzelindikatoren wieder, der im Zeitpunkt t gestiegen ist. Damit ist der Indikator auf den Wertebereich zwischen +100 und 0 normiert. Unterschiedliche Vorgehensweisen bieten sich an, wenn ein Indikatorwert unverändert wird. Nach obiger Formel würde diesem Datenpunkt der Wert 0 zugewiesen. Alternativ bietet es sich an, diesem Datenpunkt den Wert 0,5 zuzuordnen.

Tab. 5.4 verdeutlicht an einem hypothetischen Beispiel – einen verbreitet genutzten Diffusionsindex für die deutsche Konjunktur gibt es derzeit nicht – das Vorgehen bei der Berechnung eines solchen Index. Der wesentliche Vorteil des Verfahrens ist das einfache Konstruktionsprinzip. Aufwändige Umformungen der Daten sind nicht erforderlich, man kann den Index gewissermaßen im Kopf berechnen. Daraus ergibt sich auch eine gewisse Robustheit z. B. gegenüber nachträglichen Revisionen der Ausgangsdaten. Von daher findet das Verfahren nach wie vor Anwendung, wenn auch eher als „Beiwerk" anderer Indizes wie dem Composite Leading Indicator (Abschn. 5.3.1.3) für die USA. Die wesentliche Schwäche von Diffusionsindizes ergibt sich allerdings daraus, dass die in den Ursprungsdaten enthaltenen Informationen nur in beschränktem Umfang genutzt werden. Nur die Richtung, in der sich ein Indikator ändert, spielt eine Rolle, nicht aber das Ausmaß

5.3 Verdichtung der Informationen aus Konjunkturindikatoren

Tab. 5.4 Beispiel zur Berechnung eines Diffusionsindex

	Ursprungswerte					Transformation					Index
	I_1	I_2	I_3	I_4	I_5	I_1	I_2	I_3	I_4	I_5	
Jan'08	103,6	122,3	116,6	97,6	579						
Feb'08	104,1	122,4	116,8	98,6	579	1	1	1	1	0	80
Mär'08	104,8	120,6	116,3	95,9	579	1	0	0	0	0	20
Apr'08	102,3	121,1	116,3	95,4	575	0	1	0	0	0	20
Mai'08	103,3	118,4	114,6	97,1	568	1	0	0	1	0	40
Jun'08	101,0	114,9	115,4	96,3	577	0	0	1	0	1	40
Jul'08	97,2	113,3	113,6	96,0	569	0	0	0	0	0	0
Aug'08	94,5	116,1	116,2	96,5	567	0	1	1	1	0	60
Sep'08	92,5	106,9	113,1	96,9	567	0	0	0	1	0	20
Okt'08	89,9	99,9	110,9	96,1	560	0	0	0	0	0	0
Nov'08	85,7	93,0	106,1	96,1	552	0	0	0	0	0	0
Dez'08	82,7	86,2	101,1	96,6	541	0	0	0	1	0	20
Jan'09	83,1	80,7	92,9	95,5	529	1	0	0	0	0	20
Feb'09	82,6	78,2	89,7	95,4	517	0	0	0	0	0	0
Mär'09	82,2	80,9	90,4	95,4	501	0	1	1	0	0	40
Apr'09	83,8	81,0	87,5	96,4	486	1	1	0	1	0	60
Mai'09	84,4	84,4	92,1	95,4	483	1	1	1	0	0	60
Jun'09	86,0	87,6	92,4	94,5	472	1	1	1	0	0	60
Jul'09	87,4	90,3	91,5	95,9	470	1	1	0	1	0	60
Aug'09	90,5	91,6	93,3	93,6	469	1	1	1	0	0	60

Eigene Berechnungen
I_1 ifo-Geschäftsklimaindex Gewerbliche Wirtschaft 2000 = 100
I_2 Auftragseingang in der Industrie, Inland und Ausland
I_3 Industrieproduktion
I_4 Einzelhandelsumsatz (ohne Kfz-Handel)
I_5 Offene Stellen in 1000
Alle Reihen sind saisonbereinigt

der Änderungen. So kam es im März 2008 zu einem leichten Rückgang der Industrieproduktion (I_3 in Tab. 5.4) um 0,5 Indexpunkte, der im Diffusionsindex ebenso mit dem Wert 0 zu Buche schlägt wie der außerordentlich kräftige Rückgang im Januar 2009 um 8,2 Indexpunkte.

5.3.1.2 Schwellenwertmethode

Um zu zeigen, wie dieses Problem der begrenzten Informationsausnutzung angegangen werden könnte (oder vielleicht eben doch nicht), soll hier auf einen Index hingewiesen, den der deutsche Sachverständigenrat zur Begutachtung der gesamtwirtschaftlichen Entwicklung zu Beginn der siebziger Jahre konstruiert und in zwei Jahresgutachten verwendet wurde. Allerdings scheiterte die sogenannte Schwellenwertmethode bei ihrer ersten

Bewährungsprobe, der Rezession 1974/1975 – es zeigte sie nicht frühzeitig an –, woraufhin der Index nicht weiter berechnet wurde. Gleichwohl kurz auf das Verfahren eingegangen werden, da es gewissermaßen an der Schnittstelle zwischen den Verfahren mit beschränkter und mit voller Informationsausnutzung steht.

Grundgedanke des vom Sachverständigenrat gewählten Verfahrens ist, jeden Indikator, der in den Sammelindex eingeht, anhand von drei Werte zu beurteilen: Einen Normwert, eine obere Toleranzgrenze, die eine Überhitzung der Konjunktur anzeigt, und eine untere Toleranzgrenze, bei dem eine Unterkühlungszone beginnt. Übersteigt ein Indikator den oberen Wert, erhält die Variable im Sammelindex den Wert 4. Liegt er zwischen oberer Toleranzgrenze und Normwert, wird der Wert 3, zwischen Normwert und unterer Toleranzgrenze der Wert 2 und darunter schließlich der Wert 1 zugewiesen. Der Sammelindikatoren ergibt sich dann als arithmetischer Mittelwert der so standardisierten Indikatoren. Der Sammelindikator nimmt damit Werte zwischen 1 und 4 an.

Das wesentliche Problem liegt in der Festlegung der drei Normpunkte, die zudem vom Sachverständigenrat mit einem wirtschaftlichen Werturteil belegt wurden (Überhitzungsgefahr, Unterkühlungszone). Aus historischer Perspektive festgelegte Werte können rasch obsolet werden. So ließ sich nach der damaligen Einschätzung des Sachverständigenrates eine Unterkühlung der Konjunktur daran ablesen, dass der Lohnanstieg unter 6 % sank, eine Rate, die im Lichte einer ungünstigeren Arbeitsmarktentwicklung in den folgenden Jahren im gesamtwirtschaftlichen Durchschnitt bis heute nicht mehr erreicht wurde.

Hier setzten spätere Versuche an, das Konzept zu retten. So wurde vorgeschlagen, die Toleranzgrenzen flexibel aus den in der Vergangenheit beobachteten Variationen der Indikatoren abzuleiten. Andere empfahlen, die Zahl der Stufenwerte des Indikators zu erhöhen. Mit jeder Modifikation gelangt man jedoch dichter an einen Indikator, der die Ursprungsdaten Eine zu Eins umsetzt, die darin enthaltenen Informationen also vollständig ausnutzt.

5.3.1.3 Composite Leading Indicator

Ein verbreiteter Ansatz, der die die in den Einzelindikatoren enthaltenen Informationen vollständig nutzt, ist der Composite Leading Indicator (CLI), der bereits seit vielen Jahren in den USA angewendet wird, aber auch in anderen Ländern Anwendung findet.[6] Kennzeichen des hier verwendeten Indikatortyps ist, dass er versucht, die Entwicklung des Bruttoinlandsprodukts im Niveau nachzuzeichnen, da d. h. als eine Reihe, die in Aufschwüngen steigt und in Kontraktionsphasen mit einem gewissen Vorlauf fällt.

Bei der Bildung von Sammelindikatoren, die die in den Ursprungsdaten enthaltenen Informationen vollständig ausnutzen, sieht man sich grundsätzlich mit zwei Problemen konfrontiert. Erstens unterscheiden sich die Indikatoren in ihrer Dimensionierung und in

---

[6] So berechnet das Conference Board, dass den CLI für die USA erstellt, mittlerweile vergleichbare Indizes für eine Vielzahl von Ländern,u. a. auch für Deutschland. Für Japan berechnet das Economic and Social Research Institute ebenfalls einen solchen Index, dessen Konstruktionsprinzip allerdings leicht von dem hier beschriebenen abweicht (www.esri.cao.go.jp).

5.3 Verdichtung der Informationen aus Konjunkturindikatoren

ihren Zeitreiheneigenschaften. Industrieproduktion, Auftragseingang und ähnliche Reihen weisen in der Regel einen steigenden Trend auf, sind also nicht stationär, während Umfrageindikatoren zumeist definitionsgemäß stationär sind. Auch Zinssätze weisen erfahrungsgemäß keinerlei Trends auf. Zweitens sind die konjunkturellen Ausschläge der verschiedenen Einzelindikatoren unterschiedlich stark. Aktienkurse schwanken beispielsweise deutlich stärker als realwirtschaftliche Indikatoren. Daher müssen die Einzelindikatoren, die in einen Sammelindikator eingehen, vorher standardisiert werden.

Hier dargestellt werden soll die Methode, die das Conference Board bei der Bildung des Composite Leading Indicators für die USA anwendet. Dieses löst das Stationaritätsproblem, indem alle trendbehafteten Indikatoren y in Veränderungsraten z transformiert werden. Dabei werden sogenannte symmetrische Veränderungsraten gebildet:

$$z_t = \frac{(y_t - y_{t-1})}{(y_t + y_{t-1})} \cdot 200 \qquad (5.4)$$

Der Vorteil dieser speziellen Berechnung einer Veränderungsrate liegt darin, dass ein Rückgang und ein Anstieg eines Indikators um den gleichen Wert die dem Betrag nach gleiche Veränderung generieren.[7] Indikatoren, die dem Wesen nach um Null schwanken, wie z. B. manche Klimaindikatoren, müssen vorher, so umgewandelt werden, dass sie in einem Basisjahr den Wert 100 annehmen. Dies beeinflusst zwar die Varianz des Indikators, jedoch ist dies aufgrund der anschließenden Transformation unschädlich.

Ist die Ursprungsreihe ein Zinssatz, wird diese in erste Differenzen transformiert.

$$z_t = y_t - y_{t-1} \qquad (5.5)$$

In einem nächsten Schritt wird das Problem angegangen, dass die Einzelindikatoren unterschiedlich starke konjunkturelle Ausschläge aufweisen. Um einen zu starken Einfluss eines Einzelindex i auf den Sammelindikator zu vermeiden, werden die z_{it} um deren Streuung $\sigma(z_i)$ bereinigt.

$$z_{it}^* = z_{it} / \sigma(z_i) \qquad (5.6)$$

Aus den so normierten Einzelindikatoren wird im nächsten Rechenschritt ein Mittelwert gebildet.

$$Z_t = \frac{1}{n} \sum_i z_{it}^* \qquad (5.7)$$

---

[7] Sinkt beispielsweise ein Index von 100 auf 80, so bedeutet das in konventioneller Rechenweise einen Rückgang um 20%. Steigt er anschließend wieder von 80 auf 100, wäre der Zuwachs 25%. Die symmetrische Veränderungsrate beträgt im Fall des Rückgangs −22,2% und beim anschließenden Anstieg +22,2%.

Tab. 5.5 Beispiel für die Berechnung eines Composite Leading Indicators

Indikator	Jul 09	Aug 09	Symmetr. Veränd.	Streuung	Standardisiert
	(1)	(2)	(3)=((1)−(2))/ ((1)+(2))*200	(4)[a]	(5)=(3)/(4)
Ifo Geschäftsklima	87,4	90,5	3,5	1,48	2,4
Auftragseingang	128,6	131,1	2,1	2,64	0,8
Industrieproduktion	114,3	116,6	2,0	1,81	1,1
Einzelhandelsumsatz	100,8	100,3	−0,5	0,64	−0,8
Offene Stellen	470	470	0,0	2,14	0,0
Mittelwert					0,7
Indexstand (2000=100)	95,8	96,5			

Eigene Berechnungen
Zur genaueren Definition der Zeitreihen siehe Tab. 5.4
[a] 2000 bis 2009

Z ist zwar eine dimensionslose Größe, sie kann aber, da sie einen Mittelwert standardisierter Veränderungen darstellt, wie eine Veränderungsrate verwendet werden. Dementsprechend kann man den Sammelindex S in einen Niveauwert umrechnen, indem der Indexstand der Vorperiode prozentual um Z erhöht.

$$S_t = S_{t-1} \cdot (1 + Z_t / 100) \tag{5.8}$$

Vor diesem Schritt nimmt das Conference Board eine Normierung vor, damit sein vorlaufender Indikator die gleiche Volatilität aufweist wie der von ihm nach der gleichen Methode berechnete koinzidente Sammelindex. Ein solche Multiplikation mit einer Konstant ändert die grundsätzliche Aussage des Indikators allerdings nicht, sondern erleichtert lediglich die Darstellung verschiedener Indikatoren.

Um das Konstruktionsprinzip zu verdeutlichen, wird das Verfahren hier auf die Daten angewendet, die bereits in Tab. 5.4 verwendet wurden, um einen Diffusionsindex zu berechnen; es muss erneut betont werden, dass es sich dabei um ein Rechenbeispiel ohne praktische Relevanz handelt. Wie Tab. 5.5 zeigt, ginge der Auftragseingang als volatilere Größe (Streuung 2,64) in den Sammelindex mit einem geringeren Gewicht (0,8) ein als die Industrieproduktion (Streuung 1,81), obwohl die symmetrischen Veränderungsraten beider Reihen annähernd gleich ist. Der aus diesen fünf Reihen berechnete Sammelindex wäre im August 2009 um 0,7 % gestiegen ist, wodurch sich der Indexwert von 95,8 auf 96,5 erhöht hätte.

Das Conference Board berechnet seit einigen Jahren zwar auch einen Composite Leading Indicator für Deutschland. Dieser führt allerdings in der Öffentlichkeit ein Schattendasein. Daher wird als Anwendungsbeispiel hier der prominentere CLI für die USA betrachtet. Dieser umfasst seit dem Jahr 2012, als die Auswahl der Indikatoren zuletzt angepasst wurde, 10 Einzelindikatoren (Tab. 5.6), davon drei monetäre (Nr. 7 bis 9) und

5.3 Verdichtung der Informationen aus Konjunkturindikatoren

Tab. 5.6 Zusammensetzung des Composite Leading Indicators für die USA

	Indikator
1	Durchschnittliche wöchentliche Arbeitszeit im Verarbeitenden Gewerbe
2	Durchschnittliche wöchentliche Erstanträge auf Arbeitslosengeld
3	Auftragseingang Verarbeitendes Gewerbe, Konsumgüter und Vorleistungen
4	Index des Auftragseingangs des ISM
5	Auftragseingang Verarbeitendes Gewerbe, Kapitalgüter ohne Militärgüter und Flugzeuge
6	Baugenehmigungen, neue Eigenheime
7	Aktienkurs, Standard's and Poor's 500
8	Leasing Credit Index™
9	Zins-Spanne; 10jährige Staatsanleihen abzüglich federal funds rate
10	Index des Konsumentenvertrauens (Mittelwert des Index des Conference Board und der University of Michigan)

Nach Angaben von The Conference Board

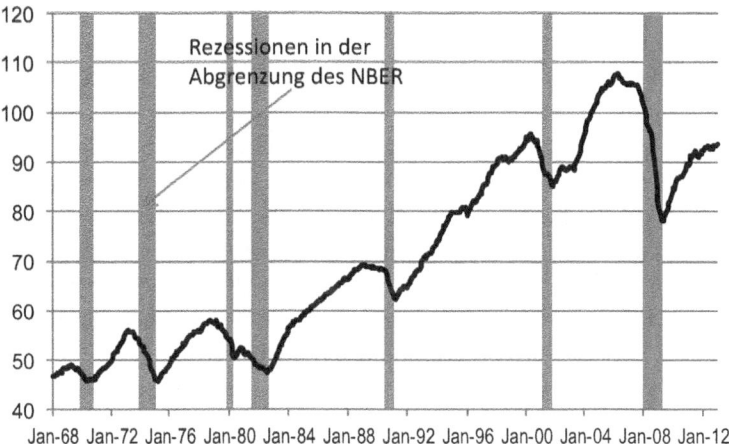

Abb. 5.12 Composite Leading Indicator für die USA und Rezessionsphasen, 1968 bis 2012, Zur Abgrenzung der Rezessionsphasen siehe Tab. 4.3

sieben realwirtschaftliche Indikatoren, von denen zwei aus Umfragen stammen (Nr. 4 und Nr. 10), die übrigen aus amtlichen Quellen.

Abb. 5.12 zeigt, dass der CLI in den USA in der Vergangenheit stets einige Monate vor Beginn einer Rezession – in der Abgrenzung des National Bureau of Economic Research – gesunken ist, und dass er auch jeweils das Ende der Rezession frühzeitig anzeigte. Allerdings ist der Vorlauf unterschiedlich lang, und es gab auch immer wieder Phasen, in den der CLI einen „Fehlalarm" aussendete, also fiel, ohne dass die Wirtschaft anschließend in eine Rezession geriet.

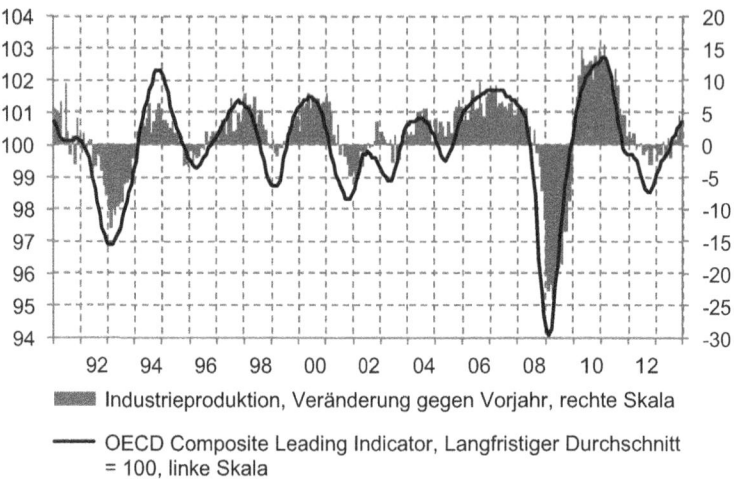

Abb. 5.13 OECD Composite Leading Indicator für Deutschland und Veränderung der Industrieproduktion; 1991 bis 2013

Einem ähnlichen Konstruktionsprinzip folgt der Composite Leading Indicator der OECD. Das Verfahren unterscheidet sich aber in der ersten Verarbeitungsstufe. Die Reihen werden nicht in Veränderungsraten transformiert, sondern es werden Abweichungen der saison- sowie um Ausreißer und irreguläre Schwankungen bereinigten Reihen von ihren langfristigen Trend betrachtet. Die Trendbereinigung erfolgt dabei mit Hilfe mehrerer Filter, u. a. des Hodrick-Prescott-Filters (Abschn. 4.2.2). Danach ist das Vorgehen ähnlich: Die Reihen werden um ihre Streuung bereinigt, es wird ein Mittelwert gebildet und schließlich die Reihe wieder in eine trendbehaftete Reihe zurückverwandelt. Bei alledem legt die OECD besonderen Wert darauf dass die Wendepunkte der Indikatorreihen einerseits, des BIP andererseits übereinstimmen (OECD 2012).

Der OECD Composite Leading Indicator setzt sich aus sechs Zeitreihen zusammen. Drei davon werden dem ifo Konjunkturtest (Abschn. 5.2.3.1) entnommen: Der Geschäftsklimaindex für die gewerbliche Wirtschaft, sowie die Beurteilung der Auftragslage und der Exportaufträge jeweils im Verarbeitenden Gewerbe. Dazu kommen die vom Statistischen Bundesamt veröffentlichten Auftragseingänge im Verarbeitenden Gewerbe, die im Rahmen der monatlichen Konjunkturumfrage auf Auftrag der EU erhobene Beurteilung des Lagerbestandes an Fertigwaren und der Zins-Spread.

Abb. 5.13 zeigt einen deutlichen Zusammenhang des OECD Composite Leading Indicators für Deutschland mit der Vorjahresveränderung der Industrieproduktion. In vielen Zyklen ist auch ein kleiner Vorlauf zu erkennen. Im Übrigen unterstützt der Indikator die oben geäußerte Vermutung (Tab. 4.5), dass Deutschland im Jahr 2012 eine Rezession durchlief.

5.3.1.4 Gewichtete Sammelindikatoren: Der Handelsblattindikator

Die bisher vorgestellten Sammelindikatoren enthalten aufgrund der Auswahl der einbezogenen Einzelindikatoren zwar möglicherweise eine implizite Gewichtung unterschiedlicher Einflussfaktoren der Konjunktur, z. B. dadurch, ob sie viele oder nur wenige Indikatoren aus dem Industriesektor enthalten oder wie der Dienstleistungssektor vertreten ist. Es liegt aber der Versuch nahe, die Aussagekraft und insbesondere die Prognosekraft eines Sammelindikators zu verbessern, indem man die Einzelindikatoren explizit mit einer Gewichtung versieht. Ein zeitweise recht populärer Versuch in diese Richtung war der im Auftrag der gleichnamigen Tageszeitung entwickelte Handelsblatt-Indikator. Er fasste – ebenfalls standardisierte Werte – von fünf Einzelreihen zusammen, die mit exogen vorgegebenen Faktoren gewichtet wurden.

Damit ist allerdings auch bereits eine große Schwäche dieses Ansatzes angesprochen: Es gibt praktisch keine objektiven Kriterien, nach denen diese Gewichte festgelegt werden können. Vielmehr rechtfertigt letztlich das Ergebnis die Gewichte, d. h. sie werden so kalibriert, dass der Vorlauf vor der Konjunktur bzw. die Korrelation mit der Konjunktur besonders hoch sind. Dies führte letztlich auch zum Scheitern des Ansatzes. So hatte anfangs der ifo-Geschäftsklimaindex ein hohes Gewicht in dem Indikator, der zunächst daneben den Auftragseingang in der Industrie und im Baugewerbe enthielt, zudem den Einzelhandelsumsatz und die Zinsdifferenz. Später wurde die Zinsdifferenz durch die ZEW-Konjunkturerwartungen ersetzt. Zeitweise hatte dann der Auftragseingang in der Industrie den größten Einfluss auf den Indikator, während zuletzt der ZEW-Indikator das größte Gewicht hatte. Wenn allerdings mit Blick auf eine gute Wiedergabe der Konjunktur die Gewichte praktisch im Jahresrhythmus angepasst werden müssen, so besteht die Gefahr, dass für die Zukunft, auf die der Indikator Hinweise geben soll, erneut eine andere Gewichtung geeigneter wäre. Die Prognosefähigkeit des Indikators ist damit entscheidend in Frage gestellt. 2006 wurde die Veröffentlichung des Handelsblatt-Indikators eingestellt. Das Handelsblatt ersetzte ihn damals durch einen Indikator, der auf einem Faktormodell basierte. Das Ergebnis dieses neueren Modellansatz kann, wie im Folgenden gezeigt werden wird, durchaus als gewichteter Sammelindex mit einer endogen bestimmten Gewichtung der Einzelindizes interpretiert werden.

5.3.2 Faktormodelle

Die Faktorenanalyse wurde ursprünglich für psychologische Fragestellungen entwickelt. Sie stellt den Versuch dar, direkt nicht beobachtbare Größen – z. B. Intelligenz – durch messbare Variablen wie Testergebnisse zu beschreiben. Auch die Konjunktur ist eine nicht direkt messbare Größe, die sich aber durch eine Vielzahl von Indikatoren beschreiben lässt. Daher liegt es nahe, die Faktorenanalyse auch auf konjunkturelle Fragestellungen anzuwenden. Erstmals in der Konjunkturanalyse angewendet haben das Verfahren Stock und Watson (2002), und sie stießen damit eine Vielzahl von Arbeiten in dieser Richtung an. Die Hoffnung ist dabei, dass es so gelingt, die in der Vielzahl der vorhandenen Indikatoren enthaltenen Informationen in wenigen Kennziffern zu verdichten.

Grundlage der Faktorenanalyse ist ein lineares Modell, dem zufolge n beobachtbare Merkmale $X_{i,t}$ für einzelne Zeitabschnitte t, (verschiedene Konjunkturindikatoren) sich auf m nicht beobachtbare gemeinsame Faktoren $F_{j,t}$ zurückführen lassen, die mit diesen Indikatoren X durch eine n x m Koeffizientenmatrix L (sog. Ladungen) verbunden sind.

$$X_{i,t} = L \cdot F_{j,t} + \varepsilon_t \qquad (5.9)$$

Dabei ist ε_t ein Vektor von n Zufallsfehlern (bzw. Indikator-spezifischen Faktoren). Von den Faktoren F wird gefordert, dass sie sowohl untereinander als auch mit den Residuen ε unkorreliert sind.

Hier ist nicht der Raum, um im Detail auf die Schätzung solcher Modelle einzugehen (eine ausführliche Darstellung siehe Backhaus et al. 2011). Zum besseren Verständnis sei nur gesagt, dass bei vielen Schätzverfahren Korrelations- oder Kovarianzmatrizen der in das Modell einbezogenen Merkmale X den Ausgangspunkt der Schätzung bilden. Anhand solcher Matrizen kann man auch eine Vorauswahl treffen, welche Variablen man aus der Analyse ausschließen sollte, weil sie in keinerlei Beziehung zu den anderen Variablen stehen. Zudem vermitteln sie bereits einen ersten Eindruck bezüglich der Zahl der zu erwartenden Faktoren. Bei den Berechnungen sollte man grundsätzlich nur stationäre Datenreihen verwenden; trendbehaftete Reihen müssen in einem ersten Rechenschritt entsprechend transformiert werden. Danach erfolgt in einem zweiten Schritt die Faktorextraktion. Hierfür stehen verschiedene mathematische Verfahren zur Verfügung.

Bei n berücksichtigten Merkmalen X erhält man maximal n Faktoren. Es ist aber das Ziel der Faktorenanalyse, die in den Merkmalen enthaltenen Informationen in einer möglichst geringeren Zahl von Faktoren zu verdichten. Einen wichtigen Hinweis bezüglich der Anzahl der relevanten Faktoren liefern deren sog. Eigenwerte. Sofern ein solcher über 1 liegt, sollte man den dazu gehörenden Faktor auswählen, während man Faktoren mit kleineren Eigenwerten ausschließen sollte, da sie keinen signifikanten Beitrag zur Erklärung der Varianz der Merkmale leisten. Bei Analysen mit einer sehr großen Zahl von Indikatoren erfüllen aber häufig zahlreiche Faktoren diese Voraussetzung, so dass man nach weiteren Kriterien die wichtigsten Faktoren auswählen muss. Häufig legt man dazu eine Schwelle fest, welchen Varianzanteil die ausgewählten Faktoren erklären, wählt also z. B. so viele Faktoren aus, dass durch sie 40% der Varianz erklärt wird.

Da die gesamte rechte Seite von Gl. 5.9 geschätzt wird, also die Faktoren und die Faktorladungen, erhält man keine eindeutige Lösung, sondern es wird nur die Relation der Ergebnisse zueinander fixiert. Um eine klarere Trennung zwischen den Faktoren zu erhalten, kann man daher in einem weiteren Analyseschritt eine sog. Rotation durchführen. Bildlich kann man sich eine solche Rotation so vorstellen, als ob in einem Punktdiagramm das Koordinatenkreuz so lange gedreht würde, bis die Punkte trennscharf in den einzelnen Quadranten zu liegen kommen. Die rotierten Faktoren kann man bisweilen, je nachdem wie hoch die Ladungen der verschiedenen Indikatoren sind, im Sinne be-

Tab. 5.7 Faktormodell I: Korrelationsmatrix der Indikatoren

	OS	AK	ifo	AI	AA
Offene Stellen (OS)	1,000				
Aktienkurs (AK)	0,396	1,000			
Ifo Geschäftsklima (ifo)	0,546	0,600	1,000		
Aufträge Inland (AI)	0,454	0,603	0,859	1,000	
Aufträge Ausland (AA)	0,381	0,651	0,744	0,880	1,000

Eigene Berechnungen

Tab. 5.8 Faktormodell I: Faktorladungen und Scoring-Koeffizienten

	Faktorladung	Scoring-Koeffizienten
Offene Stellen (OS)	0,485	0,021
Aktienkurs (AK)	0,648	0,036
Ifo Geschäftsklima (ifo)	0,882	0,140
Aufträge Inland (AI)	0,978	0,679
Aufträge Ausland (AA)	0,901	0,166

Eigene Berechnungen

stimmter Eigenschaften interpretieren. Man will aber nicht nur die gemeinsamen Triebkräfte kennenlernen, die in den beobachteten Merkmalen zur Ausdruck kommen, sondern man will diese Faktoren häufig auch in weiteren Analysen verwenden. Dazu werden aus den Faktorladungen – gewissermaßen durch Umkehrung von obiger Gleichungen – sog. scoring-Koeffizienten abgeleitet, mit deren Hilfe die Faktorwerte aus den beobachteten Merkmalen errechnet werden können.

Die stark stilisiert beschriebene Vorgehensweise soll anhand von zwei Beispielen verdeutlicht werden, die sich zwar auf für die Praxis nicht unbedingt typische Modelle beziehen, die aber das Grundprinzip der Faktoranalyse gut verdeutlichen. Das erste Modell liefert im Ergebnis nur einen einzigen Faktor. In ihm werden fünf Einzelindikatoren betrachtet; alle Daten außer dem ifo Index – der definitionsgemäß bereits stationär ist – werden dabei als Veränderungsraten gegenüber dem Vorjahr ausgedrückt. Zudem wurden die Daten um Unterschiede in der Streuung bereinigt, um vergleichbare Werte zu erhalten. Diese fünf Indikatoren liefern für den Zeitraum 1993 bis 2009 die in Tab. 5.7 dargestellte Korrelationsmatrix.

Wie man sieht, sind die fünf Indikatoren positiv miteinander korreliert, wobei selbst der niedrigste Korrelationskoeffizient statistisch signifikant ist. Die deutliche Korrelation zeigt, dass die Variablen für eine Faktorenanalyse grundsätzlich in Frage kommen und dass überdies nur ein signifikanter Faktor zu erwarten ist. In der Tat liefert eine Faktorextraktion, dass lediglich ein Faktor einen Eigenwert größer als 1 aufweist. Man erhält die in Tab. 5.8 aufgeführten Faktorladungen. Dies bedeutet, dass man alle fünf Variablen gut durch einen gemeinsamen Faktor beschreiben kann, der hier „Konjunktur" genannt werden soll.

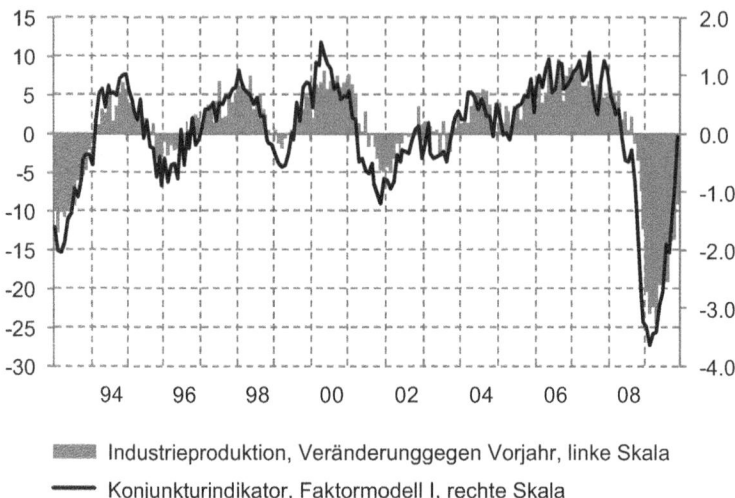

Abb. 5.14 Indikator „Konjunktur" aus Faktormodell I und Vorjahresveränderungen der Industrieproduktion

Aus den Faktorladungen leiten sich die Scoring-Koeffizienten ab, die in der letzten Spalte von Tab. 5.8 ausgewiesen werden. Sie verwendend lässt sich der Faktor Konjunktur wie folgt berechnen

$$\text{Konjunktur} = 0{,}021*\text{OS} + 0{,}036*\text{AK} + 0{,}140*\text{ifo} + 0{,}679*\text{AI} + 0{,}166*\text{AA}. \quad (5.10)$$

Anhand dieser Gleichung wird die Nähe zu gewichteten Sammelindikatoren offensichtlich. Im Gegensatz zum oben diskutierten Handelsblattindikator (Abschn. 5.3.1.4) werden hier aber die Gewichte nicht willkürlich gesetzt, sondern im Rahmen des statistischen Modells empirisch ermittelt. Abb. 5.14 zeigt den so errechneten Konjunkturindikator und vergleicht ihn mit der Veränderung der Industrieproduktion gegenüber dem Vorjahr als Referenzgröße der Konjunktur. Beide Reihen zeigen in der Regel einen ausgeprägten Gleichlauf, ja bisweilen ist ein leichter Vorlauf des Indikators zu beobachten.[8] Insofern stellt der aus diesem einfachen Modell abgeleitete Faktor „Konjunktur" einen durchaus geeigneten Konjunkturindikator dar.

Dieses erste Modell ist allerdings für die Praxis insofern nicht typisch, als es als Ergebnis nur einen Faktor liefert. Daher soll hier für ein zweites Beispiel die Auswahl der Indikatoren modifiziert werden (Tab. 5.9). Die Korrelationsmatrix lässt bereits vermuten, dass hinter den Daten nunmehr zwei Faktoren als „treibende Kräfte" identifiziert werden können: Der ZEW-Index und der Zins-Spread sind miteinander recht hoch korreliert, zeigen aber eine geringe Korrelation mit den anderen Variablen. Der ifo Index der Ge-

---

[8] Der Korrelationskoeffizient zwischen beiden Reihen beträgt 0,926 und ist damit höher als die zu jedem der Einzelindikatoren, die in das Faktormodell eingehen.

5.3 Verdichtung der Informationen aus Konjunkturindikatoren

Tab. 5.9 Faktormodell II: Korrelationsmatrix der Indikatoren

	ZS	ZEW	ifo-L	AI	IP
Zins-Spread (ZS)	1,000				
ZEW Konjunkturerwartungen (ZEW)	0,693	1,000			
Ifo Geschäftslage (ifo-L)	−0,312	−0,213	1,000		
Aufträge Inland (AI)	0,093	0,344	0,609	1,000	
Industrieproduktion (IP)	−0,013	0,189	0,673	0,914	1,000

Eigene Berechnungen

Tab. 5.10 Faktormodell II: Faktorladungen und Scoring-Koeffizienten

	Nicht rotiert		Rotiert		Scoring-Koeffizienten	
	Lage	Erw.	Lage	Erw.	Lage	Erw.
Zins-Spread	0,161	0,723	−0,006	0,742	−0,027	0,126
ZEW Erwartungen	0,426	0,858	0,151	0,946	−0,080	0,835
Ifo Geschäftslage	0,587	−0,542	0,722	−0,343	0,086	−0,096
Aufträge Inland	0,967	−0,080	0,947	0,212	0,560	0,062
Industrieproduktion	0,925	−0,237	0,954	0,049	0,399	−0,099

Eigene Berechnungen

schäftslage in der Gewerblichen Wirtschaft, der Auftragseingang aus dem Inland und die Industrieproduktion weisen ebenfalls eine enge Korrelation untereinander auf, aber nur eine geringe mit den beiden anderen Variablen.

In der Tat liefert die Schätzung des Modells zwei Faktoren, die einen Eigenwert aufweisen, der über 1 liegt. Man erhält die in Tab. 5.10 dargestellten Faktorladungen. In den ersten Faktor, der hier als (Konjunktur-) „Lage" bezeichnen werden soll, geht in die ifo Geschäftslage, den Auftragseingang und die Produktion mit hohem Gewicht ein. Der zweite Faktor, den man als Erwartungen bezeichnen kann, beeinflusst insbesondere die ZEW Konjunkturerwartungen und den Zins-Spread. Durch die Rotation wird die Trennschärfe zwischen diesen Faktoren noch etwas vergrößert.

Die aus den Faktorladungen abgeleiteten Scoring-Koeffizienten können wiederum herangezogen werden, um die beiden Faktoren Lage und Erwartungen zu berechnen, damit sie ihrerseits in weiteren Berechnungen verwendet werden können. Abb. 5.15 zeigt diese beiden Faktoren. Der Erwartungsindex hat – zumindest zeitweise – einen deutlichen Vorlauf vor dem Lageindex. Man könnte die beiden Indikatoren in einem nächsten Schritt zum Beispiel auf die Veränderungsrate des BIP regressieren, um hieraus eine Kurzfristprognose abzuleiten.

Faktormodelle spielen derzeit in der Konjunkturanalyse eine wichtige Rolle. Anders als in den hier gezeigten Beispielen, in denen es primär darum geht, das Konstruktionsprinzip zu verdeutlichen, verwenden die in der Praxis genutzten Modelle eine sehr große Zahl von Indikatoren. Damit gehen aber einige der Vorteile verloren, die bei den hier dargestellten einfachen Modellen auf der Hand liegen. Je mehr Zeitreihen man in das

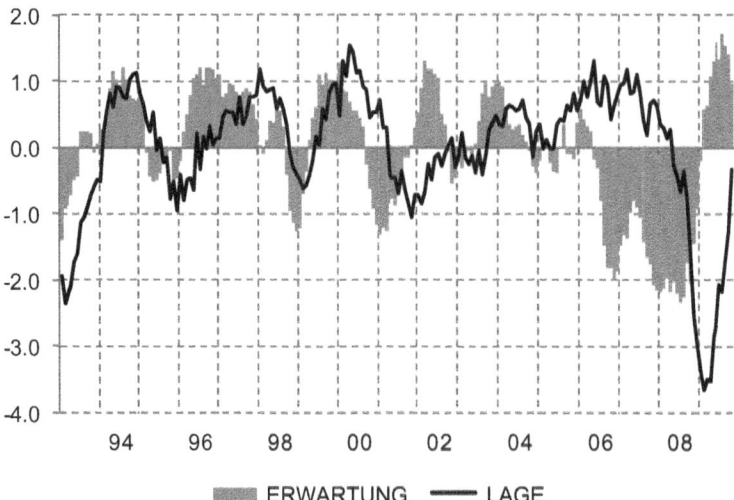

Abb. 5.15 Indikatoren „Lage" und „Erwartungen" aus Faktormodell II

Modell einbringt, desto mehr Faktoren erhält man. Damit stellt sich die Frage nach der Auswahl der Faktoren. In der Praxis beschränkt man sich, wie erwähnt, auf eine überschaubare Zahl von Faktoren, die zusammen genommen einen als hinreichend erachteten Erklärungsanteil liefern. Auch wird es dann erfahrungsgemäß schwierig, die einzelnen Faktoren noch zu interpretieren. Hinzu kommt, dass die Ladungen und auch die Rangfolge der Faktoren hinsichtlich ihrer Eigenwerte mit jeder Neuschätzung des Modells ändern können. Schließlich reagiert die Faktorenanalyse u. U. recht sensibel auf Änderungen des Schätzverfahrens oder der Rotationsmethode.

5.3.3 Brückengleichungen und Systeme von Brückengleichungen

Wie eingangs dargestellt, erfüllen Indikatoren in der Konjunkturanalyse zwei wichtige Aufgaben. Sie liegen erstens frühzeitig vor und können dadurch eine wichtige Brückenfunktion am „aktuellen Rand" übernehmen, da sie eine Schätzung gesamtwirtschaftlicher Daten für das laufende oder das gerade abgeschlossene Quartal ermöglichen, für das die statistischen Ämter noch keine Daten veröffentlich haben. Zweitens weisen – wie auch die obigen Beispiele zeigen – manche Indikatoren einen Vorlauf vor der Konjunktur auf und ermöglichen dadurch eine Vorausschätzung der wirtschaftlichen Aktivität z. B. für das kommende Quartal.

Der Zusammenhang zwischen einem oder mehreren Indikatoren einerseits, der eigentlich interessierenden ökonomischen Variable (dem Indikans) andererseits wird üblicherweise in Form von Brückengleichungen modelliert. Wenn I_1, I_2 ... verschiedene Indikatoren sind und Y das Indikans darstellt (z. B. die Veränderungsrate des Bruttoinlands-

5.3 Verdichtung der Informationen aus Konjunkturindikatoren

produkts), so kann man eine solche Brückengleichung in allgemeiner Form wie folgt darstellen

$$Y_t = Y_t(I_{1,t},\ I_{1,t-1},\ I_{1,t-2,\ldots},\ I_{2,t},\ I_{2,t-1},\ I_{2,t-2,\ldots},\ I_{3,t,\ldots},\ Y_{1,t-1},\ Y_{1,t-2,\ldots}) \qquad (5.11)$$

Das Indikans wird also auf die kontemporären und die verzögerte Werte verschiedener Indikatoren und auf verzögerte Werte des Indikans regressiert.

Eine Möglichkeit wäre nun, durch Probieren eine Kombination unterschiedlicher Indikatoren zu finden, die zusammen genommen möglichst genau die Veränderung des Bruttoinlandsprodukts im jeweils laufenden und im kommenden Quartal abbilden. Einen solchen Ansatz verfolgte z. B. zeitweise die Europäische Kommission (Grasmann und Keeremann 2001). Das wesentliche Problem eines solchen Vorgehens ist aber, dass zwischen den Indikatoren, die allesamt die konjunkturelle Entwicklung charakterisieren sollen, Multikollinearitäten bestehen, was die Schätzung solcher Gleichungen erschwert.

Ein anderer Ansatz, der derzeit an Verbreitung gewinnt, nutzt die Vielfalt der in den Indikatoren enthaltenen Informationen und bringt diese in der Präsentation der Vorausschätzung auch zum Ausdruck. Die Idee ist dabei, dass man viele Brückengleichungen schätzt, die sich hinsichtlich der in sie eingehenden Indikatoren, und darüber hinaus auch hinsichtlich ihrer Spezifikation unterscheiden. Aus diesen Gleichungen lassen sich je nach Zahl der verwendeten Indikatoren und der gewählten Spezifikation außerordentlich viele Prognosen ableiten, die das Spektrum möglicher Entwicklungen am aktuellen Rand abstecken.

Wenn man zehn Indikatoren in ein solches System von Brückengleichungen einbringt, so erhält man zunächst zehn Schätzgleichungen, in die jeweils ein Indikator eingeht. Schätzt man außerdem Gleichungen, in die jeweils zwei Indikatoren eingehen, so erhält man nach den Gesetzen der Kombinatorik 45 weitere Gleichungen, und damit insgesamt bereits 55 Gleichungen. Verwendet man nun alle diese Indikatoren einmal unverzögert und einmal um eine Periode verzögert, ist man schon bei 110 Gleichungen angelangt. Werden nun alle Gleichung zudem ohne und mit autoregressivem Term geschätzt, so kommt man schon auf 220 Gleichungen und damit auch 220 Prognosen. Mit jedem zusätzlichen Indikator nimmt die Zahl der Gleichungen rasch zu: Bei 11 Indikatoren wäre man in diesem Fall bei 264 Gleichungen, bei 12 Indikatoren bereits bei 312 Gleichungen und bei 13 Indikatoren bei 364 Gleichungen. Als Ergebnis dieser zahlreichen Prognosen kann man deren Verteilung darstellen und aus dem Mittelwert dieser Verteilung die voraussichtliche Entwicklung ableiten. Dabei gibt die Verteilung der Prognosen möglicherweise auch Hinweise auf die Unsicherheit der Aussage.

Derzeit findet der geschilderte Ansatz oder Variationen davon große Verbreitung: Das ifo Institut verwendet ihn unter der Bezeichnung IFOCAST, um aus den vielfältigen Ergebnisse seines Konjunkturtests eine Verteilung und letztlich auch eine Prognose für die Entwicklung des Bruttoinlandsprodukts am aktuellen Rand abzuleiten (Carstensen et al. 2009). Der Flash-Indikator des Instituts für Wirtschaftsforschung Halle basiert ebenfalls auf einem solchen Ansatz (IWH 2011), und auch das RWI verwendet einen ähnlichen An-

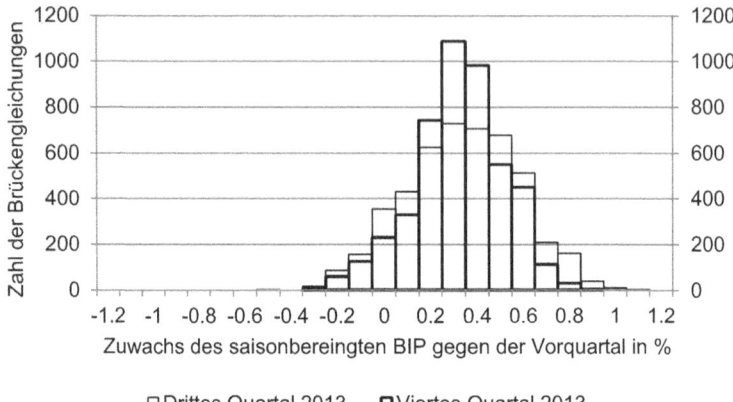

Abb. 5.16 Prognose der Vorquartalsveränderungen des deutschen Bruttoinlandsprodukts im dritten und vierten Quartal 2013; Verteilung der Prognosen eines Systems von Brückengleichungen

satz für die Prognose des Bruttoinlandsprodukt im laufenden und im kommenden Quartal sowohl im Euro-Raum als auch für Deutschland.

Im Zusammenhang mit diesem Vorgehen stellt sich eine Reihe von Fragen: Ist es sinnvoll, möglichst viele Indikatoren zu wählen, oder sollte man eine Vorauswahl treffen? Woran sollte sich eine solche Vorauswahl orientieren? Sollten alle Prognosegleichungen verwendet werden, oder nur solche mit statistisch signifikanten Koeffizienten, oder gar nur solche, die eine gewisse Erklärungsgüte erreichen? Sollten die Prognosen ungewichtet zusammengefasst werden oder sollte eine Gewichtung erfolgen, und – wenn ja – wonach sollte sich diese richten? Diese Fragen lassen sich nur empirisch beantworten und eindeutige Antworten konnten bisher nicht gefunden werden:

Abb. 5.16 zeigt die Verteilung der Prognosen der Vorquartalsveränderungen des Bruttoinlandsprodukts im dritten und im vierten Quartal 2013 durch das vom RWI verwendete System von Brückengleichungen. Die vorgestellte Schätzung wurde Mitte September 2013 abgeschlossen; also zu einem Zeitpunkt, an dem das dritte Quartal noch nicht abgeschlossen war, so dass die Schätzung sich nur zum Teil auf bereits vorliegende Indikatoren stützte, während die noch fehlenden Indikatoren mit Hilfe von Fortschreibungsverfahren ermittelt wurden (vgl. dazu Abschnitt Abschn. 5.3.4). Die Schätzung für das vierte Quartal wird ausschließlich aus Fortschreibungen der Indikatoren abgeleitet. Die Schätzungen für das dritte Quartal gruppieren sich um einen Mittelwert von 0,3 %, und in der Tat entsprach dies dem ersten vom Statistischen Bundesamt Mitte November 2013 veröffentlichten Ergebnis. Manche Indikatoren sprachen aber, wie die Verteilung der Prognosen zeigt, für deutlich geringere Zuwächse, manche auch für deutlich stärkere. Für das vierte Quartal ließ das Gleichungssystem einen Zuwachs in etwa gleicher Höhe wie im Dritten erwarten. Im Endeffekt war das Plus mit 0,4 % etwas höher.

5.3.4 Lösungen für das Problem „ausgefranster Enden"

Ein bei der Verwendung von Konjunkturindikatoren häufig auftretendes Problem ist, dass der Endzeitpunkt, für den Angaben vorliegen, sich von Indikatoren zu Indikator unterscheidet. So liegen z. B. – arbeitet man mit Monatsdaten – Angaben zu den Aufträgen in der Bauwirtschaft erst rund 50 Tage nach Ablauf eines Monats vor, Industrieproduktion und Auftragseingang in Deutschland nach rund 40 Tagen, Daten zum Einzelhandelsumsatz nach rund 30 Tagen und die Ergebnisse des ifo Konjunkturtest bereits sogar rund eine Woche vor Monatsende. Dieses Problem „ausgefranster Enden" (*ragged edge* Problem) kann man grundsätzlich auf drei Wegen lösen.

- Erstens, man vernachlässigt fehlende Datenpunkte.
- Zweitens, man schätzt in einem der eigentlichen Analyse vorgeschalteten Rechenschritt fehlende Daten, um gleichmäßig lange Beobachtungsreihen zu erhalten.
- Drittens, man verwendet Schätzansätze, die sich auf die jeweils letzten beobachteten Datenpunkte beziehen und daher am aktuellen Rand keine Zuschätzungen von Indikatorwerten erfordern.

Den ersten Ansatz findet man in der Praxis selten. Anwenden kann man ihn allerdings bei der Berechnung von Diffusionsindizes (Abschn. 5.3.1.1). Besteht ein solcher Index aus z. B. 12 Indikatorreihen, und für 3 Reihen liegen für den aktuellen Monat noch keine Werte vor, so misst der Diffusionsindex für den jüngsten Monat, welcher Prozentsatz der um die fehlenden Werte verminderten Zahl von 9 Indikatoren auf eine Erhöhung der Produktion hinweist.

Der zweite Ansatz ist der häufigste Weg zur Lösung des *ragged-edge*-Problems. Dabei werden fehlende Werte in den Zeitreihen, die in einen Sammelindikator, in ein Faktormodell oder in ein System von Brückengleichungen eingehen, mit Hilfe von Zeitreihenansätzen geschätzt. Dabei können sowohl komplexere Modelle wie ARMA oder ARIMA-Ansätze – auf die in Abschn. 6.3 eingegangen wird – zum Einsatz kommen als auch sehr einfache Verfahren wie die Fortschreibung des zuletzt beobachteten Wertes oder eines Mittelwertes aus den letzten Beobachtungen. Welches der Verfahren bessere Fortschreibungen liefert, d. h. treffsichere Prognosen des laufenden oder des nächsten Quartals ermöglicht, lässt sich dabei a priori nicht sagen. Allerdings bewähren sich in diesem Fall, in dem es in der Regel um Fortschreibungen für lediglich 1 bis 3 Monate geht, einfache Verfahren recht gut.

Auf den dritten Weg, das ragged edge Problem zu umgehen soll hier nur kurz eingegangen werden. Er basiert auf dem von Ghysels et al. (2004) vorgeschlagenen MIDAS-Ansatz. Darin steht MIDAS für *Mixed Data Sampling*. Grundgedanke dieses Verfahrens ist, dass sich zwischen einer zu erklärenden Variablen mit geringerer Periodizität (z. B. vierteljährlichen BIP-Raten) und erklärenden Variablen mit hoher Periodizität (monatliche Konjunkturindikatoren) eine stabile Lag-Beziehung finden lässt, die es erlaubt, die abhängige Variable zu prognostizieren. Letztlich verwenden solche MIDAS-Modelle unterschiedliche Lag-Beziehungen in Abhängigkeit davon, für welchen Monat der zuletzt beobachtete Wert vorliegt. Solche MIDAS-Modelle, die ursprünglich als reine Ansätze mit verteilten Lags entwickelt wurden, werden inzwischen in zahlreichen Varianten verwendet, etwa dynamisch spezifiziert unter Einschluss autoregressiver Prozesse, oder auch in Verbindung mit Faktormodellen (Clements and Galvão 2009).

5.4 Kombination von Phasenabgrenzung und Konjunkturindikatoren: Schätzung von Rezessionswahrscheinlichkeiten

In Kap. 4 wurde auf unterschiedliche Ansätze einer Zyklen-Klassifikation eingegangen, die sich zum Teil ebenfalls auf Konjunkturindikatoren stützten. Da Indikatoren früh vorliegen und teilweise einen Vorlauf gegenüber der Konjunktur aufweisen, können sie auch verwendet werden, um die Zyklusphase am aktuellen Rand zu „prognostizieren". Sie können damit einen wichtigen Beitrag leisten, um konjunkturelle Wendepunkte frühzeitig zu erkennen.

Ein einfacher Ansatz hierfür ist ein Regressionsmodell, das eine Beziehung zwischen der Zyklusphase Z und dem Indikator I herstellt:

$$Z_t = \beta_1 + \beta_2 * I_t + \varepsilon_t \tag{5.12}$$

Darin ist Z eine Zufallsvariable, die die Zyklusphase charakterisiert. Anwendbar ist dieser einfache Ansatz allerdings nur, wenn Z lediglich zwei Werte annehmen kann: Z ist 1, wenn sich die Wirtschaft in einer Rezession befindet, und ist 0 in einer Expansionsphase.[9] Da die abhängige Variable des Modells eine 0/1 Variable ist, spricht man auch von einem Binären Modell. Es lässt sich nicht mit der gewöhnlichen Methode der Kleinsten Quadrate schätzen, sondern es erfordert spezielle nicht-lineare Schätzer. Gebräuchlich sind Probit- oder Logit-Schätzer. Diese Schätzansätze liefern auf den Wertebereich zwischen 0 und 1 normierte Schätzwerte, die im vorliegenden Fall als Wahrscheinlichkeiten dafür interpretiert werden können, dass sich die Wirtschaft zu einem gegebenen Zeitpunkt in einer Rezession befindet.

Abb. 5.17 zeigt geschätzte Rezessionswahrscheinlichkeiten, die aus einem Probit-Modells abgeleitet wurden, in dem auf der rechten Seite der ifo Geschäftsklimaindex für das verarbeitende Gewerbe als Konjunkturindikator verwendet wird. Die Zyklenabgrenzung auf der linken Seite der Gleichung entspricht dem in Tab. 4.6 dargestellten Zwei-Phasen-Schema für Deutschland[10]. Die Schätzung zeigt, dass in den Rezessionsphasen der ifo Ge-

---

[9] Werden mehr Konjunkturphasen betrachtet, ist z. B. die Diskriminanzanalyse (Abschn. 4.2.3.2) eine Alternative.

[10] Man kann das Verfahren auch dahingehend verändern, dass man die abhängige Variable definiert als „Rezession in x Monaten". So kann man die Vorlaufeigenschaften von Indikatoren besser nutzen.

5.4 Kombination von Phasenabgrenzung und Konjunkturindikatoren

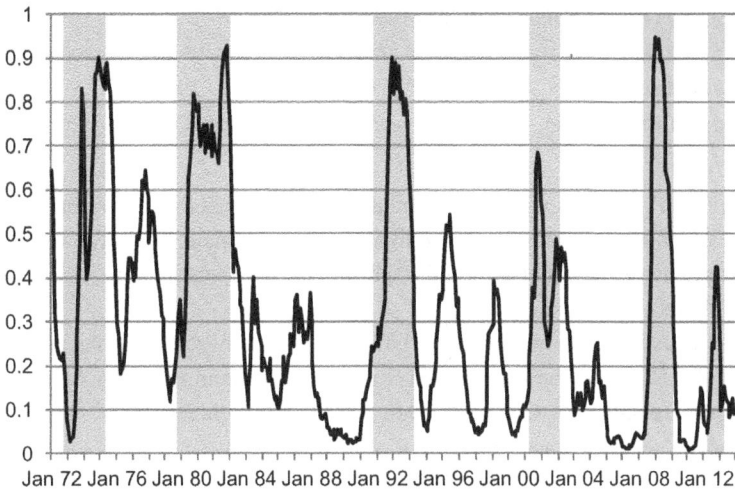

Abb. 5.17 Geschätzte Rezessionswahrscheinlichkeit; Probit-Modell mit dem ifo Geschäftsklimaindex Verarbeitendes Gewerbe als erklärende Variable; Zur Abgrenzung der Rezessionsphasen siehe Tab. 4.6

schäftsklimaindex in der Tat eine deutlich erhöhte Rezessionswahrscheinlichkeit anzeigt. Allerdings verdeutlicht das Bild ebenfalls, dass der verwendete Indikator auch mehrere „Fehlalarme" auslöste, also auch in solchen Situationen eine deutlich erhöhte Rezessionswahrscheinlichkeit anzeigt, in denen nach heutiger Einschätzung keine Rezession herrschte. So wurde z. B. für das Jahr 1996 eine Rezessionswahrscheinlichkeit von mehr als 50 % ermittelt, womit sie höher lag als z. B. die im Jahr 2012 gemessene, also in einem Jahr, für das man zumindest vermuten kann, dass es ein Rezessionsjahr war (vgl. Kasten 4.2).

Die Frage, die sich hier implizit stellt: Ab welcher geschätzten Rezessionswahrscheinlichkeit muss man von einer Rezession ausgehen? Auf den ersten Blick läge nahe, die Schranke bei einer Wahrscheinlichkeit von 50 % und darüber festzulegen. Mindestens ebenso plausibel wäre aber, eine Schranke von 30,6 % zu wählen. Unter den 503 in der Schätzung berücksichtigten Monaten waren nämlich nach der verwendeten Definition 154 Rezessionsmonate, was eben diesen 30,6 % entspricht.

Um dieses Problem zu umgehen, kann man einen Ansatz verwenden, der in der Literatur auch als signalling-Ansatz angesprochen wird (Kaminsky et al. 1998). Der Grundgedanke des Verfahrens ist, dass man die Genauigkeit, mit der man Rezessionen mit einem solchen Probit-Modell identifiziert, anhand eines einfachen Vier-Quadranten-Schemas beurteilen kann (Tab. 5.11). Die Fälle A und D stellen die Situation dar, in denen der Indikator das richtige Signal aussendet; Eine tatsächlich eingetretene Rezession wird auch vor-

---

Die Schätzung eines solchen Modells führt zu anderen Koeffizienten und damit Rezessionswahrscheinlichkeiten als in Abb. 5.17 dargestellt. Das weitere Vorgehen unterscheidet sich aber nicht von dem hier dargestellten.

Tab. 5.11 Schema zur Beurteilung von Rezessionsprognosen

	Rezession (Z=1)	Keine Rezession (Z=0)
Rezession vorhergesagt	A	B
Keine Rezession vorhergesagt	C	D

hergesagt (Falls A) bzw. es wird zutreffend angezeigt, dass keine Rezession vorliegt (Fall D). In den Fällen B und C sendet der Indikator falsche signale: Es wurde eine Rezession vorhergesagt, obwohl sie nicht stattfand (B) bzw. eine beobachtete Rezession wurde durch den Probit-Ansatz nicht erkannt (C).

Für die Analyse interessant sind diese Fälle B und C. C bezeichnet man auch als Fehler Erster Art, und B als Fehler Zweiter Art. Entsprechend kann man den Anteil verpasster Rezessionen berechnen als C/(A+C). Den Anteil der „Fehlalarme" – man spricht hier auch von noise – erhält man als B/(B+D).

Wie die Felder in Tab. 5.11 besetzt sind, hängt davon ab, ab welcher geschätzten Rezessionswahrscheinlichkeit man von einer Rezession ausgeht. Dabei geben die Fehler erster und zweiter Art Hinweise, wie man die Grenze für eine Rezession ansetzen sollte. Setzt man den Schwellenwert sehr niedrig an, wird man wohl alle Rezessionen (genauer: Rezessionsmonate) vorhersagen. Der Fehler Erster Art wird sehr gering sein. Diesen Vorteil erkauft man aber durch einem wachsenden Fehler Zweiter Art. Setzt man den Schwellenwert sehr hoch an, ist die Gefahr eines Fehlalarms, also der Fehler Zweiter Art klein, man erkauft dies aber mit einer wachsenden Zahl von Rezessionsmonaten, die man nicht erkennt. Vor diesem Hintergrund bietet es sich an, die Signalstärke S an einem Mittelwert aus den Anteilen der Fehler Erster und der Fehler Zweiter Art zu messen.[11]

$$S = \theta\, C/(A+C) + (1-\theta)\, B/(B+D) \qquad (5.13)$$

In dieser Gleichung bringt θ zum Ausdruck, ob man einen Fehler Erster Art oder einen Fehler Zweiter Art höher gewichtet. Je niedriger S ist, desto höher ist die Signalstärke. Die in Abb. 5.17 dargestellte Gleichung liefert, sofern man einen Schwellenwert für eine Rezession von 0,5 setzt, einen Anteil von Fehlern erster Art von 48,1 % und einen Anteil von Fehlern Zweiter Art von 7,2 %. Gewichtet man beide Fehler gleich ($\theta = 0,5$), liefert Gl. (5.13) ein S von 0,276. Legt man den Schwellenwert für eine Rezession auf 0,306, sinkt der Anteil der Fehler erster Art auf 27,3 %, der von Fehlern Zweiter Art steigt aber auf 23,8 %. S liegt mit 0,255 aber niedriger, d. h. die Signalstärke ist bei dem niedrigeren Schwellenwert etwas höher.

---

[11] Dieses Maß der Signalstärke lehnt sich an einen Vorschlag von Alessi und Detken (2011) an, die das Maß allerdings in Form einer zu maximierenden Nutzenfunktion, in die auch der Gewichtungsfaktor θ eingeht, wie folgt formulieren: $U = \min(\theta, 1-\theta) - S$.

Literatur

Alessi, L., und C. Detken. 2011. Quasi real time early warning indicators for costly asset price boom/bust cycles: A role for global liquidity. *European Journal of Political Economy* 27:520–533.

Askitas, N., und K. F. Zimmermann. 2008. Prognosen aus dem Internet: weitere Erholung am Arbeitsmarkt erwartet. *DIW Wochenbericht* 76 (25): 402–408

Backhaus, K., B. Erichsen, W. Plinke, und R. Weiber. 2011. *Multivariate Analysemethoden. Eine anwendungsorientierte Einführung.* 13. Aufl. Heidelberg: Springer.

Carnot, N., V. Koen, und B. Tissot. 2011. *Economic forecasting.* 2. Aufl. Houndmills: Palgrave-McMillan.

Carstensen, K., S. Henzel, J. Mayr, und K. Wohlrabe. 2009. IFOCAST: Methoden der ifo-Kurzfristprognose. *Ifo Schnelldienst* 62 (23): 15–28.

Choi, H., und H. Varian. 2012. Predicting the present with Google Trends. *The Economic Record* 88 (s1): 2–9.

Clements. M. P., und A. B. Galvão. 2009. Forecasting US growth using leading indicators. An appraisal using MIDAS models. *Journal of Applied Econometrics* 24:1187–1206.

Döhrn, R. 2012. Die Mautstatistik: Keine „Wunderwaffe" für die Konjunkturanalyse. *Wirtschaftsdienst* 91 (12): 863–868.

Döhrn, R. 2013. Transportation data as a tool for nowcasting economic activity – The German road pricing system as an example. Ruhr Economic Papers 395.

Döhrn, R., und S. Maatsch. 2012. Der RWI/ISL-Containerumschlag-Index. *Wirtschaftsdienst* 92 (5): 352–354.

Döhrn, R. et al. 2011. *Analyse und Prognose des Konsum- und Sparverhaltens privater Haushalte. Gutachten im Auftrag des Bundesministeriums der Finanzen. RWI-Projektberichte.* Essen: RWI.

European Commission. 2014. *The joint harmonised EU programme of business and consumer surveys. User guide.* Brüssel: European Commission Directorate for Economic and Financial Affairs.

Ghysels, E., P. Santa-Clara, und R. Valkanow. 2004. *The MIDAS-touch: Mixed data sampling regression models.* Anderson Graduate School of Management-Finance UCLA.

Goldrian, G., Hrsg. 2004. *Handbuch der umfragebasierten Konjunkturforschung. Ifo Beiträge zur Wirtschaftsforschung 15.* München: Ifo Institut.

Grasmann, P., und F. Keeremann. 2001. An indicator-based short-term forecast for quarterly GDP in the euro area. European Commission Economic Paper 154. Brussels.

Grossarth-Maticek, J., und J. Mayr. 2008. Medienberichte als Konjunkturindikator. *Ifo Schnelldienst* 61 (7): 17–29.

IWH. 2011. Aufschwung in Deutschland geht weiter – Krisenprävention und Krisenmanagement in Europa unter Reformdruck. *Wirtschaft im Wandel* 17 (1): 6–32.

Kaminsky, G. L., S. Lizondo, und C. M. Reinhart. 1998. Leading indicators of currency crises. IMF Staff Paper 45, Washington D.C.

Nerb, G. 1996. Aussagefähigkeit ausgewählter Indikatoren an konjunkturellen Wendepunkten. In *Konjunkturindikatoren*, Hrsg. K. H. Oppenländer, 317–358. München: Oldenbourg.

OECD. 2012. OECD system of composite leading indicators. Paris April 2012.

Rogers, M. A. 1998. A primer on short-term linkages between key economic data series. Federal Reserve Bank of Atlanta. Economic Review Second Quarter 1998. S. 40–54.

Schmidt, T., und S. Vosen. 2011. Forecasting private consumption: Survey-based indicators vs. Google trends. *Journal of Forecasting* 30 (6): 565–578.

Schmidt, T., und S. Vosen. 2012. A monthly consumption indicator for Germany based on internet search query data. *Applied Economics Letters* 19 (7): 683–687.

Schumpeter, J. A. 1939. *Business cycles. A theoretical, historical, and statistical analysis of the capitalist process.* New York: McGraw-Hill. Deutsche Ausgabe: Schumpeter, J. A. 1961. *Konjunkturzyklen. Eine theoretische, historische und statistische Analyse des kapitalistischen Prozesses.* Göttingen: Vandenhoeck & Ruprecht.

Seiler, C., und K. Wohlrabe. 2013. Das ifo Geschäftsklima und die deutsche Konjunktur. *Ifo Schnelldienst* 66 (18): 17–21.

Stock, J. H., und M. W. Watson. 2002. Forecasting using principal components from a large number of predictors. *Journal of the American Statistical Association* 97:1167–1179.

Van Baardwijk, M., und P. H. Franses. 2010. The hemline and the economy: Is there any match? Econometric Institute Report 40–210, Erasmus University, Rotterdam.

Van Suntum, U. 1993. Konjunkturelle Gesamtindikatoren – Rückkehr der Prognose-Dinosaurier? *Wirtschaftsdienst* 73 (12): 655–660.

Zeitreihenmodelle 6

Noch in der ersten Auflage des Lehrbuchs von Tichy (1976, S. 176) zur Konjunkturanalyse kann man nachlesen, dass man auf dem Gebiet der Konjunkturprognose „alle Arten von Trendprognosen nicht verwenden (kann), da sie Wellenbewegungen und insbesondere Wendepunkte prognostizieren muss". Tichy hatte dabei wahrscheinlich deterministische Trends vor Augen, nach denen Variablen mit einer im Zeitverlauf fixen Veränderungsrate wachsen, also als Funktion der Zeit dargestellt werden können. Seitdem hat die Zeitreihenanalyse beträchtliche Fortschritte gemacht, insbesondere durch die Entwicklung stochastischer Zeitreihenmodelle, die Trends als eine zeitvariante Zufallsvariable verstehen. Diese sehr flexiblen Modelle sind in mancherlei Anwendungen zu einem ernstzunehmenden Konkurrenten für andere Verfahren der Konjunkturprognose geworden.

Selbst wenn sie in der Regel nicht das erste Mittel der Wahl beim Erstellen von Konjunkturprognosen sind, spielen Zeitreihenverfahren in der Konjunkturanalyse eine wichtige Rolle. Sie sind uns bereits an mehreren Stellen in diesem Buch begegnet, so im Zusammenhang mit der Saisonbereinigung (Abschn. 3.3.2), bei der Trennung von Trend und Zyklus und damit verbunden bei der Berechnung der Kapazitätsauslastung (Abschn. 4.2.2.) sowie als Verfahren zum Füllen von Datenlücken am aktuellen Rand (Abschn. 5.3.4).

Insofern soll hier auch kurz auf Zeitreihenmodelle als Verfahren der Konjunkturprognose eingegangen werden. Allerdings gilt hier noch mehr als an anderen Stellen dieses Buches das in der Einleitung Gesagte: Es ist unmöglich, im hier gegebenen Rahmen die Methoden der modernen Zeitreihenanalyse auch nur annähernd darzustellen. Hier soll daher lediglich dem Leser in einer sehr einfachen Weise ein erster Eindruck von den verschiedenen Verfahren zu vermittelt werden. Für den, der sich ausführlicher mit Zeitreihenmodellen befassen will, bietet z. B. das Lehrbuch von Stock und Watson (2003; insbesondere S. 427–488) einen guten Einstieg. Einen sehr gerafften Überblick findet man auch bei Carnot et al. (2011, S. 396–434).

6.1 Random-Walk und Autoregressiver Prozess

Ein sehr einfaches Modell eines stochastischen Trends ist der *random walk* (Zufallsprozess). Eine Zeitreihe Y folgt einem random walk, wenn ihr Wert zu einem Zeitpunkt t sich von dem der Vorperiode nur um eine – üblicherweise normalverteilte – Zufallsvariable (ε_t) unterscheidet.

$$Y_t = Y_{t-1} + \varepsilon_t \quad \text{bzw.} \quad Y_t - Y_{t-1} = \varepsilon_t \quad (6.1)$$

Folgt eine Variable einem random walk, dann ist der letzte beobachtete Wert die beste Prognose für den nächsten Wert der Variable, weil ε eine Zufallsvariable und mithin nicht prognostizierbar ist. Viele ökonomische Zeitreihen weisen indes signifikant aufwärts oder abwärts gerichtete Tendenzen auf. In solchen Fällen wird die Entwicklung unter Umständen besser durch ein erweitertes Modell, den random walk mit Zeitdrift beschrieben. In diesem Modell unterscheidet sich jeder Wert einer Zeitreihe von seinem Vorgänger nicht nur zufällig (also um die Zufallsvariable ε), sondern außerdem auch um eine konstante Drift β_0.

$$Y_t = \beta_0 + Y_{t-1} + \varepsilon_t \quad \text{bzw.} \quad Y_t - Y_{t-1} = \beta_0 + \varepsilon_t \quad (6.2)$$

In diesem Fall wäre die beste Prognose für den nächsten Wert die um die Drift korrigierte letzte Beobachtung. Formuliert man das Modell in Logarithmen und schätzt es ökonometrisch, dann ist das geschätzte β_0 nichts anderes als die durchschnittliche Veränderungsrate von Y im Stützzeitraum der Schätzung.

Die random walk Modelle mit und ohne Zeitdrift sind Spezialfälle eines autoregressiven Modells. In seiner einfachsten Form bildet ein solches Modell eine lineare Beziehung zwischen dem in der Periode t und dem in der Periode t−1 beobachteten Wert einer Variable ab (AR(1)-Modell):

$$Y_t = \beta_0 + \beta_1 Y_{t-1} + \varepsilon_t \quad (6.3)$$

Man sieht, dass (6.3) dem Modell in (6.2) entspricht, wenn man $\beta_1 = 1$ setzt. Berücksichtigt man eine größere Zahl von p Vergangenheitswerten der zu erklärenden Variable, so erhält man ein AR(p)-Modell.

$$Y_t = \beta_0 + \beta_1 Y_{t-1} + \beta_2 Y_{t-2} \ldots + \beta_p Y_{t-p} + \varepsilon_t \quad (6.4)$$

Welchen Wert p dabei im konkreten Fall annehmen sollte, lässt sich dabei anhand statistischer Kennziffern – z. B. sog. Informationskriterien – bestimmen, auf die hier ebenso nicht näher eingegangen werden soll wie auf die mit diesen Modellen verbundenen Schätzprobleme.

6.2 Exponentielle Glättung und moving average Prozesse

Ein weiteres sehr gebräuchliches Verfahren, eine Prognose nur aus den Vergangenheitswerten der vorherzusagenden Variable abzuleiten, ist die von Holt entwickelte exponentielle Glättung (*exponential smoothing*). Deren Grundgedanke ist, dass eine neue Prognose y_t^f für den Zeitraum t ein gewichteter Mittelwert des für den Zeitpunkt t−1 beobachteten tatsächlichen Wertes y_{t-1} und des für diesen Zeitpunkt prognostizierten Wertes y_{t-1}^f ist.

$$y_t^f = \alpha \, y_{t-1} + (1-\alpha) \, y_{t-1}^f \tag{6.5}$$

Den Parameter α bezeichnet man dabei als Glättungsfaktor. Er sollte zwischen 0 und 1 liegen. Nimmt er den Wert 1 an, dann wird als Prognose der jeweils letzte beobachtete Wert gewählt, man erhält also erneut einen random walk. Wird α auf 0 fixiert, wird die Prognose für das vergangene Jahr (und damit auch die für die Vorjahre) fortgeschrieben. Zu einer anderen Interpretation der exponentiellen Glättung gelangt man, wenn berücksichtigt, dass die Differenz zwischen der Beobachtung und der Prognose für den Zeitpunkt t−1 nichts anderes ist als der Prognosefehler ε_{t-1}. Setzt man dies in obige Gleichung ein, so erhält man nach einer einfachen Umformung ein Notation, nach der die Prognose für den Zeitpunkt t jeweils der alten Prognose für den Zeitpunkt t−1 entspricht zuzüglich einer Fehlerkorrektur, die sich aus dem mit α gewichteten Prognosefehler in der Periode t−1 ergibt.

$$y_t^f = y_{t-1}^f + \alpha \, \varepsilon_{t-1} \tag{6.6}$$

Diese Schreibweise macht deutlich, dass die exponentielle Glättung ein Sonderfall eines sog. *moving average* Prozesses darstellt. Bei einem solchen Prozess ergibt sich die Veränderung einer Zeitreihe anders als beim random walk nicht als ein allein von den Vergangenheitswerten der endogenen Variable abhängender Zufallsprozess, sondern als gewogener Durchschnitt vergangener Prognosefehler. Bei der exponentiellen Glättung ist α ein exogen vorgegebener Parameter. In moving average Modellen werden die Parameter ökonometrisch geschätzt. Allgemein stellt sich der moving average Prozess, in den frühere Fehler mit einer maximalen Verzögerung von q eingehen, wie folgt dar:

$$y_t = \sum_{i=0}^{q} b_i \cdot \varepsilon_{t-i} \tag{6.7}$$

Man bezeichnet den in Gl. (6.7) beschriebenen Prozess auch als MA(q)-Prozesse.

6.3 ARMA- und ARIMA-Modelle

Ein sehr verbreiteter und sehr flexibler Zeitreihenansatz sind ARMA-Modelle. Sie verbinden einen autoregressiven mit einem moving average Prozess. Gl. (6.8) beschreibt ein ARMA (p, q) Modell.

$$y_t = c + \sum_{j=1}^{p} a_j y_{t-j} + \sum_{i=0}^{q} b_i \cdot \varepsilon_{t-i} \qquad (6.8)$$

Solche Modelle lassen sich, wie auch die MA-Modelle, nicht mit der Methode der kleinsten Quadrate schätzen, sondern erfordern einen iterativen Schätzer wie das Maximum Likelihood Verfahren. Welche Werte für p und q man wählt, lässt sich nur empirisch anhand von Prüfmaßen bestimmen, den sog. Informationskriterien, die den Standardfehler der Schätzung und die Zahl der einbezogenen Lags gegeneinander abwägen (Stock and Watson 2003, S. 453–455).

ARMA-Modelle unterstellen, dass die endogene Variable y stationär ist, also keinem deterministischen Trend folgt. Dies ist für viele ökonomische Zeitreihen nicht gegeben. Um etwaige Trends zu berücksichtigen, wendet man ARMA-Modelle entweder auf die ersten Differenzen bzw. die Veränderungsarten der Variablen an, oder man verwendet sog. ARIMA-Modelle, die durch etwaige Trends entstehende Verzerrungen eliminieren. I steht darin für integriert. Der Integrationsgrad eines stochastischen Prozesses gibt an, wie oft Differenzen einer nicht-stationären Zeitreihe gebildet werden müssen, um eine stationäre Reihe zu erhalten.

Ein ARIMA (p,d,q)-Prozess wäre demnach ein Zeitreihen Prozess, der einen autoregressiven Prozess der Ordnung p auf eine Zeitreihe vom Integrationsgrad d in Verbindung mit einem Moving-average Prozess der Ordnung q anwendet. Alle hier bisher verwendeten Modelle lassen sich als Spezialfälle eines solchen ARIMA-Modells darstellen (Carnot et al. 2011 S. 402):

- ARIMA(1,0,0) entspricht einem AR(1) –Prozess
- ARIMA(0,1,0) ist ein Random-Walk
- ARIMA(0,0,1) ist ein MA(1)-Prozess
- ARIMA(1,0,1) ist eine ARMA(1,1)-Modell
- ARIMA(0,1,1) ist eine exponentielle Glättung

6.4 Vektorautoregressive Modelle

Die bisher dargestellten Zeitreihenmodelle betrachten jeweils nur eine endogene Variable und vernachlässigen Querverbindungen, die zwischen verschiedenen Variablen bestehen können. Ein gebräuchlicher Ansatz, um solche Querverbindungen im Rahmen eines reinen Zeitreihenansatzes zu berücksichtigen sind vektorautoregessive Modelle, sog. VAR-

6.4 Vektorautoregressive Modelle

Modelle. Dieser von Sims (1980) eingeführte Modelltyp bildet, wie anschließend gezeigt wird, einen Übergang zwischen reinen Zeitreihenmodellen und den im Kap. 7 diskutierten Strukturmodellen. Ein VAR-Modell kann nämlich als sog. reduzierte Form eines Strukturmodells interpretiert werden.

Dies soll an einem klassischen Anwendungsfall für einen solchen Modelltyp verdeutlich werden (vgl. Carnot et al. 2011 S. 415–416). Dieses einfache Modell stellt den Zusammenhang von Geldmenge (m), Preisniveau (p) Zinsen (i) und Aktivitätsniveau (y) dar. Ein Bestandteil eines solchen Modells ist eine Geldnachfragefunktion, die folgende Form haben könnte

$$m_t - p_t = ß_0 + ß_1(m_{t-1} - p_{t-1}) + ß_2 y_t + ß_3 i_t + u_t \qquad (6.9)$$

Nun ist es allerdings auch plausibel anzunehmen, dass der Zins eine Funktion des Inflationsrate, des Aktivitätsniveaus und der Geldmenge ist

$$i_t = \gamma_0 + \gamma_1 p_t + \gamma_2 y_t + \gamma_3 m_t + v_t \qquad (6.10)$$

In einem solchen System wäre i nicht mehr unabhängig von u. Würde man die Geldnachfragefunktion (6.9) schätzen, erhielte man verzerrte Schätzer (sog. Interdependenz-Verzerrung). Eine lange Zeit von der Ökonometrie propagierter Weg zur Lösung dieses Problems war, den Zusammenhang zwischen den vier Größen explizit in einem Gleichungssystem zu formulieren und dieses simultan mittels eines Verfahrens zu schätzen, das die Verzerrung in den Parametern korrigiert. Allerdings führt ein solches Vorgehen nur bedingt zu einer Lösung des Problems, weil man für jede der Einzelgleichungen festlegen müsste, welcher Art der Zusammenhang zwischen den Variablen ist. Man müsste sich also entscheiden, welche Variablen in jeder der Einzelgleichungen vorkommen und bis zu welcher Verzögerung die Variablen auf der rechten Seite der Gleichung die Variablen auf der linken Seite beeinflussen (Sims-Kritik).

Schreibt man die dargestellten Gleichungen in Form eines Gleichungssystems auf, hätte die allgemein die Form:

$$B_0 Y_t = C + B_1 Y_{t-1} + B_2 Y_{t-2} + B_3 Y_{t-3} + \ldots + \omega_t \qquad (6.11)$$

Y ist darin ein 4×1 Vektor der endogenen Variablen des Systems bestehend aus den Elementen p,m,i,y. C ist ein 4×1 Vektor mit den Konstanten der Einzelgleichungen des Gleichungssystems, ω ein 4×1 Vektor der Störterme der Gleichungen. Die B_i sind jeweils 4×4 Matrizen der Koeffizienten, mit denen die endogenen Variablem mit der Verzögerung $t-i$ in das Gleichungssystem eingehen.

Multipliziert man das gesamte Gleichungssystem mit der Inversen von B_0, so wird (6.11) zu

$$Y_t = A + A_1 Y_{t-1} + A_2 Y_{t-2} + A_3 Y_{t-3} + \ldots + \varepsilon_t \qquad (6.12)$$

$$\text{mit } A = B_0^{-1} * C; \quad A_i = B_0^{-1} * B_i; \quad \varepsilon_t = B_0^{-1} * \omega_t$$

(6.12) bezeichnet als reduzierte Form von (6.11) und stellt zugleich die allgemeine Form eines VAR-Systems dar.

Vorteil des VAR-Ansatzes ist wie erwähnt, dass man sich nicht auf bestimmte strukturelle Zusammenhänge zwischen den Parametern festlegen muss. Da jede Gleichung eines solchen Systems auf der linken Seite nur vorbestimmte Variablen enthält, kann man ein VAR-System außerdem mit der gewöhnlichen Methode der kleinsten Quadrate schätzen. Man kann allerdings aus der reduzierten Form nicht oder nur unter restriktiven Bedingungen auf die Strukturform, also die Parameter z. B. von Gl. (6.9) zurückschließen.

6.5 Anwendung von Zeitreihenansätzen in der Konjunkturanalyse

Auf wichtige Anwendungsgebiete von Zeitreihenverfahren in der Konjunkturanalyse wurde bereits zu Beginn dieses Kapitels hingewiesen. Gerade bei der Fortschreibung von Indikatoren über kurze Prognosehorizonte sind dabei einfache Zeitreihenverfahren wie der random walk eine nicht nur leicht handhabbare, sondern auch durch komplexere Prognoseverfahren hinsichtlich der Prognosequalität nur schwer zu überbietende Möglichkeit (Kasten 6.1). Bei Aktienkurse und auch Wechselkursen wird ohnehin davon ausgegangen, dass sie kurzfristig einem random walk folgen (Elliot and Timmermann 2008, S. 4). Aber auch bei gesamtwirtschaftlichen Prognosen ist die Genauigkeit von Zeitreihenverfahren in der kurzen Frist nicht nennenswert schlechter als beispielsweise die von komplexeren Strukturmodellen (Döhrn et al. 2009).

Eine andere wichtige Rolle übernehmen einfache Zeitreihenmodelle bei der Evaluation von Prognosen (Kap. 10). Da reine Zeitreihenmodelle praktisch ohne a priori Informationen auskommen, dienen sie häufig als Vergleichsmaßstab, um die Leistungsfähigkeit aufwändigerer Prognoseverfahren zu überprüfen. Es wird also beispielsweise überprüft, ob ein anderes Prognoseverfahren den random walk oder einen AR(1)- Prozess „schlägt".

Kasten 6.1: Welches Verfahren sagt die nächsten Monatswerte am besten vorher?

In Abschn. 5.3.4 wurde ausgeführt, dass ein Verfahren zur Lösung des Problems „ausgefranster Ränder" darin besteht, in einem Satz von Indikatoren fehlende Monatswerte durch Schätzungen aufgrund einfacher Zeitreihenprozesse zu ergänzen. Dabei sind typischer Weise Prognosen für einen Monat oder für zwei Monate gefragt. Wie leistungsfähig verschiedene Zeitreihenverfahren sind, soll hier am Beispiel von Prognosen der Indizes der Industrieproduktion und der Verbraucherpreise dargestellt werden.

Dazu werden hier für beide Indizes Zeitreihenmodelle geschätzt, deren Stützbereich jeweils im Monat t endet und mit denen anschließend die Werte für die Monate t+1 und t+2 prognostiziert werden. Die Rechnungen hier beginnen mit dem Stützbereich

6.5 Anwendung von Zeitreihenansätzen in der Konjunkturanalyse

Tab. 6.1 Mittlerer absoluter Fehler von Kurzfrist-Prognosen der Indizes der Industrieproduktion und der Verbraucherpreise; Januar 2005 bis Dezember 2013

	ARMA (1,1)		ARIMA (1,1,1)		Random walk		Vorjahres-veränderung	
	1. Monat	2. Monat	1. Monat	2. Monat	1. Monat	2. Monat	1. Monat	2. Monat
	Industrieproduktion							
USA	0,55	0,88	0,50	0,75	0,56	0,91	0,83	1,14
Deutschland	1,40	1,83	1,40	1,83	1,39	1,78	2,02	2,22
Japan	1,60	2,45	1,61	2,50	1,61	2,44	2,63	3,45
	Verbraucherpreise							
USA	0,29	0,55	0,29	0,55	0,37	0,65	0,39	0,61
Deutschland	0,24	0,28	0,24	0,28	0,27	0,36	0,23	0,36
Japan	0,22	0,36	0,23	0,38	0,23	0,37	0,24	0,38

von Januar 2000 bis Dezember 2004; unter Verwendung der für diesen Zeitraum geschätzten Gleichung werden anschließend die Werte für den Januar und den Februar 2005 geschätzt. Anschließend wird der Stützbereich bis zum Januar 2005 erweitert und eine Prognose für den Februar und den März 2005 erstellt. Diese Rechnungen werden so lange fortgesetzt, bis mit Daten für den Stützbereich Januar 2000 bis November 2013 der Dezember 2013 sowie der Januar 2014 geschätzt werden. Die jeweiligen Prognosen für den ersten und den zweiten Monat werden getrennt gespeichert, so dass für jede Indikatorreihe zwei Zeitreihen von Prognosen vorliegen, die anschließend mit den tatsächlichen Werten verglichen werden können.

Erstellt werden die Prognosen mit einem ARMA (1,1)-Modell, einem ARIMA (1,1,1)-Modell, mit Hilfe eines random walk und schließlich – als rein intuitives Prognoseverfahren – durch Fortschreibung des Vorjahreswert des entsprechenden Monats mit Hilfe des jeweils zuletzt beobachteten Vorjahresveränderungsrate. Die Güte der Prognose wird beurteilt anhand der mittleren absoluten Abweichung der geschätzten Werte von den beobachteten Werten. Angewendet werden die Verfahren auf Daten für Deutschland, für die USA und für Japan.

Tab. 6.1 zeigt, dass sich die Prognosequalität zwischen den vier Verfahren nicht wesentlich unterscheidet, lediglich die Fortschreibung der Industrieproduktion mit der Vorjahresveränderung bringt in allen Fällen etwas schlechtere Ergebnis. Bei den Verbraucherpreisen unterscheidet sich die Treffsicherheit dieses einfachen Ansatzes allerdings nicht von der der anderen Ansätze. Die Prognosefehler für den zweiten Monat sind erwartungsgemäß generell etwas größer als die für den ersten, aber auch hier sind die Unterschiede gering. Alles in allem zeigt die Tabelle, dass bei der Anwendung auf kurze Zeiträume das denkbar einfache Verfahren des Random Walk bereits akzeptable Prognosen liefert gemessen an den Möglichkeiten komplexerer Ansätze.

Literatur

Carnot, N., V. Koen, und B. Tissot. 2011. *Economic forecasting*. 2. Aufl. Houndmills: Palgrave-McMillan.

Döhrn, R., T. Kitlinski, und H. J. Münch. 2009. Zur Prognosegenauigkeit des RWI-Konjunkturmodells im Vergleich zu Zeitreihenmodellen. In *Empirische Wirtschaftsforschung heute. Festschrift für Ullrich Heilemann zum 65. Geburtstag,* Hrsg. A. Wagner, 171–182. Stuttgart: Schäffer-Poeschel.

Elliot, G., und A. Timmermann. 2008. Economic forecasting. *Journal of Economic Literature* 46:3–56.

Sims, C. 1980. Macroeconomics and reality. *Econometrica* 48 (1): 1–48.

Stock, J., und M. Watson. 2003. *Introduction to econometrics*. Boston: Wesley.

Tichy, G. 1976. *Konjunktur*. 1. Aufl. Berlin: Springer.

Prognosen mit Strukturmodellen 7

Die bisher dargestellten Prognoseverfahren waren sehr stark von Daten getrieben, sei es von historischen Konjunkturverläufen (Kap. 4), sei es von kurzfristig verfügbaren Indikatoren (Kap. 5), sei es von vergangenen Trends der zu prognostizierenden Reihen (Kap. 6). Wirtschaftstheoretische Überlegungen, etwa zu den Determinanten der Konsumausgaben oder der Investitionstätigkeit, spielten dabei kaum eine Rolle. Die in diesem Kapitel dargestellten Strukturmodelle sind hingegen stark in der Wirtschaftstheorie verankert. Sie bilden Ursache-Wirkungszusammenhänge zwischen Variablen ab. Demnach unterscheiden sie zwischen exogenen und endogenen Variablen. Erstere werden außerhalb des Modells bestimmt und vorgegeben, wobei es sich um politische Setzungen handeln kann – z. B. der Leitzins der Zentralbank oder einen Steuersatz – oder aber um Größen, die dem Wesen nach zwar endogen sind, aber aus Zweckmäßigkeitsüberlegungen außerhalb des Modells bestimmt werden. So hängt das Welthandelsvolumen zwar auch von den Außenhandelsaktivitäten Deutschlands ab. Gleichwohl kann es sinnvoll sein, in einem Modell, das allein die deutsche Wirtschaft abbildet, den Welthandel als exogene Vorgabe anzusehen, um die Komplexität des Modells zu verringern.

Von diesem Kapitel darf keine umfassende Darstellung von Aufbau, Modellierungstechniken und Schätzmethoden von Strukturmodellen erwartet werden. Im Mittelpunkt steht vielmehr der praktische Einsatz solcher Modelle in der Konjunkturanalyse. Vorangestellt wird diesen Ausführung allerdings ein kurzer Überblick über verschiedene Typen von Strukturmodellen geben.

7.1 Aufbau und Typen von Strukturmodellen

7.1.1 Variablen und Gleichungstypen

Strukturmodelle sind stilisierte Abbildungen der ökonomischen Realität. Ihr Aufbau und ihre Größe richten sich nach den Fragestellungen, die sie beantworten sollen, aber auch – im Laufe der Geschichte in unterschiedlichem Maße – nach den technischen Möglichkeiten, insbesondere der Leistungsfähigkeit der Modellierungssoftware und der Computer und sie war und ist schließlich auch Moden unterworfen. Bezüglich der Modellvariablen kann man – wie bereits erwähnt – zwischen exogenen und exogenen Variablen unterscheiden. Erstere werden im Modellkontext bestimmt. Zu letzteren zählen nicht nur Politikvariablen und außerhalb des Modells bestimmte Variablen, sondern in der Praxis auch zahlreiche Hilfsvariablen, die insbesondere erforderlich sind, um die Wirkungen von Änderungen in den Daten oder den ökonomischen Zusammenhängen aufzufangen.

Die Beziehungen zwischen den Variablen werden durch verschiedene Typen von Gleichungen abgebildet.

- Verhaltensgleichungen bilden den ökonomischen Kern eines Modells. Es handelt sich dabei um stochastische Gleichungen, in denen die Beziehungen zwischen einer endogenen Variable auf der linken Seite, anderen endogenen Variablen, verzögerten (endogenen oder exogenen) Variablen und exogenen Variablen auf der rechten Seite abgebildet werden. Beispiele für solche Gleichungen sind die Konsumfunktion oder die Investitionsfunktion eines Modells.
- Definitionsgleichungen bilden definitorische Zusammenhänge ab. Sie stellen u. a. sicher, dass die Identitäten der Volkswirtschaftlichen Gesamtrechnungen erfüllt sind, oder dass nominale Größen dem Produkt aus realen Größen und den dazugehörenden Preise entsprechen. Auch werden mittels Definitionsgleichungen interessierende Größen angeleitet, z. B. der Leistungsbilanzsaldo als Differenz von Export und Import. In der Regel bilden Definitionen die Mehrzahl der Modellgleichungen.
- Als eigenständiger Gleichungstyp werden häufig technische Gleichungen angesprochen. Prototyp einer technischen Gleichung ist die Produktionsfunktion, deren Funktionsform und Substitutionselastizitäten in der Regel exogen festgelegt und deren Komponenten wie das Arbeitsangebot zumeist außerhalb des Modells festgelegt werden.

7.1.2 Typen von Modellen

7.1.2.1 Traditionelle Modelle
Traditionelle Modelle fußen auf der keynesianisch-neoklassischen Synthese. Sie gehen in der keynesianischen Tradition davon aus, dass die wirtschaftliche Aktivität kurzfristig von der Nachfrageseite her bestimmt wird. Die Dynamik dieser Modelle wird durch traditionelle Multiplikator- und Akzeleratorprozesse bestimmt. Ungleichgewichte zwischen Angebot und Nachfrage werden – und hier kommt das neoklassische Element ins Spiel – auf

7.1 Aufbau und Typen von Strukturmodellen

mittlere Sicht durch Preisanpassungen abgebaut, die sich im Grunde aus dem in der Phillipskurve abgebildeten Zusammenhang von Inflation und Arbeitslosigkeit ergeben. Hinsichtlich der Erwartungsbildung der wirtschaftlichen Akteure werden in der Regel aus der Vergangenheit abgeleitete, also naive oder adaptive Erwartungen erstellt. Manche Modelle eröffnen allerdings auch die Möglichkeit einer vorausschauenden, rationalen Erwartungsbildung.

Entsprechend der nachfrageseitigen Orientierung dieser Modelle steht in deren Zentrum ein Nachfrageblock (ausführlicher: Carnot et al. 2011, S. 66–118). In ihm werden die privaten und die staatlichen Konsumausgaben modelliert, die Investitionstätigkeit, die Ein- und die Ausfuhren. In stark stilisierten Modellen wird der Staatsverbrauch bisweilen auch als exogene Größe behandelt. Bei den Investitionen wird je nach Detaillierungsgrad zwischen Anlage- und Vorratsinvestitionen unterschieden, erstere häufig auch nach Ausrüstungs- und Bauinvestitionen. Bisweilen werden die Bauinvestitionen weiter untergliedert, z. B. in die Kategorien Wohnungsbau, Wirtschaftsbau und öffentlicher Bau, wobei letztere in solchen Fällen oft eine Politikvariable bildet, also exogen gesetzt wird. Im- und Export können in Modellen, die ein Schwergewicht auf die Abbildung des internationalen Warenaustauschs legen, einen eigenständigen Block bilden. Das Bruttoinlandsprodukt wird dabei in der Regel als Summe der Verwendungskomponenten ermittelt.

Im Kern des Angebotsblocks steht eine Produktionsfunktion. In einfach strukturierten Modellen kann dies eine Abbildung des Trendwachstums mit Hilfe eines stochastischen Trends sein. In komplexeren Modellen wird das Produktionspotenzial aus der Verfügbarkeit der Produktionsfaktoren Arbeit und Kapital abgeleitet. Zum Angebotsblock rechnet man häufig auch die Modellierung des Arbeitsmarktes. In deren Zentrum steht eine Arbeitsnachfragefunktion, in der abgeleitet wird, welcher Arbeitseinsatz erforderlich ist, um die gesamtwirtschaftliche Nachfrage bedienen zu können.

Die Ergebnisse des Angebots- und des Nachfrageblocks gehen in einen Preisblock ein. Treibende Kräfte sind hier Ungleichgewichte zwischen Arbeitsangebot und -arbeitsnachfrage und die gesamtwirtschaftliche Kapazitätsauslastung, definiert als Diskrepanz zwischen Nachfrage und Angebot auf gesamtwirtschaftlicher Ebene. Sie bestimmen die Entwicklung die Löhne und der Arbeitskosten, aus denen – zusammen mit zumeist exogenen Weltmarktpreisen und Steuersätzen – die Preise der Verwendungskomponenten abgeleitet werden.

Gesamtwirtschaftliche Nachfrage und Preise werden über Definitionsgleichungen zum nominalen Bruttoinlandsprodukt zusammengefasst, das den Ausgangspunkt des Einkommensblocks eines Modells bildet. Beschäftigung und Löhne bestimmen darin die Arbeitseinkommen. Unter Berücksichtigung der Abschreibungen, der Gütersteuern und -subventionen ergeben sich dann die Gewinneinkommen als Residuum, womit das Volkseinkommen sowie die Lohn- bzw. die Gewinnquote modelliert sind. Unterschiedlich detailliert erfolgt in den verschiedenen Modellen die Modellierung der Umverteilung. An deren Ende steht die Ableitung der verfügbaren Einkommen – und damit einer wesentlichen Determinante der privaten Konsumnachfrage – sowie der Einnahmen des Staates aus direkten Steuern und Sozialabgaben. Stark stilisierte Modelle verzichten häufig auf einen solchen Umverteilungsblock und verwenden direkt das Bruttoinlandsprodukt als Einkommensvariable in der Konsum- und der Investitionsfunktion.

Große Unterschiede bestehen zwischen den Modellen auch hinsichtlich der Abbildung der Staatsaktivität. Stark stilisierte Modelle beschränken sich auf den Staatsverbrauch, der als Repräsentant staatlicher Aktivitäten als exogene Variable in den Nachfrageblock eingeht. Modelle mit ausführlichen Staatsblöcken leiten aus dem Einkommens- und dem Nachfrageblock die Staatseinnahmen ab, bestimmen die Staatsausgaben über eine Verhaltensgleichung und leiten aus beiden Größen den staatlichen Finanzierungssaldo ab.

In ebenfalls sehr unterschiedlichem Maße gehen monetäre und finanzielle Größen in die Modelle ein. Zinsen, eventuell auch Aktienkurse sind wesentliche Determinanten der gesamtwirtschaftlichen Nachfrage. Diese werden entweder exogen vorgegeben oder aus einer Reaktionsfunktion der Zentralbank abgeleitet. Diese basiert häufig auf einer Taylor-Regel, der zufolge die Zentralbank mit ihrer Zinssetzung auf eine Verfehlung ihres Inflationsziels einerseits, auf die gesamtwirtschaftliche Kapazitätsauslastung andererseits reagiert.

Die in dieser Weise strukturierten traditionellen Modelle haben eine lange Tradition. Sie reicht bis in die Mitte des zwanzigsten Jahrhundert zurück, als Tinbergen und Klein ihre ersten Modelle vorlegten. Mit Fortschritten bei der Datenerarbeitung wurden die Modelle größer, und bezogen damit mehr Aspekte und wirtschaftliche Zusammenhänge ein.[1] Eine Entwicklungsrichtung war der Bau von Mehrländer-Modellen, die besonderen Wert auf die Abbildung internationaler Zusammenhänge legten. In ihnen wurden nationale Modelle über eine Handelsmatrix, aber auch über den internationalen Zinszusammenhang und Wechselkurse miteinander verkoppelt. Um die Identität von Einfuhren und Ausfuhren sicher zu stellen, enthalten solche Modelle Gleichungen für die Importnachfrage der einzelnen Länder und leiten darauf über eine Handelsmatrix der Exporte der Handelspartner ab. Eine andere Entwicklungsrichtung waren sektorale Modelle, die sich auf eine bessere Abbildung der Produktionsverflechtungen innerhalb von Volkswirtschaften konzentrierten.

Kritik an dieser Art der Modellierung erwuchs von mehreren Seiten: Zum einen gehen die Modellbauer bei der Auswahl der im Modell integrierten Theorien eklektisch vor. Sie entstammen also nicht einem einheitlichen Theoriegebäude, sondern kombinieren, was sich empirisch bewährt. Zum anderen greift die Lucas-Kritik, wonach die geschätzten Parameter solcher Modelle ohnehin nicht geeignet sind, die Reaktionen auf künftige Politikmaßnahmen abzubilden, da die Parameter aus den Reaktionen der Wirtschaftssubjekte in der Vergangenheit abgeleitet sind, neue Politikmaßnahmen aber das Verhalten verändern. Schließlich greift auch die Sims-Kritik, wonach die Unterscheidung zwischen exogenen und endogenen Variablen wenig fundiert ist und die Spezifikation der Einzelgleichungen der Modelle hinsichtlich der Auswahl der berücksichtigten Parameter und der Wirkungsverzögerungen unnötig restriktiv ist. Dies alles trug dazu bei, dass ökonometrische Strukturmodelle in den vergangenen Jahren deutlich auf dem Rückzug waren.

---

[1] Einen Überblick über die Geschichte ökonometrischer Strukturmodelle bis in die neunziger Jahre des vorigen Jahrhunderts gibt Heilemann (2002).

7.1.2.2 Dynamische stochastische Gleichgewichtsmodelle

Sie wurden mehr und mehr durch einen anderen Typ von Modellen abgelöst, der deutlich stärker wirtschaftstheoretisch verankert ist: Dynamische stochastische allgemeine Gleichgewichtsmodelle (DSGE-Modelle). Diese Modelle sind mikroökonomisch fundiert; in ihren Mittelpunkt stehen nutzenmaximierende Haushalte, deren Verhaltensweisen aus eine explizit formulierten Nutzenfunktion angeleitet werden, und gewinnmaximierende Unternehmen. Die Wirtschaftssubjekte haben dabei vorausschauende, rationale Erwartungen. In eine solche Modellumgebung lassen sich Marktunvollkommenheiten wie monopolistische Konkurrenz und Rigiditäten auf einzelnen Märkten in den Modellkontext implementieren.

Ursprünglich wurden solche Modelle vor allem im akademischen Bereich entwickelt. Sie beschränkten sich auch aufgrund technischer Grenzen bei der Lösung solcher Modelle zumeist auf wenige Gleichungen und sie wurden nur auf partielle Fragestellungen angewendet. Der technische Fortschritt in Gestalt leistungsfähiger Computer und Software, aber auch der große Aufwand, mit dem der Bau solcher Modelle insbesondere bei internationalen Institutionen betrieben wurde, führten inzwischen zur Entwicklung sehr detaillierter und leistungsfähiger Modelle, die in der wirtschaftspolitischen Analyse wie auch in den Kurzfristprognose dieser Institutionen eine wesentliche Rolle spielen. Beispiele sind das New Area Wide Model der Europäischen Zentralbank (Christoffel et al. 2008) oder das Quest III-Modell der Europäischen Kommission (Ratto et al. 2008).

Mögen die DSGE-Modelle, da sie aus einem einheitlichen theoretischen Rahmen abgeleitet sind und die unterstellten Verhaltensweisen der Wirtschaftssubjekte offenlegen, einen großen Fortschritt in der makroökonomischen Modellierung darstellen, so sind auch sie nicht frei von Kritik. Zum einen wird das Theoriegebäude subjektiv gewählt und kann selbst nicht empirisch hinterfragt werden. Insofern trifft die Sims-Kritik durchaus auch auf DSGE-Modelle zu. Zum anderen verlangen die verwendeten Schätzverfahren – geschätzt werden die Modelle in der Regel mit sog. bayesianischen Verfahren – die Festlegung sog. priors, die intersubjektiv nicht nachprüfbar sind, aber die Schätzergebnisse wesentlich beeinflussen.

7.2 Simulationen mit makroökonomischen Modellen

Unabhängig vom verwendeten Modelltypus verlaufen Simulationen mit makroökonomischen Modellen nach einem einheitlichen Schema ab: In einem ersten Schritt wird eine Basislösung des Modells generiert, die die Entwicklung der im Modelle abgebildeten Größen „unter Normalbedingungen" darstellt. Anschließend wird – idealer Weise – eine der Vorgaben des Modells gegenüber dieser Basislösung verändert und eine neue Lösung des Modells generiert. Im nächsten Schritt werden die beiden Modelllösungen mit einander verglichen. Der Unterschied zwischen beiden Modellergebnissen gibt dabei an, welchen Einfluss die geänderte Vorgabe auf die Gesamtwirtschaft ausübt.

Dieses Vorgehen soll hier anhand eines einfachen Beispiels verdeutlicht werden. Da es an dieser Stelle weder auf ökonomische noch auf methodische Exzellenz ankommt, wird hier ein Eingleichungs-Modell verwendet, und zwar eine einfache Arbeitsnachfrage-Funktion. Abhängige Variable ist das Arbeitsvolumen der Erwerbstätigen (AV), erklärende Variablen sind das reale Bruttoinlandsprodukt (BIP) und die realen Arbeitskosten (AKR). Letztere sind definiert als Tariflöhne zuzüglich die von den Arbeitgebern zu zahlenden Sozialversicherungsbeiträge und gehen um ein Quartal verzögert in die Schätzung ein. Ferner enthält die Gleichung auch das um ein Quartal verzögerte Arbeitsvolumen. Damit wird der Tatsache Rechnung getragen, dass sich die Unternehmen mit Ihrer Arbeitsnachfrage erst mit Verzögerung an Änderungen an der Produktion bzw. in den Arbeitskosten anpassen. Komplettiert wird die Schätzgleichung durch ein Absolutglied. Man nennt Gleichungen dieses Typs auch ARDL-Gleichungen (*autoregressive distributed lags*) und findet sie häufig in ökonometrischen Strukturmodellen. Im Einzelnen hat die geschätzte Gleichung folgendes Aussehen:

$$AV_t = 4586{,}8 \quad + 0{,}704\,AV_{t-1} \quad + 2{,}944\,BIP_t \quad - 17{,}125\,AKR_t$$
$$\;3{,}2 \qquad\quad 8{,}0 \qquad\qquad\quad 3{,}1 \qquad\qquad\quad 3{,}0$$

Stützbereich der Schätzung sind die Jahre 1993 bis 2013.[2] Unter den Koeffizienten stehen die t-Werte, die zeigen dass alle Koeffizienten mit einer Irrtumswahrscheinlichkeit von höchstens 1 % statistisch signifikant sind. Die Vorzeichen entsprechen den Erwartungen: das Arbeitsvolumen steigt mit einem Anziehen der gesamtwirtschaftlichen Produktion und es sinkt bei steigenden Arbeitskosten. Der Koeffizient des um eine Periode verzögerten Arbeitsvolumens ist kleiner als 1, was sicherstellt, dass das Arbeitsvolumen nach einem „Schock", also z. B. eine Erhöhung der Arbeitskosten, wieder zu einem Gleichgewichtswert zurückkehrt. Die Anpassung im Stützbereich ist zufriedenstellend, das korrigierte Bestimmtheitsmaß beträgt 0,804. Dies kann man auch an Abb. 7.1 erkennen, die die mit obiger Funktion geschätzten Werte den beobachteten Werten gegenüberstellt.

Die geschätzten Werte in Abb. 7.1 wurden ermittelt, indem die Koeffizienten auf der rechten Seite der Gleichung mit den beobachteten Werten der Variablen multipliziert wurden. Dies gilt auch für das Arbeitsvolumen der Vorperiode, also die verzögert endogene Variable, obwohl diese auf der linken Seite der Gleichung bestimmt wird. Diese Art der Berechnung der geschätzten Werte bezeichnet man auch als statische Simulation, weil die durch die Gleichung generierten Werte des Arbeitsvolumens nicht berücksichtigt werden. Will man die Gleichung allerdings für eine Prognose oder für Simulationsrechnungen verwenden, ist es erforderlich, die aus der Gleichung ermittelten Werte der verzögert endogenen Variable zu verwenden statt der tatsächlich beobachteten. Man spricht dann auch von einer dynamischen Simulation.

---

[2] Geschätzt wurde die Gleichung mit Heteroskedatie- und Autokorrelations-konsistenten Residuen nach den Newey-West-Verfahren.

7.2 Simulationen mit makroökonomischen Modellen   123

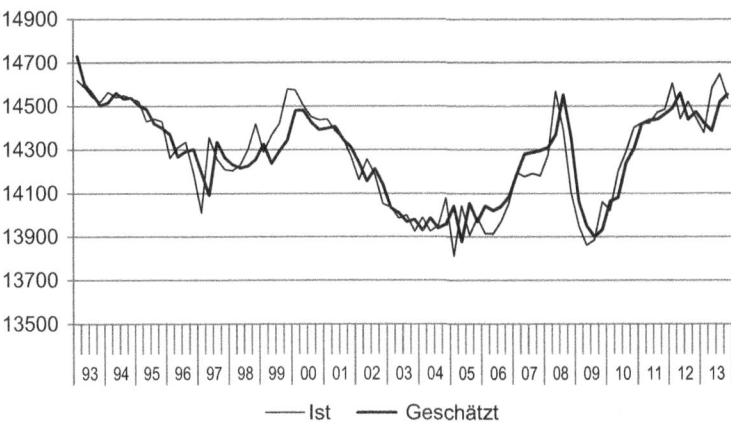

Abb. 7.1 Arbeitsvolumen der Erwerbstätigen; in Mill. Stunden, saisonbereinigte Werte, tatsächliche und geschätzte Entwicklung

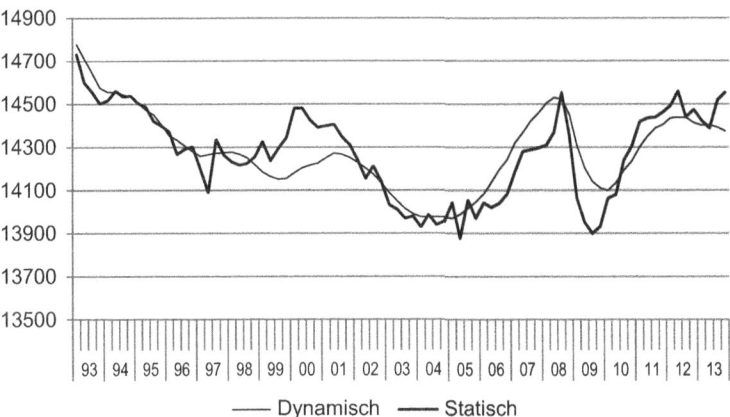

Abb. 7.2 Arbeitsvolumen der Erwerbstätigen; in Mill. Stunden, saisonbereinigte Werte; Ergebnisse einer statischen und einer dynamischen Simulation

Abb. 7.2 zeigt, dass die dynamische Simulation die Entwicklung des Arbeitsvolumen im Grundsatz zwar ebenfalls gut nachzeichnet, dass sie zeitweise – z. B. zwischen 1999 und 2001 – von der statischen Simulation abweichende Ergebnisse liefert, die auch weiter von den beobachteten Werten entfernt liegen als die statische Simulation. Der Grund dafür liegt auf der Hand: Da das geschätzte Arbeitsvolumen des Vorquartals die Schätzung für das laufende Quartal beeinflusst, können sich Fehler fortpflanzen, und es spricht für Stabilität der in der Gleichung abgebildeten Beziehung, dass sich aus solchen Schätzfehlern keine explosiver Prozess entwickelt, der dann vorläge, wenn sich die geschätzten Werte immer weiter von den Beobachtungen entfernen würden, sondern dass sich die Ergebnisse von statischer und dynamischer Simulation auf die mittlere Frist wieder annähern.

Solche dynamische Simulationen bilden die Grundlage für eine wichtige Anwendung von Modellen in der Konjunkturanalyse. Sie erlauben es nämlich, die Wirkungen von Änderungen in den Rahmenbedingungen der wirtschaftlichen Entwicklung abzuschätzen. Solche „was wäre wenn"-Rechnungen (Alternativszenarien) können der Absicherung der Prognose dienen, oder aber der Abschätzung von Wirkungen von Politikmaßnahmen. Zwar bildet kein Modell die Wirklichkeit perfekt ab, dies sollte aber die Ergebnisse solcher Alternativszenarien nicht wesentlich beeinflussen, da man stets zwei Modelllösungen miteinander vergleicht, die beide die – zumindest annähernd – gleichen Schätzfehler beinhalten.

Den ersten Schritt einer solchen Analyse bildet die Berechnung einer Basislösung des Modells. Dies wäre im vorliegenden Fall die in Abb. 7.2 dargestellte dynamische Simulation. Als zweiter Schritt wird eine der Variablen des Modells verändert – man bezeichnet solche Veränderungen technisch auch als Schocks – und das Modell neu gelöst. Die neue Modelllösung – man spricht häufig von einer Störlösung oder einer Alternativrechnung – wird mit der Basislösung verglichen. Die Abweichungen zwischen beiden Lösungen beschreiben die Änderung der wirtschaftlichen Entwicklung, die durch die geänderte Vorgabe bewirkt wird. Wie eine solche Rechnung aussehen kann, soll anhand der dargestellten Arbeitsnachfragefunktion verdeutlicht werden. Dabei soll auch auf unterschiedliche Arten von Schocks eingegangen werden.

Eine Art des Schocks ist ein permanenter Schock. Dieser ist dadurch gekennzeichnet, dass eine Variable des Modells sich ab einem bestimmten Zeitpunkt verändert und dann auf dem veränderten Niveau bleibt. In der Arbeitsnachfragefunktion könnte man sich als einen solchen permanenten Schock vorstellen, dass die Sozialabgaben in einer Art und Weise erhöht werden, dass die realen Arbeitskosten permanent um 1 % über den Arbeitskosten in der Basislösung liegen. In der Rechnung hier wird unterstellt, dass der Schock zum ersten Quartal 2010 eintritt.

Bei der Darstellung solcher Simulationsrechnungen findet man in der Literatur zwei unterschiedliche Darstellungsweisen. Bei der ersten betrachtet man die Abweichung der Alternativlösungen von der Basislösung in Prozent. Abb. 7.3 stellt das Arbeitsvolumen in der Basis- und in der Störlösung einander gegenüber und die Abweichung dar. Sie zeigt, dass das Arbeitsvolumen durch die Erhöhung der Arbeitskosten anfangs um 0,15 % niedriger ausfällt und dass sich dieser Effekt im Lauf der Zeit auf gut 0,5 % verstärkt. Eine zweite Sichtweise ist, dass man die Auswirkungen des Schocks auf die Veränderungsrate einer Variablen betrachtet. In der ersten Periode, in der der Schock wirkt, führen beide Sichtweisen zum gleichen Ergebnis. In den anschließenden Perioden nehmen die Effekte auf den Zuwachs des Arbeitsvolumens ab, bis sie fast nicht mehr sichtbar sind, was in dem hier betrachteten Beispiel nach ungefähr 8 Quartalen eintritt.

Eine andere Form des Schocks ist der transitorische Schock. Davon spricht man, wenn eine Variable des Modells nur für einen begrenzten Zeitraum verändert wird. So hatte die deutsche Bundesregierung in ihrem im Januar 2009 beschlossenen fiskalischen Stimulierungspaket die Beiträge zur Krankenversicherung auf zwei Jahre begrenzt gesenkt. Hier sollen allerdings, um die Ergebnisse besser mit dem zuvor betrachteten permanenten

7.2 Simulationen mit makroökonomischen Modellen

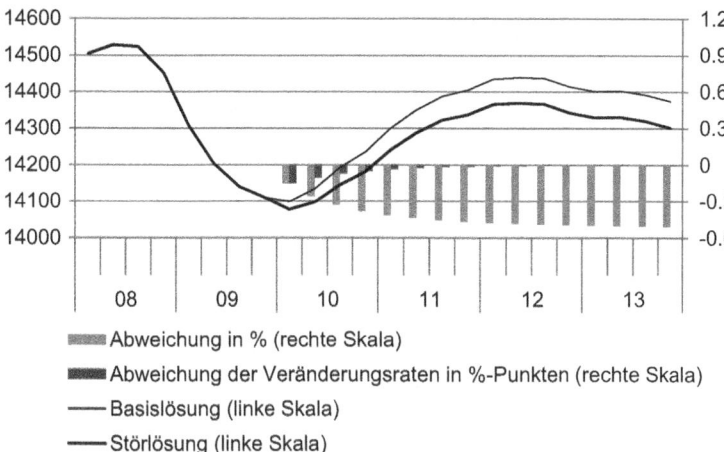

Abb. 7.3 Auswirkungen einer permanenten Erhöhung der realen Arbeitskosten um 1% auf das Arbeitsvolumen. In Mill. Stunden bzw. in %. Eigene Berechnungen

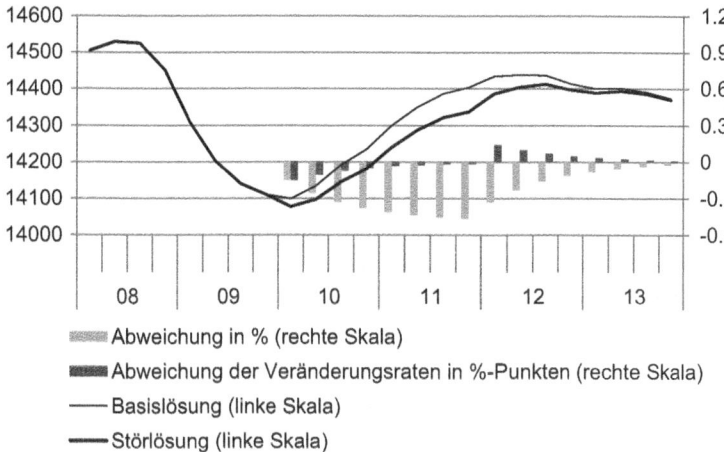

Abb. 7.4 Auswirkungen einer vorübergehenden Erhöhung der realen Arbeitskosten um 1% auf das Arbeitsvolumen. In Mill. Stunden bzw. in %. Eigene Berechnungen

Schock vergleichen zu können, die Wirkungen einer auf zwei Jahre begrenzte Erhöhung der realen Arbeitskosten simuliert werden; auch diese Störung gilt ab 2010.

Abb. 7.4 verdeutlicht den Unterschied zu dem in Abb. 7.3 dargestellten permanenten Schock. Das Arbeitsvolumen sinkt in der Störlösung nur vorübergehend gegenüber der Basislösung. Ende 2011, also im letzten Quartal, in dem die vorübergehende Erhöhung der Arbeitskosten gilt, erreicht der Effekt sein Maximum; dann liegt das Arbeitsvolumen der Störlösung – wie auch bei dem permanenten Schock – um knapp 0,5% unter dem der Basislösung. Mit Auslaufen der Störung nähern sich beide Lösungen wieder einander an, d. h. eine vorübergehende Störung hat keine permanenten Wirkungen, was natürlich eine Folge der hier verwendeten Spezifikation der Arbeitsnachfragefunktion ist. Den augenfälligsten Unterschied findet man, wenn man die Abweichungen der Veränderungsraten des Arbeitsvolumens betrachtet. Während der Störung, also von 2010 bis 2011, entspricht hier das Bild exakt dem bei dem permanenten Schock. Danach nähert sich das Ergebnis der Störlösung aber wieder der Basislösung an, d. h. die Zuwachsraten erstgenannter sind zeitweise höher als die der zuletzt genannten.

Zu diesen Ergebnissen sind zwei Nachbemerkungen angebracht:

Erstens dient dieses Eingleichungsmodell rein pädagogischen Zwecken und hat wenig mit der realen Welt zu tun. Dies wird z. B. daran deutlich, dass die verwendeten exogenen Variablen nicht wirklich als exogen anzusehen sind. So hat eine rückläufige Beschäftigung auch Einfluss auf die Einkommen und damit auch auf das BIP, das in den hier dargestellten Simulationen aber als unverändert angenommen wird. Auch dürften höhere Arbeitskosten zum Teil überwälzt werden, was den Anstieg der realen Arbeitskosten dämpft, da diese definiert sind als der Quotient aus nominalen Arbeitskosten und inländischem Preisniveau. Die Reaktionen komplexerer Modelle, die solche Rückwirkungen und noch weitere einbeziehen, sind daher vielschichtiger.

Zweitens wird in dem Beispiel eine Politikmaßnahme betrachtet, die sich einfach in eine Modellvariable übersetzen lässt. In der Praxis kann es schwierig sein, Politikmaßnahmen zutreffend in die „Sprache" von Modellen umzusetzen. Oft muss man auf das sog. Add-factoring zurückgreifen, d. h. man rechnet die Effekte einer Maßnahme in eine fixe Veränderung in der Regel des Absolutgliedes einer Gleichung um, das man entsprechend verändert. Kasten 7.1 stellt ein Beispiel für eine komplexere Simulation mit einem ökonometrischen Strukturmodell dar.

Kasten 7.1: Gesamtwirtschaftliche Wirkungen des Rentenpakets 2014– Simulationen mit dem RWI-Konjunkturmodell

Die Bundesregierung hat beschlossen, zum 1. Juli 2014 die Leistungen der gesetzlichen Rentenversicherung insbesondere durch die Einführung der sog. Mütterrente und durch die Möglichkeit des abschlagfreien Rentenbezugs ab 63 Jahren für Versicherte mit 45 Beitragsjahren auszuweiten. Finanziert werden sollen diese Maßnahmen auf kurze Sicht aus den Rücklagen der Rentenversicherung. Um diese zu schonen, wurde außerdem beschlossen, eine sich nach geltendem Recht ergebende Senkung des Beitragssatzes zur Rentenversicherung zum 1. Januar 2014 von 18,9 % auf 18,3 % mittels Gesetzgebungsverfahrens auszusetzen.

Wie sich das Rentenpaket aus dem Verzicht auf die Beitragssenkung und der Ausweitung der Leistungen makroökonomisch auswirken dürfte, wird hier anhand von Simulationsrechnungen mit dem RWI-Konjunkturmodell beurteilt. Das RWI-Konjunkturmodell ist ein ökonometrisches Strukturmodell für Deutschland, in dem die wichtigsten Größen der Einkommensentstehung, -verwendung und -verteilung und die Beziehungen zwischen diesen in ökonometrisch geschätzten Gleichungen und Definitionsgleichungen abgebildet werden.

7.2 Simulationen mit makroökonomischen Modellen

Mit diesem Modell wird zunächst eine Basissimulation durchgeführt, die den sich bis zu den Beschlüssen des Koalitionsvertrages abzeichnenden niedrigeren Beitragssatz zum 1.1.2014 annimmt. Diese wird mit einer Alternativsimulationen verglichen, in der zum einen der Beitragssatz des Jahres 2013 auch in den Folgejahren gilt, zum anderen die monetären Sozialleistungen um die im Koalitionsvertrag erwarteten Leistungsausweitungen der Rentenversicherung erhöht werden. Angesetzt werden hierfür rd. 4,5 Mrd. € in jedem Halbjahr ab Mitte 2014 (Block „Impuls" in Tab. 7.1).

Die in der Tabelle ausgewiesenen Simulationsergebnisse zeigen, dass beide Maßnahmen gegenläufige Effekte haben. Einerseits wirkt der gegenüber der Basislösung höhere Beitragssatz negativ auf Einkommen und Erwerbstätigkeit. Die negativen Einkommenswirkungen zeigen sich insbesondere im Jahr 2014, da die Sozialversicherungsbeiträge für das gesamt Jahr wirken, die Rentenerhöhung aber erst ab der Jahresmitte. Andererseits stimulieren höhere Transferleistungen der Rentenversicherung unmittelbar die Konsumnachfrage und schaffen so auf längere Sicht zusätzliche Arbeitsplätze. Allerdings können die expansiven Effekte der höheren Leistungen den dämpfenden Einfluss höherer Rentenversicherungsbeiträge nicht kompensieren. Die Effekte auf das BIP sind zwar äußerst gering, allerdings wird dieses BIP aufgrund der erhöhten Arbeitskosten mit rund 17.000 weniger Arbeitskräften produziert. Der Finanzierungssaldo des Staates fällt um 4,5 Mrd. € ungünstiger aus als in der Basislösung.

Tab. 7.1 Gesamtwirtschaftliche Auswirkungen des Rentenpakets 2014. Abweichungen der Störlösung von der Basislösung. (Eigene Berechnungen. In ausführlichere Darstellung vgl. Döhrn et al. 2014, S. 73–73)

	2014	2015	2016
Impuls			
Beitragssatz zur Rentenversicherung in %-Punkten	0,6	0,6	0,6
Monetäre Sozialleistungen in Mrd. €	4,4	9,0	9,4
Nominal, Mrd. €			
Verfügbares Einkommen	−2,3	0,6	1,3
Private Konsumausgaben	−2,2	0,6	1,2
Ausrüstungen	−0,2	−0,3	0,0
Inlandsnachfrage	−2,0	0,5	1,9
Außenbeitrag	1,2	0,9	0,3
Bruttoinlandsprodukt	−0,8	1,3	2,2
Finanzierungssaldo des Staates	0,8	−4,5	−4,4
Preisindex, 2005 = 100, Indexpunkte			
Private Konsumausgaben	0,0	0,0	0,1
Lohnstückkosten	0,3	0,2	0,2
BIP real, Mrd. €, Referenzjahr 2005	−1,7	−0,3	0,0
Erwerbstätige, in 1000	−4	−17	−17

7.3 Multiplikatoren makroökonomischer Modelle

7.3.1 Fiskalmultiplikatoren

Die gesamtwirtschaftlichen Wirkungen von Politikmaßnahmen werden üblicherweise durch Multiplikatoren beschrieben. Im Mittelpunkt stehen dabei die Wirkungen auf das Bruttoinlandsprodukt. Demnach beschreibt ein Multiplikator (analog zur Definition in Makroökonomik), welche Veränderung der Wirtschaftsleistung durch die Veränderung einer Modellvariablen generiert. Schafft also z. B. ein staatliches Investitionsprogramm von 10 Mrd. € eine Erhöhung des Bruttoinlandsprodukts um – über die Zeit kumuliert – 7 Mrd. €, dann beträgt der Multiplikator 0,7.

Die Größe solcher Multiplikatoren hängt wesentlich von Aufbau, Philosophie und Detaillierungsgrad der Modelle ab, aus denen sie abgeleitet werden. Sie kann sich daher beträchtlich zwischen den Modellen unterscheiden. So liefern Modelle mit rationalen, in die Zukunft schauenden Erwartungen in der Regel deutlich niedrigere Multiplikatoren staatlicher Maßnahmen als Modelle mit adaptiver, also rückwärtsgerichteter Erwartungsbildung. Auch nimmt die Größe der Multiplikatoren in der Regel mit dem Offenheitsgrad von Volkswirtschaften ab und mit der Größe eines Landes zu, da in kleinen, offenen Volkswirtschaften die „Sickerverluste" durch Importe größer sind.

Tab. 7.2 zeigt das Ergebnis einer Zusammenstellung der Multiplikatoren einer großen Zahl nationaler und internationaler Modelle unterschiedlichen Typs durch die OECD, die diese ihrer Abschätzung der Wirkungen der 2009 in zahlreichen Ländern beschlossenen fiskalischen Stimulierungspakete zugrunde legte. Bei allen Unterschieden zeigt sich als Gemeinsamkeit, dass staatliche Käufe am wirksamsten sind zur Stimulierung der Konjunktur, während die Senkung von Unternehmenssteuern kurzfristig am wenigsten bewirkt.

7.3.2 Monetäre Multiplikatoren

Analog zu den Wirkungen der Fiskalpolitik können mit Hilfe von Makromodellen auch die Folgen geldpolitischer Maßnahmen, insbesondere von Variationen von Zinssätzen abgebildet werden. Je nach Komplexität der Modelle, können dabei unterschiedliche Wir-

Tab. 7.2 Spannweiten kurzfristiger Multiplikatoren ausgewählter finanzpolitischer Maßnahmen. (Nach einer Zusammenstellung der OECD 2009, S. 114)

	Niedrigster Wert	Höchster Wert	Mittelwert
Staatliche Käufe	0,6	1,9	1,1
Senkung der Unternehmenssteuern	0,1	0,5	0,3
Senkung der Einkommensteuer	0,1	1,1	0,5
Senkung indirekter Steuern	0,0	1,4	0,5
Senkung der Sozialversicherungsbeiträge	0,0	1,2	0,4

Tab. 7.3 Auswirkungen einer auf zwei Jahre befristeten Erhöhung des Kurzfristzinses um einen Prozentpunkt auf das reale Bruttoinlandsprodukt ausgewählter Länder; Abweichungen von der Basislösung in %. (Nach Angaben bei van Els et al. 2001)

	Jahr 1	Jahr 2	Jahr 3
Deutschland	−0,28	−0,33	−0,09
Frankreich	−0,15	−0,28	−0,25
Italien	−0,26	−0,60	−0,55
Spanien	−0,12	−0,43	−0,62
Niederlande	−0,20	−0,27	−0,25

kungskanäle der Geldpolitik abgebildet werden, wie etwa die Fortpflanzung monetärer Impulse auf die Realwirtschaft über den Wechselkurs, aufgrund der Änderung der Kapitalnutzungskosten, durch die Beeinflussung der Konsum-Sparentscheidung oder über Vermögenseffekte (van Els et al. 2001). Zwar zeigen sich auch hier Unterschiede sowohl zwischen verschiedenen Modellen, u. a. in Anhängigkeit davon, wie die verschiedenen Wirkungskanäle modelliert werden, als auch zwischen verschiedenen Ländern. Allerdings sind die Diskrepanzen deutlich kleiner als bei den Fiskalmultiplikatoren.

Tab. 7.3 stellt die Wirkung einer Zinserhöhung auf das Bruttoinlandsprodukt dar, die aus den makroökonomischen Modellen verschiedener Zentralbanken abgeleitet wurden. Die Wirkungen sind in allen Ländern – wie aufgrund ökonomischer Überlegungen zu erwarten – negativ, wobei sie sich im ersten Jahr wenig zwischen den Ländern unterscheiden. Im zweiten Jahr werden die Effekte in allen Fällen stärker, unterscheiden sich aber auch deutlicher zwischen den Ländern, wobei die Spannweite, gemessen an denen bei Fiskalmultiplikatoren immer noch recht gering ist. Im dritten Jahr, in dem die Zinserhöhung wieder zurückgenommen wird, kehrt die wirtschaftliche Aktivität in Deutschland schon wieder fast zu ihrem ursprünglichen Niveau zurück; das Bruttoinlandsprodukt liegt nur noch um 0,09 % unter dem der Basislösung. In Spanien hingegen, dem anderen Extrem unter den betrachteten Ländern, verstärken sich die Wirkungen sogar noch, obwohl die Zinsen wieder zurückgeführt wurden.

7.4 Einsatz von Strukturmodellen in der Konjunkturanalyse

Makroökonomische Strukturmodelle finden in der Konjunkturdiagnose und -prognose ein breites Betätigungsfeld. Gegenüber den anderen bisher dargestellten Verfahren weisen sie drei Vorteile auf: Erstens treffen sie explizite Annahmen zu Ursache-Wirkungs-Beziehungen, definieren also abhängige und unabhängige Variablen. Damit erfolgt zwar – wie durch die Sims-Kritik thematisiert – eine subjektive Festlegung auf bestimmte Zusammenhänge. Allerdings können Strukturmodelle Transmissionskanäle weitaus detaillierter modellieren als beispielsweise VAR-Modelle, bei denen man hinsichtlich der Zahl der einzubeziehenden Variablen und Lags rasch an Grenzen stößt. Zweitens sind die Modelle explizit formuliert und damit transparent, und Simulationen können unter stets gleichen Bedingungen beliebig oft und praktisch von jedem, der mit der Technik des Modells vertraut ist wiederholt werden. Drittens sind Modelle in der Regel formal konsistent, so dass Inkonsistenzen in der Prognose oder in der Datensetzung leicht auffallen. Diese Vorteile umreißen den Einsatz in der Konjunkturanalyse.

Selbstverständlich können Modelle als reines Prognoseinstrument genutzt werden. Sie erstellen, da sie von exogenen Variablen abhängen, stets eine bedingte Prognose. Dies ist aber insofern kein Nachteil, als dies für die meisten praktischen Konjunkturprognosen (siehe dazu Abschn. 9.2) gleichermaßen gilt. Erfahrungsgemäß liefern Modelle etwas schlechtere Prognosen insbesondere als gemischte Prognoseverfahren, da letztere Informationen aufnehmen können, die außerhalb des festgelegten Rahmens eines Modells liegen. Solche Informationen kann man zwar in Strukturmodelle integrieren, z. B. durch ein sog. add factoring, mit dessen Hilfe das in einzelnen Gleichungen des Modells Zu- oder Abschläge gegenüber der Modelllösung vorgenommen werden. Ein solches „Trimmen" eines Modells auf eine bessere Prognoseleistung geht aber zulasten der Transparenz, und manchmal auch der Konsistenz. In jedem Fall bewegt man sich dadurch weg von einer aus den aus Erfahrungen der Vergangenheit, die in den numerisch spezifizierten Parametern des Modells zum Ausdruck kommen, abgeleiteten Prognose hinzu einer Prognose, in der die subjektiven Einschätzungen des Prognostikers eine größere Rolle spielen. Sind die Eingriffe in das Modell groß, können Strukturmodelle zudem nicht mehr die Kontrollfunktion für andere Prognosen ausüben, sie also nicht mehr auf Konsistenz und Plausibilität prüfen.

Die wichtigste Aufgabe von Strukturmodellen ist aber die Durchführung von Alternativrechnungen und Politiksimulationen, wie sie oben beschrieben wurden. Sie können mit Modellen rasch und bei Bedarf auch in großer Zahl durchgeführt werden. In dieser Hinsicht kann man Modelle als „Arbeitspferde" der Konjunkturanalyse charakterisieren. Darüber hinaus unterstützen die im Modellkontext empirisch bewährten Hypothesen den Prognostiker auch bei der Vermittlung und Darstellung seiner Prognose.

Literatur

Carnot, N., V. Koen, und B. Tissot. 2011. *Economic forecasting*. 2. Aufl. Houndmills: Palgrave-McMillan.

Christoffel, K., G. Coenen, und A. Warne. 2008. The New Area-Wide Model of the euro area. A micro-founded open-economy model for forecasting and policy analysis. ECB Working Paper 944. Frankfurt a. M.

Döhrn, R., G. Barabas, H. Gebhardt, M. Micheli, S. Rujin, und L. Zwick. 2014. Die wirtschaftliche Entwicklung im Inland: Aufschwung bleibt moderat. *RWI-Konjunkturberichte* 65 (1): 37–94. Essen.

Heilemann, U. 2002. Small is beautiful? Entwicklungslinien im makroökonometrischen Modellbau. *Jahrbücher für Nationalökonomie und Statistik* 222:656–682.

OECD. 2009. OECD economic outlook. Interim report March 2009. Paris.

Ratto, M., W. Roeger, und J. in 't Veld. 2008. QUEST III: An estimated DSGE model of the euro area with fiscal and monetary policy. European Economy Economic Papers 335. Brüssel.

Van Els, P., A. Locarno, J. Morgan, und J.-P. Villetelle. 2001. Monetary policy transmission in the Euro area: What do aggregate and national structural models tell us? ECB Working Paper 94. Frankfurt a. M.

Intuitive Prognoseverfahren 8

8.1 Zur Rolle intuitiver Verfahren bei der Erstellung von Prognosen

Alle bisher dargestellten Verfahren der Konjunkturprognose verfügten über einen mehr oder weniger ausgeprägten methodischen Hintergrund, der es erlaubt, die verwendeten Schätzansätze explizit und damit nachvollziehbar und reproduzierbar aufzuschreiben. Bereits diese Verfahren sind allerdings nicht frei von Intuition, etwa wenn es um die Entscheidung geht, auf welche der zahlreichen Indikatoren man seine Einschätzung gründet, welche Variablen in Schätzgleichungen als erklärende Größen eingehen oder welches Trendmodell einem Zeitreihenansatz zugrunde liegt.

Darüber hinaus gibt es in der Praxis häufig Situationen, in denen Prognostiker aus guten Gründen, manchmal auch im Nachhinein betrachtet zu Unrecht von dem abweichen, was die formalen Schätzansätze liefern. Ein solcher Grund kann sein, dass die Aussagekraft mancher Daten in konkreten Situationen bezweifelt wird. Ein anderer Grund ist, dass es an Erfahrungen fehlt, wie sich z. B. Ereignisse auf die Prognose auswirken. Es geht dabei nicht um die in Abschn. 2.2 diskutierten *unknown unknowns*, sondern um durchaus bekannte Rahmenbedingungen der Prognose, die aber zumindest für die betrachtete Ökonomie neu sind und zu denen es daher keine Erfahrungen aus der Vergangenheit gibt.

Umfragen unter Prognostikern zeigen, dass in solchen Fälle intuitive Verfahren in der Praxis eine große Rolle spielen (vgl. dazu auch den Überblicksartikel von Önkal-Atay et al. 2002). In der angelsächsischen Literatur bezeichnet man diese Verfahren auch als *judgemental forecasting*. Da das Ausmaß, in dem solche Ansätze die Prognose beeinflussen, allerdings häufig nicht transparent ist, ist es auch in der Regel nicht möglich, systematisch zu untersuchen, ob solche Verfahren zu einer Verbesserung von Prognosen beitragen. Eine der wenigen Versuche in diese Richtung stammt von McNees (1990), der die Folgen von Eingriffen in ausgewählte Prognosen für die US-Wirtschaft daraufhin untersuchte, wie sie die Prognosegenauigkeit beeinflussten, und dabei zu einem überwiegend positiven Urteil gelangt.

Bei der Umsetzung neuer Politikmaßnahmen in eine Prognose, aber auch der Bewertung de Aussagekraft von vorhandenen Konjunkturdaten spielt häufig die individuelle Erfahrung des Prognostikers eine wichtige Rolle. Daher ist hier von Verfahren die Rede, die sich – anders als z. B. Zeitreihenansätze – nur schwer formal, und erst recht nicht allgemeingültig darstellen lassen. Das Spektrum möglicher Ansatzpunkte, aus denen man prognostische Aussagen ableiten kann, ist weit. Es reicht von internationalen Erfahrungen, über die Analyse anekdotischer Evidenzen, einfache Rechenmodelle bis hin zur Umsetzung von Stimmungen, die sich in Meinungsumfragen, Pressemeldungen oder in Aktivitäten im Internet äußern.

Um dem Leser dennoch einen Eindruck vom möglichen Vorgehen zu geben, sollen hier drei Beispiele aus der jüngeren Vergangenheit aufgegriffen und deren Umsetzung in eine Prognose dargestellt werden.

- Im Jahr 2006 hatte die Bundesregierung die Abschreibungsmöglichkeiten für Unternehmen verbessert, dies aber bis Ende 2007 befristet. Was würde Ende 2007 passieren, wenn die Förderung ausläuft? In Deutschland hatte die Politik zwar in der Vergangenheit mehrfach befristete Änderungen der Abschreibungsmöglichkeiten eingeführt, dies aber in der Regel nur für bestimmte Güter oder bestimmte Unternehmen, z. B. für kleine und mittlere Unternehmen.
- Zum 1. Januar 2007 wurde die Mehrwertsteuer in Deutschland um 3 Prozentpunkte angehoben, und dies war lange vorher angekündigt worden. Wie würden die Verbraucher darauf reagieren. Es hatte zwar auch in der Vergangenheit Mehrwertsteuererhöhungen gegeben. Diese waren aber zumeist kurzfristiger umgesetzt worden und betrugen maximal 1 Prozentpunkt.
- Im Rahmen des Konjunkturprogramms 2009 führte die Bundesregierung eine Umweltprämie für die Verschrottung alter PKW ein. Eine solche Maßnahme hatte es in Deutschland noch nie gegeben.

In den betrachteten Fällen geht es oft gar nicht so sehr um die Größenordnung der Effekte; diese lassen sich zumeist sogar recht gut abschätzen. Schwierig ist vielmehr häufig die zeitliche Zuordnung der Effekte: Wann wirkt eine Maßnahme, in diesem oder erst im kommenden Jahr? Führt eine Maßnahmen zu Verlagerungen von Wirtschaftsaktivität auf der Zeitachse? Während solche Fragen in längerfristiger Perspektive keine große Rolle spielen, sind sie für Konjunkturprognosen, also Aussagen über die wirtschaftliche Entwicklung auf Jahresebene, oft von großer Bedeutung.

Mit den drei Beispielen werden drei typische Vorgehensweisen bei intuitiven Prognoseverfahren aufgegriffen; Die Nutzung internationaler Erfahrung, die Verallgemeinerung anekdotischer Evidenzen und Plausibilitätsüberlegungen aufgrund einfacher Rechenmodelle.

8.2 Beispiele für den Einsatz intuitiver Prognoseverfahren

8.2.1 Das Auslaufen von Abschreibungsbedingungen: Internationale Erfahrungen

Mit ihrem Amtsantritt im Jahr 2005 führte die damalige Große Koalition Abschreibungserleichterungen für Unternehmen ein, die ab dem 1. Januar 2006 galten und Ende 2007 ausliefen. Diese haben zum einen Wachstumseffekte. Da durch sie Investitionen verbilligt werden, wirken sie sich positiv auf die Höhe des Kapitalstocks aus und verbessern damit die Produktionsmöglichkeiten der Volkswirtschaft. Konjunkturell ist allerdings ein anderer Effekt von größerer Bedeutung: In welchem Maß wird die Investitionstätigkeit durch eine solche Sonderabschreibung stimuliert, und wie werden Unternehmen auf die Befristung der Maßnahme reagieren? Zu vermuten ist, dass die Unternehmen versuchen werden, einen möglichst großen Teil ihrer ohnehin geplanten Investitionen innerhalb des Zeitraums der Begünstigung durchzuführen, da die bei Tätigen der Investition geltenden steuerlichen Regeln bis zum Ende der steuerlichen Nutzungsdauer gelten. Folglich sind Vorzieheffekte wahrscheinlich, denen dann ein vorübergehender Rückgang der Investitionstätigkeit folgen dürfte, wenn die Maßnahme ausgelaufen ist.

In Deutschland gab es wie erwähnt bis 2006 keine Beispiele für eine derart umfangreiche und befristete Änderung der Abschreibungsregeln. Aufschlussreich war aber der Blick ins Ausland. So hatte es in Italien bereits mehrfach befristete Maßnahmen zur Investitionsförderung gegeben. Die sog. Tremonti-Gesetze (benannt nach einem italienischen Finanzminister) erlaubten es Unternehmen, Aufwendungen für Investitionen, die in einem bestimmten Zeitraum getätigt wurden und die über den durchschnittlichen Investitionsbetrag der Vorjahre hinausgingen zur Hälfte direkt gewinnmindernd geltend zu machen. Erstmals galt diese Regelung in den Jahren 1994 und 1995, und ein zweites Mal wurde sie für 2001/2002 in Kraft gesetzt. Diese beiden Fälle konnten 2006 als Anschauungsmaterial dienen; übrigens wurde eine weiteres Tremonti-Gesetz Mitte 2009 verabschiedet.

Abb. 8.1 zeigt die Entwicklung der Ausrüstungsinvestitionen in Italien in den Jahren, in den die Tremonti-Gesetze galten sowie jeweils in den Jahren davor und danach. Einerseits sieht man, dass die Reaktionen in beiden Zeiträumen recht unterschiedlich waren. Andererseits zeigen sich aber durchaus Gemeinsamkeiten: Erstens ist ein positiver Effekt auf die Investitionen erkennbar, wenn dieser 2001/2002 auch später einsetzte, was mit der Umsetzung der Gesetze zusammenhängen mag, da die Regeln erst nachträglich beschlossen wurden. Zweitens nimmt die Investitionstätigkeit gegen Ende der Maßnahme beschleunigt zu (*sunset*-Effekt). Drittens gibt es einen Einbruch der Investitionstätigkeit bei Ende der Maßnahmen, was darauf hindeutet, dass ursprünglich für später geplante Investitionen vorgezogen wurden.

Diese Erfahrungen legten nahe, in der Konjunkturprognose für Deutschland ebenfalls einen Vorzieheffekt zu berücksichtigen, also eine verstärkte Investitionstätigkeit gegen Ende 2007 zu unterstellen und eine schwache Entwicklung zu Beginn des Jahres 2008. Die ersten für den Jahreswechsel 2007/2008 veröffentlichten Daten bestätigten übrigens

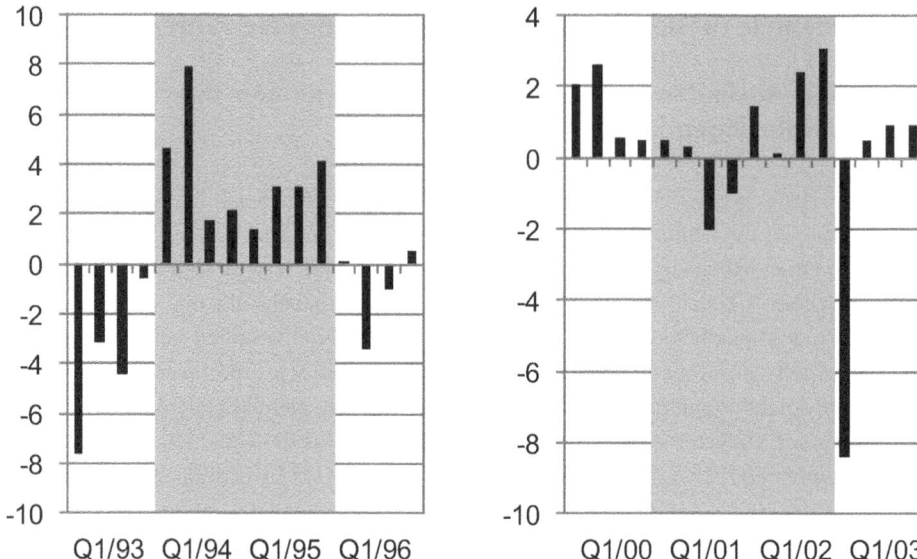

Abb. 8.1 Veränderung der Ausrüstungsinvestitionen in Italien während der Laufzeit der Tremonti-Gesetze. Veränderungen gegenüber dem Vorquartal in %; nach Angaben der OECD

diese Einschätzung nicht. Sichtbar wurde der Effekt erst nach Abschluss der Revisionen an den Daten. Nach derzeitigem Datenstand (Juni 2014) nahmen die Ausrüstungsinvestitionen im vierten Quartal 2007 um 4,5 % gegenüber dem Vorquartal zu, während sie im ersten Quartal 2008 um 1,1 % sanken.

8.2.2 Die Mehrwertsteuererhöhung von 2007: Anekdotische Evidenzen

Die Umsatzsteuer wurde in Deutschland 1968 auf das System der Mehrwertsteuer umgestellt. Von einem Normalsatz von anfänglich 10 % wurde sie bis 2006 nur sechsmal erhöht, und dies jeweils in kleinen Schritten. Für den 1. Januar 2007 hatte die Bundesregierung einer Erhöhung des Normalsatzes von 16 auf 19 % angekündigt. Die makroökonomischen Wirkungen einer solchen Steuererhöhung lassen sich durch Modelle recht gut abgreifen. Sie führt letztlich zu einem höheren Preisniveau und bewirkt auf diesem Wege einen Realeinkommensentzug. Allerdings dürfte das Konsumverhalten durch die Steuererhöhung auch kurzfristig beeinflusst werden. So ist es plausibel, dass manche Konsumenten teure Güter wie Autos vor der Steuererhöhung kaufen, um von den noch niedrigeren Preisen zu profitieren (Vorzieheffekt). Für die Prognose kann dies bedeuten, dass es vor der Steuererhöhung zu einem Konsumschub kommt, während danach die Nachfrage vorübergehend in ein Loch fällt. Langfristig sind solche Effekte nicht sehr bedeutsam, wenn es aber darum geht, die wirtschaftliche Entwicklung in einem konkreten Jahr vorherzusagen, ist der Effekt nicht zu vernachlässigen. Wird z. B. die Steuererhöhung zum Jahreswechsel wirk-

8.2 Beispiele für den Einsatz intuitiver Prognoseverfahren

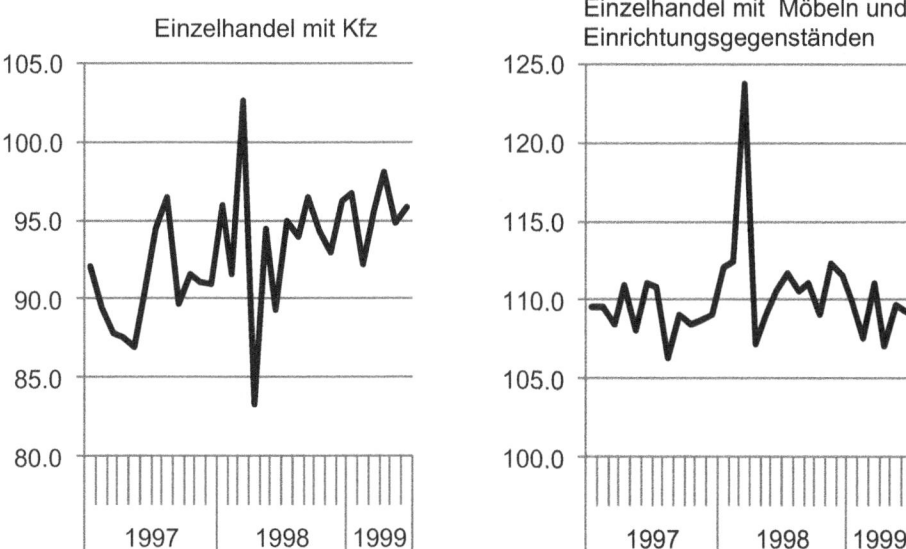

Abb. 8.2 Umsatz im Einzelhandel während der Mehrwertsteuererhöhung vom 1. April 1998; 2005 = 100, in konstanten Preisen, saisonbereinigt. Nach Angaben des Statistischen Bundesamtes

sam, erhöht ein solcher Konsumschub die gesamtwirtschaftliche Nachfrage im Jahr vor der Steuererhöhung und der anschließende Nachfrageeinbruch dämpft die Konjunktur im Folgejahr zusätzlich zum Realeinkommenseffekt.

Da Mehrwertsteuererhöhungen wie erwähnt selten sind und in der Vergangenheit jeweils gering waren, gab es nur wenige Evidenzen für die Größe eines solchen Vorzieheffekts bei einer Steuererhöhung um 3 Prozentpunkte. Für die damalige Konjunkturprognose konnte man lediglich versuchen, aus den wenigen früheren Steuererhöhungen eine plausible Setzung der Größe eines solchen Vorzieheffekts abzuleiten. In den neunziger Jahren des vorigen Jahrhunderts gab es nur zwei Anhebungen der Mehrwertsteuer, die erste am 1. Januar 1993, die zweite am 1. April 1998. Letztere soll hier beispielhaft betrachtet werden (zur Erhöhung von 1993 siehe Döhrn et al. 2006), Da zu vermuten ist, dass nur bei hochpreisigen langlebige Gebrauchsgütern wie Automobilen und Möbeln die Mehrwertsteuerersparnis groß genug ist, um eine Vorziehen eines Kaufs zu rechtfertigen, bietet es sich an, insbesondere die Käufe dieser Güter zu betrachten, gemessen am Einzelhandelsumsatz in diesen beiden Bereichen.

Abb. 8.2 zeigt die Umsatzentwicklung in den beiden Handelsbranchen vor und nach der Steuererhöhung. Auffällig ist der Ausschlag nach oben im März 1998, also unmittelbar vor der Steueranhebung, was für einen deutlichen Vorzieheffekt spricht. Bei den Kfz-Käufen folgt dem bereits kurzfristig eine Gegenreaktion im April, während bei den Möbelkäufen eine deutliche „Gegenbuchung" nicht erkennbar ist. Insgesamt sprach das Beispiel aber dafür, einen Vorzieheffekt in die Prognose einzurechnen. Bei dessen Quantifizierung konnte man sich am Anteil dieser Güter am Budget der Konsumenten orientieren.

In der Tat erhöhten sich die privaten Konsumausgaben im vierten Quartal 2006 um 1,7 % gegenüber dem Vorquartal, das war die höchste Rate seit dem Boomjahr 2000. Im ersten Quartal 2007 gab es auch eine entsprechende Gegenreaktion; die Konsumausgaben sanken um kräftige 1,7 %.

8.2.3 Wirkungen der Abwrackprämie: Ein einfaches Rechenmodell

Ein Bestandteil des Konjunkturprogramms zur Bekämpfung der tiefsten Rezession in der Geschichte der Bundesrepublik im Jahr 2009 war eine Subvention für den Ersatz alter, auf private Haushalte zugelassener Pkw durch Neuwagen. Von der Bundesregierung wurde diese Subvention als Umweltprämie bezeichnet. Da die alten Pkw aber nicht weiterverkauft, sondern endgültig stillgelegt und verschrottet werden mussten, bürgerte sich die Bezeichnung Abwrackprämie ein.

Für Prognostiker stellte sich die Frage, was diese Prämie für die Konjunktur bedeutet. In Deutschland hatte es bis dahin keine solche Subvention gegeben, so dass man sich nicht auf Erfahrungen der Vergangenheit stützen konnte. Bezug nehmen konnte man auf Erfahrungen aus Frankreich oder Italien, wo es ähnliche Programme in den neunziger Jahren gegeben hatte.[1] Aber auch dies waren nur wenige Beispiele, und möglicherweise waren sie nicht ohne weiteres zu übertragen, da die Programme unterschiedlich ausgestaltet waren und Struktur der Pkw-Flotten sich unterschied.

Zur Fundierung der Prognose für Deutschland wurde daher auf ein statisches Rechenmodell zurückgegriffen, das auf eine (vereinfachte) Sterbetafel für PKW aufbaute. Eine solche Sterbetafel verfolgt das Schicksal eines jeden Zulassungsjahrgangs von Fahrzeugen, fragt also, wie viele Fahrzeuge eines Jahrgangs nach einem Jahr, nach zwei Jahren etc. noch genutzt werden. Man kann aus solchen Tafeln berechnen, wie hoch die Wahrscheinlichkeit ist, dass ein Fahrzeug eines Zulassungs-Jahrgangs, das ein Alter t erreicht hat, auch im Alter t+1 noch genutzt wird. Das Komplement dieser Überlebenswahrscheinlichkeit ist die „Sterbewahrscheinlichkeit", die bei jungen Fahrzeugen naturgemäß gering ist – nur einige werden bei Unfällen zu Totalschäden – und mit steigendem Alter zunimmt, um dann bei sehr alten Fahrzeugen, die eher als Liebhaberstücke gehalten werden, wieder etwas zu sinken.[2]

Die Abwrackprämie konnte nur für Fahrzeuge beantragt werden, die mindestens neun Jahre alt waren. Tab. 8.1 zeigt den entsprechenden Ausschnitt aus der Sterbetafel für 2008. Multipliziert man den Bestand mit den Sterbewahrscheinlichkeiten, erhält man die Zahl der Fahrzeuge, die normale Bedingungen vorausgesetzt, im Jahr 2009 wahrscheinlich den Bestand verlassen werden. Dies wären gut 2,3 Mill. Fahrzeuge. Das Konjunkturprogramm der Bundesregierung sah vor, die Verschrottung von maximal 2 Mill. Fahrzeugen zu subventionieren. Angesichts dieses „natürlichen" Abgangs wird deutlich, dass mit erhebli-

---

[1] Eine Analyse der Abwrackprämien in Frankreich liefern Adda und Cooper (2000).
[2] Abgänge aus dem Bestand ergeben sich allerdings auch aus Verkäufen ins Auslands.

8.2 Beispiele für den Einsatz intuitiver Prognoseverfahren

Tab. 8.1 Pkw-Bestand 2008 nach Zulassungsjahrgängen und Sterbewahrscheinlichkeiten der Jahrgänge. (Eigene Berechnungen nach Angaben des Kraftfahrtbundesamtes)

Zulassungsjahrgang	Fahrzeugbestand 2008	Sterbewahrscheinlichkeit in %	Abgang von Fahrzeugen bei normaler Sterbewahrscheinlichkeit
1985 und älter	489.714	15,0	73.457
1986	122.878	16,1	19.774
1987	194.441	19,4	37.687
1988	265.086	23,8	63.002
1989	389.484	24,0	93.371
1990	605.950	24,9	150.989
1991	950.628	21,6	205.053
1992	1.093.737	21,5	235.689
1993	1.198.701	19,5	234.308
1994	1.483.022	16,7	247.189
1995	1.874.552	13,6	254.098
1996	2.177.130	10,6	230.511
1997	2.395.447	8,3	199.017
1998	2.658.683	6,3	167.481
1999	2.850.842	4,8	136.877
Insgesamt			2.348.502

chen Mitnahmeeffekten zu rechnen war, dass also Halter von Fahrzeugen, die ohnehin nicht weiter genutzt werden konnten, die Prämie beantragten. Wäre der Mitnahmeeffekt hoch, dann wäre die vom Gesetz beabsichtigte Stützung der Konjunktur gering. Eine entscheidende Variable für die Wirkung auf die Konjunktur ist also die Größe des Mitnahmeeffekts.

Eine andere wichtige Determinante der konjunkturellen Wirkungen ist die Frage, wie viele Pkw-Besitzer, deren Fahrzeuge dem „Lebensende" nahe sind, deren Abgang aus dem Bestand also zum Beispiel für 2010 zu erwarten war, den Pkw bereits 2009 abgeben. Daraus ergäbe sich – wie im vorhergehenden Abschnitt bereits im Fall der Mehrwertsteuer diskutiert – ein Vorzieheffekt, der von der Politik mit Blick auf die Stützung der Konjunktur gewollt war. Unterstellt man für die Zukunft unveränderte Sterbewahrscheinlichkeiten, so kann man bei Vorgabe des Mitnahmeeffekts und des Vorzieheffekts berechnen, wie sich die Pkw-Neuzulassungen 2009 und in den Folgejahren im Vergleich zu einer Situation entwickeln würde, in der es keine Abwrackprämie gegeben hätte.

Abb. 8.3 zeigt zwei Rechnungen mit diesem kleinen Rechenmodell. Die erste geht von einem Mitnahmeeffekt von 50 % aus, d. h. die Hälfte der Prämienanträge wird von Fahrzeughaltern gestellt, deren Fahrzeuge ohnehin im Jahr 2009 stillgelegt werden müssen. Ein spezieller Vorzieheffekt wird nicht unterstellt, sondern die restlichen Prämienanträge verteilen sich gleichmäßig auf alle in Frage kommenden PKW im Bestand. Verglichen werden die sich unter diesen Annahmen ergebenden Neuzulassungen mit einem Modell

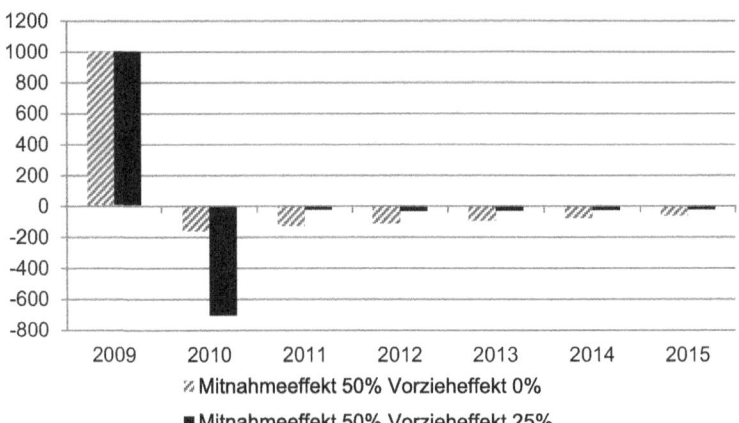

Abb. 8.3 Simulationen der Wirkungen der Abwrackprämie für PKW, Abweichungen der Neuzulassungen von der Basislösung

mit unveränderten Sterbewahrscheinlichkeiten. Unter diesen Annahmen würde die Zahl der Neuzulassungen 2009 um 1 Mill. steigen und über die kommenden Jahre verteilt sinken, wenn die 2009 verschrotteten Fahrzeuge ohnehin zum Ersatz angestanden hätten. Eine zweite Rechnung unterstellt außerdem einen speziellen Vorzieheffekt von 25 %, hier so definiert, dass ein Viertel der 2010 anstehenden Verschrottungen bereits 2009 erfolgt. Der positive Impuls auf die Konjunktur im Jahr 2009 wäre der Gleiche, aber es käme 2010 zu einem Einbruch bei den Neuzulassungen.

Das Modell stellt eine reine Mengenrechnung an, war aber hilfreich bei der Einschätzung der konjunkturellen Wirkungen der Abwrackprämie in den für 2009 und 2010 erstellten Konjunkturprognosen. Zwar weiß man nicht, wie hoch die Zahl der Neuzulassungen ausgefallen wäre, wenn es die Abwrackprämie nicht gegeben hätte. Die Zahlen sprechen aber dafür, dass die Annahme eines Mitnahmeeffekts von 50 % nicht unplausibel war. Jedenfalls wurden im Jahr 2009 2,86 Mill. Fahrzeuge auf private Haushalte und den Fahrzeughandel (sog. Tageszulassungen) zugelassen nach nur 1,89 Mill. im Jahr 2008. Der spezielle Vorzieheffekt aus dem Jahr 2010 war hingegen allem Anschein nach gering. In den Jahren 2010 und 2011 wurden 1,85 und 1,94 Mill. zugelassen.[3]

Literatur

Adda, J., und R. Cooper. 2000. Balladurette and Juppette: A discrete analysis of scrapping subsidies. *Journal of Political Economy* 108 (4): 778–806 (Chicago).

Döhrn, R., et al. 2006. Führt die Mehrwertsteuererhöhung zu Vorzieheffekten? In *Die wirtschaftliche Entwicklung im Inland: Aufschwung kräftigt sich,* Hrsg. R. Döhrn (*RWI Konjunkturberichte* 57 (1): 40–41).

---

[3] Die Angaben in Tab. 8.1 beziehen sich auf alle PKW und nicht nur die auf private Haushalte zugelassenen.

McNees, S. 1990. The role of judgement in macroeconomic forecasting accuracy. *International Journal of forecasting* 6:287–299.

Önkal-Atay, D., M. E. Thomson, und A. C. Pollock. 2002. Judgemental forecasting. In *A companion to economic forecasting,* Hrsg. M. P. Clements und D. F. Hendry, 133–151. Malden: Wiley-Blackwell.

Gemischte Prognoseverfahren 9

Bis hier wurden eine Reihe von Prognoseverfahren vorgestellt, die ausgehend von unterschiedlichen Ansatzpunkten und mit einer unterschiedlichen Methodik jeweils in der Lage sind, quantitative Prognosen zu liefern. Ihre Ergebnisse dürften sich aber unterscheiden, selbst wenn sie zum gleichen Zeitpunkt und ausgehend von der gleichen Datenbasis erstellt wurden. Welcher der zahlreichen Prognosen soll man aber vertrauen? Und wie kann man die mit vielen Methoden gewonnen Prognosen zu einem Gesamtbild zusammensetzen?

Auf diese Fragen gibt es zwei denkbare Antworten: Erstens kann man verschiedene Prognose erstellen und diese durch die Bildung von Durchschnitten kombinieren. Es lässt sich dabei mathematisch zeigen, dass solche Durchschnittsprognosen – je nach Methode der Durchschnittbildung – treffsicherer sein können als jede der in den Durchschnitt eingehenden Einzelprognosen. Zweitens kann man selektiv vorgehen und verschiedene Ansätze für verschiedene Zwecke verwenden und die so gewonnen Einzelprognosen mittels eines vorgegebenen definitorischen Rahmens zu einer in sich konsistenten Prognose zusammenfügen. Dabei können beide Ansätze kombiniert werden: Mittels Durchschnittsbildung ermittelte Prognosen können in den als zweiten genannten Prognoseprozess eingespeist werden.

9.1 Kombinationen von Prognosen

Wenn mehrere Prognosen des gleichen Sachverhaltes vorliegen, möglicherweise sogar erstellt von dem gleichen Prognostiker, so steht es jedem natürlich frei, sich für eine Prognose zu entscheiden. Mit einer solchen Festlegung auf einen Ansatz ist aber die Gefahr verbunden, dass man eventuell Informationen, die in den anderen Prognosen enthalten sind, ungenutzt lässt. Aufgrund der so verschenkten Informationen erhält man möglicherweise eine weniger treffsichere Prognose. Diese Überlegung entspricht, worauf Newbold und Harvey (2002) hinweisen, dem Gedanken der Risikodiversifikation bei der Entscheidung über Investitionsportfolios: Man setzt nicht allein auf einen Ansatz, sondern diversifiziert das Risiko, dass ein subjektiv gewählter Ansatz in der gegebenen Situation eine falsche Prognose liefern könnte.

Wie man verschiedene Prognosen kombinieren kann, liefert die Literatur mehrere Vorschläge. Die grundsätzliche Frage ist dabei, ob man die einzelnen Prognosen gewichten soll, bevor man sie kombiniert, oder ob man sie ungewichtet zusammenfassen soll. Ein Beispiel für eine ungewichtete Zusammenfassung wurde in Abschn. 5.3.3 bereits am Beispiel von Systemen von Brückengleichungen vorgestellt. Auf Bates und Granger (1969) geht der Vorschlag zurück, die Prognosen anhand der in der Vergangenheit beobachteten Fehler zu gewichten. Im Falle von zwei Prognosen P_1 und P_2 ergibt sich eine kombinierte Prognose P_c als:

$$P_c = (1-\lambda)P_1 + \lambda P_2 \tag{9.1}$$

Ist s_1 die Streuung der Prognosefehler von P_1 und s_2 die Fehlerstreuung von P_2, so liefert folgendes λ den kleinsten Fehler der kombinierten Prognose:

$$\lambda = \frac{s_2^2 - rs_1 s_2}{s_1^2 + s_2^2 - 2rs_1 s_2} \tag{9.2}$$

r ist dabei die Korrelation zwischen den Prognosefehlern. Das λ ergibt sich also aus dem Verhältnis der Fehlerstreuung von P_2 zur Summe der Fehlerstreuungen, jeweils bereinigt um die Kovarianz der Fehler.

Um zu verdeutlichen, dass eine solche Kombination von Prognosen tatsächlich den Prognosefehler vermindern kann, werden hier zwei Brückengleichung zur Prognose des BIP kombiniert. Die erste verwendet neben einem autoregressiven Term die Industrieproduktion als Indikator, die zweite den Purchasing Managers' Index (PMI). Tab. 9.1 stellt die betreffenden Prognosen der Vorjahresveränderung des BIP und die Prognosefehler dar.

Die Tabelle zeigt, dass in manchen Jahren die Zuwachsrate des BIP besser mit Hilfe der Industrieproduktion und in manchen besser ausgehend vom PMI prognostiziert wird.[1] Die Fehlerstreuung der erstgenannten Prognose ist mit 1,12 geringfügig größer als die der zweiten (1,05). Unter Berücksichtigung der Korrelation der Prognosefehler, die 0,75 beträgt, errechnet sich für die PMI-basierten Prognose ein λ von 0,623, womit man für die Prognose mit Hilfe der Industrieproduktion ein Gewicht von 0,377 erhält. Die mit diesen Gewichten berechnete kombinierte Prognose weist in der Tat eine kleinere Fehlerstreuung von 1,01 und einen geringeren mittleren absoluten Fehler auf. Die Kombination beider

---

[1] Um die Rechnung für den Leser nachvollziehbar zu machen, werden hier die Gewichte nach Maßgabe der Fehlerstreuungen im gesamten Stützbereich ermittelt. In der Praxis würde man die Gewichte mit jeder Prognose auf Basis der Fehlerstreuungen der vergangenen n Perioden neu berechnen.

Tab. 9.1 Beispiel zur Kombination von Prognosen; Veränderungsrate des Bruttoinlandsprodukts gegenüber dem Vorjahr. (Eigene Berechnungen)

Zeitraum	Brutto-inlands-produkt	Prognose		Prognosefehler		Kombinierte Prognose	
		Basis Industrie-produktion	Basis PMI	Basis Industrie-produktion	Basis PMI	Prognose	Prognose-fehler
Q1 2006	2,6	1,9	2	0,6	0,5	2	0,6
Q2 2006	3,5	2,6	2,8	0,8	0,7	2,8	0,7
Q3 2006	3,7	3,3	3,4	0,4	0,3	3,4	0,3
Q4 2006	4,5	3,4	3,6	1,1	0,9	3,5	1
Q1 2007	4	4,2	4	−0,1	0	4,1	−0,1
Q2 2007	2,8	3,6	3,7	−0,8	−0,9	3,6	−0,9
Q3 2007	2,7	2,8	2,7	−0,1	−0,1	2,7	−0,1
Q4 2007	1,8	2,6	2,3	−0,9	−0,5	2,4	−0,7
Q1 2008	2,7	2,1	2	0,6	0,7	2	0,6
Q2 2008	1,7	2,4	2,3	−0,7	−0,7	2,3	−0,7
Q3 2008	0,5	1,4	1,2	−0,9	−0,7	1,3	−0,8
Q4 2008	−2	−0,3	−1,1	−1,6	−0,8	−0,8	−1,1
Q1 2009	−6,6	−4	−3,4	−2,7	−3,2	−3,6	−3
Q2 2009	−5,5	−6,9	−5,3	1,3	−0,3	−5,9	0,3
Q3 2009	−4,4	−5,3	−2,9	0,8	−1,5	−3,8	−0,6
Fehler-streuung				1,12	1,05		1,01
Mittlerer absoluter Fehler				0,92	0,78		0,76

Schätzansätze liefert in der Tat eine treffsicherere Prognose als jeder der beiden Einzelansätze, wenn die Verbesserung auch klein ist.

Das Verfahren von Bates und Granger minimiert den Prognosefehler der kombinierten Prognose. Es lässt sich auch bei mehr als zwei Prognosen anwenden (Granger and Ramanathan 1984). Bezeichnet man die Matrix der zu kombinierenden j Prognosen für n Zeitpunkte als j × n Matrix P und die zu prognostizierende Variable als n × 1 Vektor x, dann ergibt sich der j × 1 Vektor der Gewichte L als

$$L = (P'P)^{-1} P'x \tag{9.3}$$

Allerdings zeigen Granger und Ramanathan (1984) auch, dass sich die Treffsicherheit weiter verbessern lässt wenn man außerdem eine Konstante bei der Aggregation der Prognosen berücksichtigt. Das Verfahren stellt aber beispielsweise nicht sicher, dass alle Gewichte positiv sind. Auch lässt sich mit einer wachsenden Zahl einzubeziehender Prognosen die Varianz-Kovarianzmatrix der Prognosefehler nicht mehr genau genug bestimmen. Daher wird auch auf andere Gewichtungskriterien zurückgegriffen.[2] Der einfachste Fall wäre eine Gleichgewichtung aller Prognosen. Eine andere Möglichkeit wäre eine Gewichtung nach Maßgabe der Anpassungsgüte der Prognosegleichungen in der Vergangenheit. Empirisch gut bewährt haben sich Verfahren, die nur einen bestimmten Prozentsatz der Prognosen mit den geringsten Fehlern bei der Aggregation berücksichtigen (sog. Trimming-Ansätze). Dadurch gehen Ausreißer in den Prognosen nicht in die Durchschnittsbildung ein. Bei einem 25 %-Trimming würde man von einer großen Zahl von Prognosen nur jenes Viertel mit dem geringsten Prognosefehler berücksichtigen.

Praktisch von Bedeutung ist eine solche Kombination von Prognosen vor allem bei Vorhersagen für sehr kurze Fristen, z. B. mit Hilfe von Brückengleichungen (Abschn. 5.3.3). Für disaggregierte Ansätze, wenn also z. B. neben dem Bruttoinlandsprodukt auch dessen Komponenten prognostiziert werden sollen, sind solche Ansätze allenfalls in sehr engen Grenzen geeignet.

9.2 Iterative VGR-Prognose

9.2.1 Grundsätzliches Vorgehen

Bei der Kombination von Prognosen konzentriert sich das Interesse darauf, aus zahlreichen Prognosen des gleichen Sachverhalts eine gemeinsame Botschaft abzuleiten. Bei der nun beschrieben iterativen VGR-Prognose steht der Gedanke im Mittelpunkt, unterschiedliche Prognoseansätze für verschiedene Sachverhalte zu einem konsistenten Bild zusammenzufügen. Dabei kann man die Ansätze sowohl in zeitlicher als auch in sachlicher Hinsicht differenzieren. Ersteres bedeutet, dass man je nach dem zu prognostizierenden Zeitraum unterschiedliche Verfahren verwendet. So eignen sich Indikatoren und darauf basierende Brückengleichungen oder Faktormodelle insbesondere für die Prognose des laufenden und des nächsten Quartals (Abschn. 5.3.3). Für die daran anschließenden Zeiträume sind dann möglicherweise ökonometrischen Eingleichungsmodelle, aber auch Zeitreihenverfahren oder intuitive Ansätze besser geeignet. Differenzierung in sachlicher Hinsicht bedeutet, dass für manche Komponenten der gesamtwirtschaftlichen Nachfrage – etwa die Ausrüstungsinvestitionen oder die Exporte – ökonometrische Verfahren besser geeignet sind, während z. B. für den Staatsverbrauch intuitive Ansätze, die sich auf Informationen aus den Budgetplänen des Staates stützen, bessere Ergebnisse erwarten lassen.

Eine solche Kombination von Verfahren setzt die Existenz eines definitorischen Rahmens voraus, der es erlaubt, methodisch und von den Datenquellen her unterschiedlich abgeleitete Prognosen für Teilbereiche zusammenzuführen. Einen solchen Rahmen bieten die Volkswirtschaftlichen Gesamtrechnungen. In diesen werden die Entstehung, die

---

[2] Eine kurzen Überblick über mögliche Gewichtungsschemata und die dazu gehörende Literatur geben Drechsel und Scheufele (2012).

9.2 Iterative VGR-Prognose

Verwendung und die Verteilung der gesamten Wirtschaftsleistung einer Volkswirtschaft vollständig und konsistent abgebildet. Aus ihnen lässt sich ein System von Definitionsgleichungen ableiten, welches es sowohl erlaubt, Prognosen für Teile zu einem Ganzen zusammenzuführen, als auch die innere Konsistenz von Prognosen für Teilbereiche zu überprüfen.

An dieser Stelle lässt sich gut der Unterschied dieses Ansatzes zu makroökonomischen Strukturmodellen (Abschn. 7.1.2) erläutern. Letztere verwenden in der Regel den gleichen definitorischen Rahmen, legen jedoch eine eindeutige Struktur der Zusammenhänge fest und sind so in der Lage, die volkswirtschaftlichen Kerngrößen simultan zu bestimmen. Die iterative VGR-Prognose schätzt jede Größe zunächst unabhängig von den anderen und stimmt die Ergebnisse in einem sich an die erste Schätzung anschließenden Iterationsprozess aufeinander ab. Dabei spielt die Erfahrung des Prognostikers eine wichtige Rolle, aufgrund derer er die Verlässlichkeit von Daten und Verfahren beurteilen und abwägen kann, welchem Ansatz in der jeweiligen Situation des größere Vertrauen zu schenken ist.

Veranschaulichen lässt sich der Abstimmungsprozess zwischen verschiedenen Schätzungen an der Prognose des Bruttoinlandsprodukts. Dieses kann zum einen von der Entstehungsseite her prognostiziert werden. Ansatzpunkt ist die Produktion der einzelnen Sektoren, wobei man sich für die Zwecke der Konjunkturanalyse in der Regel auf die in den Volkswirtschaftlichen Gesamtrechnungen ausgewiesenen großen Wirtschaftsbereiche beschränkt (Tab. 9.2). Deren Bruttowertschöpfung wird ausgehend von Indikatoren zunächst für die kurze Frist prognostiziert und anschließend mit Hilfe formaler Verfahren fortgeschrieben. Sie werden zur gesamtwirtschaftlichen Bruttowertschöpfung addiert. Zu dieser Summe werden anschließend die Gütersteuern hinzugezählt und die Gütersubventionen abgezogen und man erhält so das Bruttoinlandsprodukt.

Parallel dazu wird das Bruttoinlandsprodukt von der Verwendungsseite her prognostiziert (Tab. 9.3), und zwar sowohl das Mengengerüst – also die realen Größen – als auch die Preise der einzelnen Verwendungskomponenten. So werden mit verschiedenen Verfahren Vorhersagen für die Komponenten der Inlandsnachfrage und des Außenbeitrags erstellt. Addiert man diese Größen, fehlen zum Bruttoinlandsprodukt noch die Vorratsinvestitionen. Diese kann man ebenfalls direkt prognostizieren, so dass man eine vollständige Prognose von der Verwendungsseite her erhält, die man mit der Prognose der Entstehungsseite vergleichen kann. Gebräuchlich ist aber auch, die Vorratsinvestitionen als Differenz der Verwendungs- zur Entstehungsrechnung zu ermitteln und die Plausibilität dieser Restgröße vor dem Hintergrund der Erfahrungen früherer Konjunkturzyklen zu überprüfen. Falls erforderlich, werden anschließend einzelne Bestandteile der Prognose modifiziert, um von der Entstehungs- und der Verwendungsseite her zum gleichen Ergebnis zu gelangen. Dabei müssen auch inhaltlich eng miteinander verwandte Positionen auf der Entstehungs- und der Verwendungsseite aufeinander abgestimmt werden, so z. B. die Bruttowertschöpfung des Baugewerbes und die Bauinvestitionen.

Plausibilitätschecks bieten sich auch an einer Reihe von weiteren Stellen der Volkswirtschaftlichen Gesamtrechnungen an.

Tab. 9.2 Entstehungsseite des Bruttoinlandsprodukts Deutschlands, in Mrd. €. (Nach Angaben des Statistischen Bundesamtes. Rechenstand: Februar 2014)

	2009	2010	2011	2012	2013
Land- und Forstwirtschaft, Fischerei	15,9	17,8	18,5	20,0	19,3
Prod. Gewerbe ohne Baugewerbe	495,3	573,6	607,8	616,9	625,5
Darunter: Verarbeitendes Gewerbe	413,1	489,3	529,8	534,4	535,2
Baugewerbe	93,6	102,1	109,2	111,3	115,8
Handel, Verkehr, Gastgewerbe	334,4	326,3	339,1	347,5	355,6
Information und Kommunikation	93,6	90,2	94,7	96,0	96,5
Finanz- und Versicherungsdienstleister	93,1	101,8	101,5	94,4	98,6
Grundstücks- und Wohnungswesen	263,2	267,7	283,2	289,3	298,6
Unternehmensdienstleister	230,8	243,4	253,9	264,5	281,1
Öffentliche Dienstleister, Erziehung, Gesundheit	396,0	409,5	421,9	438,1	450,8
Sonstige Dienstleister	101,0	102,9	105,3	108,7	112,4
Bruttowertschöpfung	2117,1	2235,2	2334,9	2386,8	2454,0
Gütersteuern abzüglich Gütersubventionen	257,2	259,8	275,0	279,6	283,6
Bruttoinlandsprodukt	2374,2	2495,0	2609,9	2666,4	2737,6

Tab. 9.3 Verwendungsseite des Bruttoinlandsprodukts Deutschlands, in Mrd. €. (Nach Angaben des Statistischen Bundesamtes)

	2009	2010	2011	2012	2013
Konsumausgaben	1867,9	1922,3	1997,9	2048,2	2105,4
Private Konsumausgaben	1392,6	1435,1	1498,4	1533,9	1572,4
Konsumausgaben des Staates	475,3	487,2	499,6	514,4	533,0
Bruttoinvestitionen	389,6	432,5	476,3	460,3	458,5
Bruttoanlageinvestitionen	408,7	435,1	473,2	470,6	472,2
Ausrüstungsinvestitionen	154,8	170,6	181,2	175,0	170,9
Bauinvestitionen	227,0	237,1	263,3	266,1	271,3
Vorratsinvestitionen	−19,0	−2,5	3,2	−10,3	−13,7
Inländische Verwendung	2257,5	2354,8	2474,3	2508,5	2563,9
Außenbeitrag	116,7	140,2	135,7	157,9	173,7
Ausfuhren	1008,1	1188,6	1321,4	1381,0	1385,5
Einfuhren	891,4	1048,4	1185,8	1223,1	1211,8
Bruttoinlandsprodukt	2374,2	2495,0	2609,9	2666,4	2737,6

Tab. 9.4 Verteilungsseite des Bruttoinlandsprodukts Deutschlands, in Mrd. €. (Nach Angaben des Statistischen Bundesamtes)

	2009	2010	2011	2012	2013
Bruttoinlandsprodukt	2374,2	2495,0	2609,9	2666,4	2737,6
Saldo der Primäreinkommen aus der übrigen Welt	59,3	54,4	59,0	63,7	67,0
Bruttonationaleinkommen	2433,5	2549,4	2668,9	2730,1	2804,6
Abschreibungen	374,8	380,2	391,1	402,1	408,9
Nettonationaleinkommen	2058,6	2169,2	2277,9	2328,0	2395,6
Produktions- und Importabgaben[a]	245,5	247,0	265,8	273,7	276,8
Volkseinkommen	1813,1	1922,2	2012,0	2054,3	2118,8
Arbeitnehmerentgelt	1233,3	1270,4	1325,9	1377,6	1416,1
Unternehmens- und Vermögenseinkommen	579,8	651,8	686,1	676,6	702,7

[a] Abzüglich Subventionen

- So kann man sich dem Bruttoinlandsprodukt auch von der Verteilungsseite her nähern (Tab. 9.4). Dazu wird zunächst das von der Entstehung- oder Verwendungsseite her prognostizierte Bruttoinlandsprodukt um die Abschreibungen zu vermindern, die in der Regel einem recht stabilen Zeitreihenprozess folgen und sich gut prognostizieren lassen. Außerdem müssen der Saldo der Primäreinkommen aus der übrigen Welt und die Produktions- und Importabgaben geschätzt werden. Damit kann man das Volkseinkommen errechnen. Anschließend schätzt man aufgrund der aus dem Bruttoinlandsprodukt abgeleiteten Beschäftigung, der absehbaren Lohnentwicklung und der Entwicklung der Sozialversicherungsbeiträge die Arbeitnehmerentgelte. Als Differenz zwischen Volkseinkommen und Arbeitgeberentgelten erhält man die Kapitaleinkünfte, über die es kaum primärstatistisches Material gibt, deren Plausibilität man aber vor dem Hintergrund der konjunkturellen Situation wiederum überprüfen kann.
- Schätzt man von der Verteilungsseite her die Verfügbaren Einkommen und von der Verwendungsseite her die Konsumausgaben, so erhält man als Differenz die Ersparnis bzw. die Sparquote, die ebenfalls einem Plausibilitätscheck zu unterziehen ist.
- Eine weitere solche Testgröße ist die Produktivität, die sich implizit ergibt, wenn man das geschätzte reale Bruttoinlandsprodukt in Relation zur prognostizierten Entwicklung des Arbeitsvolumens ergibt. Letzteres ist wiederum eine Größe, zu der am aktuellen Rand zahlreiche Informationen vorliegen – z. B. die Zahl der Arbeitslosen und die sozialversicherungspflichtige Beschäftigung, so dass hier Indikatoransätze für die sehr kurze Frist und Prognosen mit Hilfe einer ökonometrisch geschätzten Arbeitsnachfragefunktionen für die anschließenden Perioden miteinander zu kombinieren sind.

Führen solche Abstimmungsprozesse zu nicht plausibel erscheinenden Ergebnissen, werden die Prognosen einzelner Aggregate angepasst, diese erneut in die Volkswirtschaftlichen Gesamtrechnungen eingespielt, und die Plausibilitätstests mit den geänderten Vorgaben wiederholt.

9.2.2 Typischer Ablauf einer iterativen VGR-Prognose

Dem iterativ-analytischen Verfahren kommt in der Praxis eine große Bedeutung zu; nahezu alle für die Politikberatung relevanten Prognosen werden aus einem solchen Ansatz abgeleitet, so auch die Prognosen der Wirtschaftsforschungsinstitute und der Gemeinschaftsdiagnose. Die Deutsche Bundesbank weist darauf hin, dass es ein wichtiges Merkmal des Prognoseprozesses ist, „dass sowohl auf Expertenwissen gestützte Vorausschätzungen als auch modellbasierte Prognosen herangezogen werden." (Deutsche Bundesbank 2009, S. 32). Und die EZB, obwohl bei ihr formale Verfahren stärker im Fokus stehen, räumt ein: *„Nevertheless structural econometric models do not always fully track the most recent developments, reflect sector-specific behaviour or capture exceptional factors or structural changes. Therefore, the euro area and country specific assessments of ECB and NCB (national central banks, d. V.) staff also make use of leading indicators and judgemental methods"* (European Central Bank 2001, S. 12). Die Europäische Kommission (Melander et al. 2007) wie auch die OECD (Vogel 2007) schließlich betonen, dass ihre Prognosen nicht primär modellbasiert sind, sondern dass in ihnen Expertenwissen und intuitive Verfahren eine wichtige, wenn nicht zentrale Rolle spielen.

Typisch ist bei den solchen iterativen Prognosen folgender Ablauf (Nierhaus und Sturm 2003): Am Anfang stehen stets die Bestimmung der aktuellen Position im Konjunkturzyklus und die Bestandsaufnahme der weltwirtschaftlichen und politischen Rahmenbedingungen (European Central Bank 2001, S. 7). Sie soll dafür sorgen, dass alle an der Prognose beteiligten von gleichen Voraussetzungen hinsichtlich der internationalen Rahmenbedingungen, der Politik und des Konjunkturbildes ausgehen. Zu einer solchen Bestandsaufnahme gehört auch, dass man sich einen Überblick verschafft über bereits beschlossene oder absehbare Änderungen der Finanzpolitik, also z. B. Änderungen von Abgabensätzen oder von Transfers, und die volkswirtschaftlichen Größen, die durch sie mutmaßlich beeinflusst werden (institutionell prädeterminierte Variablen). Auch werden basierend auf Reaktionsfunktionen der Notenbank Vorgaben zur Geldpolitik festgelegt. Diese Bestandsaufnahme schließt häufig ein eine indikatorgestützte Schätzung für das laufende bzw. – falls die Ergebnisse der Volkswirtschaftlichen Gesamtrechnungen noch nicht veröffentlicht sind – für das gerade abgeschlossene Quartal ein.

In einem zweiten Schritt werden aufbauend auf die so festgelegten Rahmenbedingungen die interessierenden Größen der Volkswirtschaftlichen Gesamtrechnungen jeweils separat prognostiziert, wobei allerdings aufgrund der gemeinsamen Vorgaben ein allzu weites Auseinanderdriften der Prognosen unwahrscheinlich ist. Auf dieser Stufe herrscht, wie oben beschrieben, Methodenvielfalt. Einen Überblick über die Einsatzbereiche der Methoden gibt Tab. 9.5.

Tab. 9.5 Idealtypischer Einsatz von Prognoseverfahren in der iterativen VGR-Prognose. (Eigene Zusammenstellung)

Einsatzgebiet	Verfahren
Einschätzung der Konjunkturlage	Referenzzyklen Indikatoren
Prognose des aktuellen Randes	Indikatoransätze Brückengleichungen, Faktormodelle
Prognose Aggregat für Aggregat	Eingleichungsmodelle Zeitreihenansätze Intuitive Verfahren Institutionell prädeterminierte Ansätze
Rundrechnung	Kontensystem der Volkswirtschaftlichen Gesamtrechnungen
Plausibilität der Prognose	Referenzzyklen Prognosen mit Strukturmodellen
Alternativrechnungen, Abschätzung von Risiken	Ökonometrische Strukturmodelle

Im dritten Schritt werden die Einzelschätzungen im Kontensystem der Volkswirtschaftlichen Gesamtrechnungen zusammengeführt und – wie oben beschrieben (Abschn. 9.2.1) – die Konsistenz der Prognosen überprüft. Darauf aufbauend erfolgt die „Rundrechnung", in deren Verlauf die einzelnen Komponenten immer wieder angepasst werden, bis sich ein widerspruchsfreies Bild ergibt. Im Rahmen dieser mehrstufigen Abstimmungen werden auch neu eingehende Informationen wie aktuelle Konjunkturindikatoren nach und nach eingearbeitet und die im ersten Schritt gemachten Vorgaben überprüft und gegebenenfalls angepasst. Bei internationalen Prognosen erfolgt an dieser Stelle auch eine Abstimmung zwischen den einzelnen Länderprognosen, in deren Rahmen geprüft wird, ob sich aus den Außenhandelsprognosen eine konsistente Darstellung der internationalen Handelsströme ergibt. Die Zahl der Iterationsrunden findet eine Begrenzung zum einen dadurch, dass der Veröffentlichungstermin der Prognosen bereits früh festgelegt wird, zum anderen darin, dass die Änderungen von Runde zu Runde immer kleiner werden.

Bei vielen Institutionen werden parallel zu diesen iterativen Prognosen auch Simulationsrechnungen mit ökonometrischen Strukturmodellen (Kap. 7) erstellt und diese mit dem Ergebnis der iterativ-analytischen Methode verglichen. Gibt es gravierende Abweichungen zwischen beiden, so kann dies auf eine falsche Umsetzung der Vorgaben und Inkonsistenzen in der iterativ-analytischen Prognose hindeuten; sie decken aber möglicherweise auch nur Schwächen der Modelle auf. In jedem Fall sind solche Differenzen Anlass, nach Begründungen für die Abweichungen zwischen Experten- und Modellprognose zu suchen und die gesamte Prognose kritisch zu überprüfen. Außerdem werden Prognosen häufig mit früheren Zyklusphasen (Referenzzyklen Kap. 4) verglichen, um so einen Eindruck zu gewinnen, ob und wie sich die gegenwärtige Situation von früheren Zeiten unterscheidet und worauf dies möglicherweise zurückzuführen ist.

Der Vorteil des iterativ-analytischen Verfahrens liegt auf der Hand: Man nutzt eine große Zahl vorhandener Informationen und Verfahren und kombiniert sie flexibel. Dabei können auch subjektive Einschätzungen, die sich aus der Erfahrung des Prognostikers, aus den Kenntnissen über die Konventionen des volkswirtschaftlichen Rechnungswesens oder aus situativen Besonderheiten wie Vorzieheffekten (Abschn. 8.2.2) ergeben in die Prognose eingebracht werden.

Dem stehen zwei wesentliche Nachteile gegenüber: Erstens ist ein solches Verfahren sehr arbeitsintensiv und schwerfällig, und man wird schon aus diesem Grund die Zahl der Iterationen beschränken und auf Alternativrechnungen in der Regel verzichten.[3] Für letztere werden – wie in Kap. 7 beschrieben – dann häufig Strukturmodelle verwendet. Zweitens ist das Verfahren wenig transparent, d. h. Außenstehende können oft nur schwer nachvollziehen, aus welchen Überlegungen sich eine Prognose im Einzelnen ableitet. Dieses Problem kann man dadurch entschärfen, dass man die Prognose so ausführlich wie möglich dokumentiert. Deshalb findet man in zahlreichen Prognosen Tabellen, die die Annahmen der Prognose im Einzelnen aufführen, sowie einen ausführlichen Tabellenanhang, der alle wichtigen Komponenten der Entstehungs-, Verwendungs- und Verteilungsseite darstellt.

Literatur

Bates, J. M., und C. W. J. Granger. 1969. The combination of forecasts. *Operational Research Quarterly* 20 (4): 451–468.

Deutsche Bundesbank. 2009. Verfahren der Kurzfristprognose als Instrumente der Konjunkturanalyse. *Monatsberichte der Deutschen Bundesbank* 61 (3): 43–54.

Drechsel, K., und R. Scheufele. 2012. The performance of short-term forecasts of the German economy before and during the 2008/2009 recession. *International Journal of Forecasting* 28:426–455.

European Central Bank. 2001. *A guide to eurosystem staff projection exercises*. Frankfurt a. M.: European Central Bank.

Granger, C. W. J., und R. Ramanthan. 1984. Improved methods of combining forecasting. *Journal of Forecasting* 3 (2): 197–204.

Melander, A., G. Sismandis, und D. Grenouilleau. 2007. *The track record of the Commission's forecasts – an update. Economic Papers 291*. Brüssel: Europäische Kommission.

Newbold, P., und D. I. Harvey. 2002. Forecast combination and encompassing. In *A companion to economic forecasting*, Hrsg. M. P. Clements und D. F. Hendry, 133–151. Malden: Wiley-Blackwell

Nierhaus, W., und J. E. Sturm. 2003. Methoden der Konjunkturprognose. *Ifo-schnelldienst* 56 (4): 7–23.

Vogel, L. 2007. *How do OECD growth projections for the G7 perform: A post-mortem. OECD Economics Department Working Paper 573*. Paris: OECD-Publishing.

---

[3] So sind bei der Gemeinschaftsdiagnose rund 45 Mitarbeiterinnen und Mitarbeiter an der Prognoseerstellung beteiligt. An der Prognose der EU sind nach Melander et al. (2007, S. 9) rund 60 Mitarbeiter der Kommission beteiligt.

Evaluation von Konjunkturprognosen 10

10.1 Grundlagen

10.1.1 Selbsterfüllende und selbstzerstörende Prognosen

Konjunkturprognosen werden stets kritisch beäugt, und sie werden im Nachhinein in der Regel mit den tatsächlich eingetretenen Entwicklungen verglichen. An eine solche Prognoseevaluation sind unterschiedliche Erwartungen geknüpft. Aus der Sicht der Öffentlichkeit und der Nutzer der Prognose geht es vorwiegend darum, welcher Prognostiker die „beste" Vorhersage lieferte, bzw. welchem Prognostiker mit Blick auf die Treffsicherheit seiner früheren Prognosen künftig vertrauen sollte. Davon unterscheidet sich das Erkenntnisinteresse der Produzenten von Prognosen grundlegend. Ihnen geht es vor allem darum, die Ursachen von Prognosefehlern zu ergründen, um daraus Lehren für künftige Prognosen ziehen zu können.

Auf den ersten Blick erscheint eine Beurteilung von Prognosen einfach, geht es doch lediglich darum, eine prognostizierte und eine beobachtete Zahl zu vergleichen. Bei näherem Hinsehen ist eine solche Gegenüberstellung aber mit einer Reihe von Problemen verbunden. Da ist zunächst das grundsätzliche Problem, dass wirtschaftliche Akteure die Prognosen kennen und bei ihren Entscheidungen berücksichtigen. Dies kann entweder dazu führen, dass sie sich nach einer Prognose richten und dadurch dafür sorgen, dass sie auch eintritt, dass also die Prognose selbsterfüllend ist. Dies wäre beispielsweise dann der Fall, wenn ein Konjunktureinbruch prognostiziert wird, daraufhin die Unternehmen ihre Investitionen zusammenstreichen, und dies die Konjunktur tatsächlich nach unten zieht. Es kann aber auch genau das Gegenteil eintreten, dass nämlich eine Prognose selbstzerstörend ist: Auf einen prognostizierten Einbruch reagiert die Regierung womöglich mit einem Konjunkturprogramm und verhindert so die Rezession.

Allgemeiner formuliert besteht ein Problem der Prognoseevaluation darin, dass die Realität auch von der Prognose abhängt. Deshalb könnte man durchaus die Extremposition vertreten, dass sich die Treffsicherheit von Prognosen überhaupt nicht beurteilen lässt. Die Frage ist aber, wie realistisch es ist, dass wirtschaftliche Prognosen selbsterfüllende oder selbstzerstörende Wirkungen entfalten.[1] Ob solche Wirkungen eintreten, dürfte wesentlich von der Art der Phänomene abhängen, die prognostiziert werden.[2] Prognostiziert ein Analytiker den Anstieg des Kurses einer Aktie, so kann er durchaus eine entsprechende Kursbewegung auslösen, wenn ihm erstens eine ausreichend große Zahl von Anlegern folgt und zweitens die Zahl der am Markt verfügbaren Aktien nicht allzu hoch ist. Je mehr Akteure indes einen Markt beeinflussen, desto schwieriger dürfte es werden, das Marktergebnis durch Prognosen zu beeinflussen.

Da die Gesamtwirtschaft von einer unüberschaubar großen Zahl von Akteuren beeinflusst wird, die zudem Informationen unter Umständen unterschiedlich interpretieren oder gegenläufige Interessen haben, sollte sie weitgehend immun gegen selbsterfüllende oder selbstzerstörende Prognose sein. Dies gilt umso mehr, weil sich zu jedem Zeitpunkt viele und zum Teil widersprüchliche Prognosen auf dem Markt befinden, und diese auch subjektiv unterschiedlich wahrgenommen werden. So sieht die Öffentlichkeit Prognosen, die verbreiteten Vorurteilen widersprechen, erfahrungsgemäß eher skeptisch.[3]

10.1.2 Was macht die Qualität einer Prognose aus?

In der Öffentlichkeit wird die Qualität von Prognosen im Allgemeinen an ihrer Treffsicherheit gemessen, also daran, wie genau sie die später beobachte Entwicklung vorhergesagt haben. Dies ist jedoch eine verkürzte Sichtweise. Vielmehr ist zur Beurteilung der Prognosequalität eine mehrdimensionale Betrachtung angebracht, die neben der Treffsicherheit auch die empirische Begründung einer Prognose und deren Informationsgehalt ins Kalkül nimmt (zu verschiedenen Aspekten dieser Größen siehe Heilemann 1981, S. 34 ff.).

Die Einbeziehung der empirischen Begründung empfiehlt sich schon allein deshalb, weil damit berücksichtigt wird, ob eine prognostizierte Entwicklung aus den Gründen ein-

---

[1] Eine breitere Diskussion über selbst-erfüllende und selbst-zerstörende Prognosen gibt es in die Soziologie. Dort wird z. B. das Problem diskutiert, inwieweit Erwartungen, die man an Personen richtet, auch deren Verhalten beeinflusst.

[2] Rothschild (1969; S. 147–164) setzt sich umfassender mit der Frage auseinander, wie die Publikation von Prognosen den Wirtschaftsablauf beeinflusst. Seine Beispiele beziehen sich allerdings auf Prognosen für einzelne Märkte oder gesellschaftliche Phänomene.

[3] Als sich gegen Jahresende 2008 sich für Kenner der Materie die Tiefe des durch die Finanzkrise ausgelösten Konjunktureinbruchs abzeichnete und erste Institute einen spürbaren Rückgang des Bruttoinlandsprodukts prognostizierten (erwartet wurde für 2009 ein Minus von gut 2 %), stießen die Prognosen in der Öffentlichkeit auf große Skepsis. Dies lag wohl auch daran, dass bis dahin keine weithin spürbaren krisenhaften Entwicklungen aufgetreten waren, also z. B. die Arbeitslosigkeit kaum gestiegen war. Im Endeffekt schrumpfte das Bruttoinlandsprodukt 2009 um gut 5 %).

getreten ist, aus denen sie abgeleitet wurde, oder ob sie sich im Nachhinein aus gänzlich anderen Gründen ergeben hat (siehe Abschn. 10.5). Eine Prognose, die sich aus falschen Gründen als richtig erweist, wäre nicht ein Ausweis besonderer Fähigkeiten des Prognostikers, sondern würde lediglich auf eine glückliche Kompensation von Fehlern an verschiedenen Stellen des Prognoseprozesses hindeuten.

Die Berücksichtigung des Informationsgehaltes erscheint unter drei Aspekten erforderlich. Erstens weisen Prognosen einen unterschiedlichen Detaillierungsgrad auf. Je detaillierter eine Prognose z. B. hinsichtlich der Komponenten der gesamtwirtschaftlichen Einkommensentstehung oder – verwendung ist, desto größer ist zwar das Risiko, dass man im Nachhinein an manchen Stellen große Fehler findet. Aber das Mehr an Informationen mag für viele Nutzer hilfreich sein. Zweitens geht es um die Genauigkeit, mit der Ergebnisse ausgewiesen werden: Jemandem, der sagt, die Wirtschaft werde im kommenden Jahr mit einer Rate von ungefähr 2 % wachsen, kann man schwieriger ein Fehler nachweisen als jemandem, der sich auf eine Rate von 2,0 % festlegt. Drittens hängt der Informationsgehalt von der Bedingtheit der Prognose ab. Prognosen werden zwar aus einer Reihe von Annahmen ableiten. Je restriktiver diese Annahmen aber gefasst sind, desto geringer ist der Informationsgehalt der Prognose, desto weniger kann man daraus lernen.

10.1.3 Wann ist eine Prognose richtig?

In Abschn. 3.4 wurde bereits auf die Qualität von Daten eingegangen und das Ausmaß, in dem sie mitunter nach der ersten Veröffentlichung revidiert werden. So wurde die Zuwachsrate des BIP im Jahr 2006 durch das Statistische Bundesamt zunächst mit 2,7 % angegeben. Im Sommer 2010 wurde der Zuwachs „endgültig" mit 3,4 % angegeben; danach standen keine Änderungen mehr aufgrund zusätzlicher Daten an. Allerdings kam es 2011 zu einer Großen Revision der Volkswirtschaftlichen Gesamtrechnungen, so dass im Frühjahr 2014 wird die Zuwachsrate mit 3,7 % ausgewiesen wurde. Im Sommer 2014 steht eine weitere Große Revision der Volkswirtschaftlichen Gesamtrechnungen an, die erneut zu einem geänderten Ausweis des Wirtschaftswachstums führen dürfte. Somit stellt sich die Frage, welchen dieser der zahlreichen „Ist-Werte" für 2006 man als Referenz wählen sollte, wenn man einen Prognose für 2006 beurteilen will, etwa die des RWI, das Anfang März 2006 einen Zuwachs von 1,8 % vorhergesagt hatte.

Die Antwort auf diese Frage ist nicht eindeutig. Man kann durchaus argumentieren, dass man die „endgültige" Zahl als Vergleichsmaßstab wählen sollte, da sie sich nach Vorlage aller Informationen über das betreffende Jahr ergibt. Manch ein Prognostiker wird auch für sich reklamieren, dass er diese endgültige Zahl prognostizieren will. Diese Argumentation ist aber nur so lange richtig, wie Veränderungen des Nachweises der Wirtschaftsleistung Ungenauigkeiten bei der Erstellung der Volkswirtschaftlichen Gesamtrechnungen reflektieren. Ist ein geänderter Nachweis der Wirtschaftsleistung hingen die Folge sog. Großer Revisionen, dann reflektiert er Änderungen in Definitionen und Abgrenzungen, die in den Prognosen nicht berücksichtigt sein können. Wohl auch weil sich die Auswirkungen von „kleinen" Revisionen aufgrund neuer Informationen und Großen Revisionen im Einzelfall kaum trennen lassen, hat sich eingebürgert, die erste von den Statistischen Ämtern publizierte Zahl als Referenzwert zu wählen.

Hierfür spricht zudem, dass diese erste Veröffentlichung die Angabe mit der größten zeitlichen Nähe zu der empirischen Basis der Prognose ist. Für Prognostiker führt kein Weg daran vorbeiführt, die veröffentlichten Daten zum Ausgangspunkt seiner Prognose zu machen – selbst wenn er Zweifel an deren Richtigkeit hat. Wären die Daten für die Vergangenheit andere gewesen, dann wäre auch die Prognose anders ausgefallen. Abweichungen der Prognose von der Realisation, die aber daraus resultieren, dass die Vergangenheitswerte geändert wurden, hat der Prognostiker nicht zu verantworten. Um dies an einem Beispiel zu verdeutlichen: Im März 2007 prognostizierte das RWI für 2007 ein Wirtschaftswachstum von 2,3 %, basierend auf der damals bekannten Zuwachsrate des Jahres 2006 von 2,7 %. Hätte man damals bereits gewusst, was erst 2010 bekannt wurde, dass die Wirtschaft im Jahr 2006 um 3,4 % gewachsen war, hätte man für 2007 schon allein aufgrund eines anderen statistischen Überhangs (Abschn. 4.2.1) eine andere Prognose erhalten.

10.1.4 Probleme von Prognosen unter realen Bedingungen

Eine methodische Schwierigkeit der Evaluation von Konjunkturprognosen resultiert daraus, dass die Zahl der Beobachtungen in der Regel relativ gering und die Verteilung der zu überprüfenden Teststatistiken häufig unklar ist. Selbst bei Prognosen für Deutschland mit langer Tradition wie die der Gemeinschaftsdiagnose oder des Sachverständigenrates kommt man lediglich auf knapp 50 Beobachtungen. Da sich die statistischen Grundlagen der Prognosen zudem im Laufe der Jahre stark verändert haben, ist die Zahl der Prognosen, die auf einer vergleichbaren empirischen Basis stehen, zumeist deutlich kleiner. Test der Verteilung der Residuen führen so zu keinen eindeutigen Ergebnissen. Die unklare Verteilung der Teststatistiken liegt zum Teil auch am Untersuchungsobjekt: Veränderungsraten des Bruttoinlandsprodukts zum Beispiel sind aller Wahrscheinlichkeit nach nicht normalverteilt, wenn auch dies angesichts einer beschränkten Zahl von Beobachtungen schwierig zu überprüfen ist. Hinzu kommt, dass Konjunkturprognosen je nach Erstellungszeitpunkt in unterschiedlichem Maße bereits bekannte Daten mit Schätzungen kombinieren, was ebenfalls nicht ohne Folgen für die Prognosefehler und deren Verteilung bleibt und die Vergleichbarkeit von Prognosen einschränkt.

Zwar findet man in der Literatur eine große Zahl statistischer Tests für die Evaluation von Prognosen. Einen umfassenden Überblick gibt z. B. West (2006). Viele dieser Tests beziehen sich aber auf Prognosen, die „unter Laborbedingungen" entstehen. Will man beispielsweise überprüfen, ob Indikator A oder Indikator B die bessere Prognose des Bruttoinlandsprodukts im nächsten Quartal liefert, so kann man diese Prognosen unter kontrollierten Bedingungen ausführen. Man kennt die Schätzfunktion und kennt die zu unterschiedlichen Zeitpunkten geltenden Ausgangsdaten, und kann deshalb die Prognosen unter unterschiedlichen Annahmen beliebig oft reproduzieren, etwa um sog. Monte Carlo Studien durchzuführen (siehe z. B. Clark and McCracken 2011).

Dies alles gilt für die im Folgenden betrachteten Konjunkturprognosen nicht oder allenfalls in Grenzen, da jede dieser Prognosen gewissermaßen ein Unikat darstellt, weil jeder Prognostiker wenn schon nicht andere Methoden anwendet, ihnen dann doch unterschiedliche Bedeutung zumisst. Zudem findet eine bereits wenige Tage später erstellt Prognose in der Regel bereits eine andere statistische Ausgangslage vor. Dies alles schränkt die Anwendbarkeit statistischer Tests ein. Daher stehen im Mittelpunkt der folgenden Ausführungen eher deskriptive Prüfmaße.

10.2 Genauigkeit von Konjunkturprognosen

Die Genauigkeit von Prognosen kann man unter drei Aspekten diskutieren: Erstens sollte der Prognosefehler im Durchschnitt möglichst gering sein. Zweitens sollten Prognosen nicht einseitig von den Realisationen abweichen, also weder in der Tendenz zu optimistisch noch zu pessimistisch sein (Verzerrung). Drittens sollten Prognosen die zur Verfügung stehenden Informationen möglichst umfassen nutzen, also effizient sein. Diese drei Aspekte der Genauigkeit schließen sich gegenseitig weder prinzipiell aus, noch begünstigen sie sich automatisch. Man findet beispielsweise durchaus Prognosen mit geringen Fehlern, die dennoch verzerrt sind.

Veranschaulichen kann man die beschriebenen Fehler in einem Prognose-Realisations-Diagramm. Auf dessen horizontaler Achse werden die prognostizierten Werte abgetragen, auf der vertikalen Achse die dazu gehörenden Realisationen. Idealer Weise sollten prognostizierte und realisierte Werte übereinstimmen, d. h. alle Punkte des Diagramms auf der Diagonale liegen. Die linke Hälfte von Abb. 10.1 zeigt eine zwar verzerrte Prognose, die

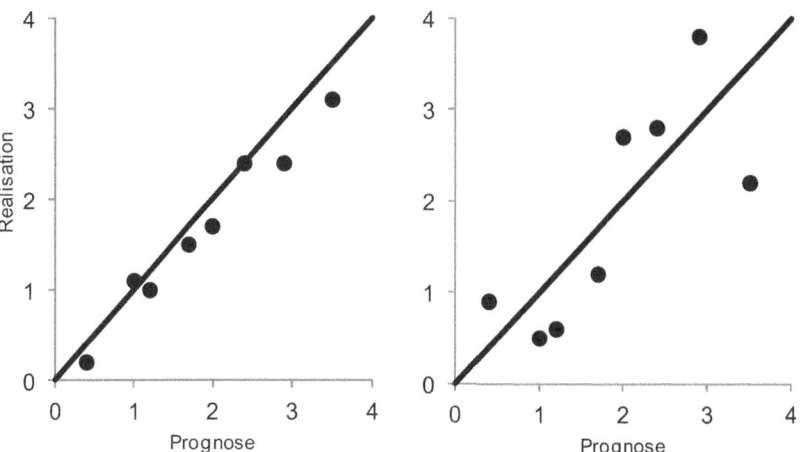

Abb. 10.1 Prognose-Realisations-Diagramme

meisten Punkte liegen unterhalb der Diagonale, was auf eine tendenzielle Überschätzung hinweist, jedoch sind die Fehler im Durchschnitt gering. Die im Diagramm rechts dargestellte Prognose ist zwar unverzerrt – Über- und Unterschätzungen halten sich etwa die Waage –, der durchschnittliche Fehler ist aber recht groß.

In den folgenden Ausführungen steht P für die Prognose und R für die Realisation. Der Prognosefehler F wird dann definiert als

$$F_t = R_t - P_t. \tag{10.1}$$

Dabei ist t ein Zeitindex. Der Stichprobenumfang, also die Zahl der analysierten Prognosen, wird mit T bezeichnet.

10.2.1 Treffsicherheit

Wie man die Treffsicherheit von Prognosen bewertet, hängt letztlich von der Verlustfunktion des Betrachters ab, also davon, wie er Abweichungen der Prognosen von den realisierten Werten gewichtet. Da es bei Prognosen sowohl zu Über- als auch zu Unterschätzungen kommt, die sich gegenseitig mehr oder weniger aufheben (sofern dies nicht der Fall ist, Abschn. 10.2.2), werden Verlustfunktionen benötigt, die einem solchen Fehlerausgleich im Zeitverlauf Rechnung tragen.

Legt man eine lineare Verlustfunktion zugrunde, d. h. gewichtet man alle Fehler gleich, so erhält man den Mittleren Absoluten Fehler (MAF) als Maß der Treffsicherheit (zu den Prüfmaßen vgl. auch Döpke 2004).

$$MAF = \frac{1}{T}\sum_t |F_t|. \tag{10.2}$$

In vielen statistischen Anwendungen unterstellt man allerdings eine quadratische Verlustfunktion, weil sie große Abweichungen der Prognose von der Realität härter „bestraft". Ein entsprechendes Prüfmaß für die Treffsicherheit von Prognosen ist der Mittlere Quadratische Fehler (MQF)

$$MQF = \frac{1}{T}\sum_t F_t^2. \tag{10.3}$$

bzw. die Wurzel daraus (WMQF). Letztere lässt sich – Unverzerrtheit der Prognosen vorausgesetzt – auch als Prognosestreuung interpretieren und zur Konstruktion von Prognoseintervallen verwendet werden, worauf in Kap. 11 noch einzugehen sein wird. Die beiden Prüfmaße MAF und WMQF sollten im Idealfall eine ähnliche Größenordnung aufweisen. Besteht ein großer Unterschied zwischen beiden, weist dies darauf hin, dass einzelne gravierende Fehlprognosen ein hohen Beitrag zum Prognosefehler leisten.

10.2 Genauigkeit von Konjunkturprognosen

Die genannten Prüfmaße lassen für sich genommen noch kein Urteil über die Prognosegüte zu, da ein Vergleichsmaßstab für die Einordnung der Gütemaße fehlt. Eine Möglichkeit, eine solche Einordnung vorzunehmen, besteht darin, die Fehler in Relation zu den Fehlern anderer Prognosen zu setzen. Ein Ansatz, der dies leistet, ist der Theilsche Ungleichheitskoeffizient U. Er setzt die Fehlerstreuung WMQF der analysierten Prognose in Relation zur Fehlerstreuung einer „naiven" Prognose. Für die Wahl einer „naiven" Referenzprognose gibt es mehrere Möglichkeiten. Häufig verwendet wird hier ein random walk in den Niveaus. Da in diesem Fall das zuletzt beobachtete Niveau der zu prognostizierenden Größe auch als Prognose verwendet wird, ergibt sich eine prognostizierte Veränderungsrate von Null. Setzt man P=0 in die Formel zur Berechnung von WMQF ein, so erhält man den Nenner des Ungleichheitskoeffizienten, der sich insgesamt errechnet als:

$$U_I = \frac{\sqrt{1/T \sum_t F_t^2}}{\sqrt{1/T \sum_t R_t^2}}.$$ (10.4)

Eine andere „naive" Prognose ist ein deterministischer autoregressiver Prozess, der unterstellt, dass die zuletzt beobachtete Veränderungsrate auch im Prognosezeitraum gilt. Dies führt zu folgender Berechnung von U:

$$U_{II} = \frac{\sqrt{1/T \sum_t F_t^2}}{\sqrt{1/T \sum_t (R_t - R_{t-1})^2}}.$$ (10.5)

Da der Zähler von U, also Prognosefehler der analysierten Prognose, kleiner sein sollte als der Nenner, also der Prognosefehler der naiven Prognose, sollte U kleiner als Eins sein. Selbstverständlich kann dabei im Zähler auch jede andere Prognose als Vergleichsmaßstab stehen.

Eine andere Möglichkeit, den Prognosefehler zu beurteilen, bietet die Noise-to-signal-Ratio. Sie bezieht den MQF (noise) auf die Varianz der zu prognostizierenden Reihe (signal), wobei $\bar{R}$ der Mittelwert der Realisationen ist.

$$NSR = \frac{MQF}{\frac{1}{T}\sum_t (R_t - \bar{R})^2}$$ (10.6)

Diese Kennziffer trägt der Tatsache Rechnung, dass gleich große Prognosefehler bei wenig volatilen Reihen schwerer wiegen als bei Reihen, die selbst sehr stark schwanken. Die NSR sollte kleiner als 1 sein. Ist dies der Fall, verkleinert die Prognose die Unsicherheit bezüglich der Einschätzung der künftigen Entwicklung, wie sie sich aus der Streuung der prognostizierten Größe in der Vergangenheit ergibt. Eine Anwendung findet man in Kasten 10.1.

Tab. 10.1 Ausgewählte Herbstprognosen und beobachtete Werte des deutschen Bruttoinlandsprodukts; 1991 bis 2013, Veränderungen der arbeitstäglichen Werte gegenüber dem Vorjahr in %

	IMF	GD	EU	SVR	OECD	JWB	Ist
1991	3,3	3,0	3,1	3,0	3,0	3,0	3,4
1992	2,4	2,0	2,2	2,0	1,8	2,0	1,5
1993	2,6	0,5	−0,5	0,0	0,7	0,0	−1,9
1994	1,1	1,0	0,0	0,0	0,4	1,0	2,3
1995	2,7	2,5	3,0	3,0	2,8	3,0	1,9
1996	2,9	2,5	2,4	2,0	3,2	2,3	1,4
1997	2,3	2,5	2,2	2,5	2,2	2,5	2,2
1998	3,0	2,8	3,2	3,0	3,0	3,0	2,8
1999	2,6	2,3	2,2	2,0	2,2	2,8	1,5
2000	2,5	2,7	2,6	2,7	2,3	2,6	3,0
2001	3,2	2,7	2,8	2,8	2,7	2,8	0,6
2002	0,8	1,3	0,7	0,7	1,0	0,8	0,2
2003	2,0	1,4	1,4	1,0	1,5	1,1	−0,1
2004	2,0	1,7	1,6	1,5	1,4	1,8	1,5
2005	1,6	1,5	1,5	1,4	1,4	1,3	0,9
2006	1,0	1,2	1,2	1,0	1,6	1,6	2,7
2007	1,2	1,4	1,2	1,8	1,7	1,9	2,5
2008	2,3	2,2	2,1	1,9	2,1	1,7	1,3
2009	−0,1	0,2	0,0	0,0	−0,9	−2,0	−5,0
2010	0,4	1,2	1,2	1,6	1,6	1,4	3,6
2011	1,9	2,0	2,2	2,2	2,5	2,3	3,0
2012	1,2	0,8	0,8	0,9	0,4	0,7	0,7
2013	0,8	1,0	0,8	0,8	0,5	0,4	0,4
Nachrichtlich: Durchschnittlicher Prognosehorizont in Tagen							
	478	439	422	417	403	353	–

Eigene Zusammenstellung. Bis 1994 Prognosen für Westdeutschland, danach für Gesamtdeutschland. *IMF* Herbstprognosen des Internationalen Währungsfonds; in arbeitstägliche Werte umgerechnet, *GD* Gemeinschaftsdiagnose vom Herbst, *EU* Herbstprognose der Europäischen Kommission, *SVR* Jahresgutachten des Sachverständigenrates zur Begutachtung der gesamtwirtschaftlichen Entwicklung, *OECD* Economic Outlook der OECD vom Herbst, *JWB* Jahreswirtschaftsbericht der Bundesregierung, *Ist* Im Februar des Folgejahres durch das Statistischen Bundesamt veröffentliche Rate

Die bisher dargestellten Prüfmaße sollen – ebenso wie die im weiteren noch dazustellenden – auf eine Auswahl von Prognosen des deutschen Bruttoinlandsprodukts in den Jahren 1991 bis 2013 angewendet werden. Als Beispiel herausgegriffen werden dafür Prognosen, im Herbst des Vorjahres oder in den ersten Wochen des neuen Jahres erstellt werden. Wichtig für die Interpretation der Prüfmaße ist, dass diese Prognosen zu unterschiedlichen Zeitpunkten veröffentlicht werden. Bereits im Verlauf des Septembers erscheint der

10.2 Genauigkeit von Konjunkturprognosen

„World Economic Outlook" des Internationalen Währungsfonds (IWF), der eine Prognose für nahezu alle Volkswirtschaften der Welt liefert, also auch für Deutschland. Die Herbstprognosen der Gemeinschaftsdiagnose (GD) und der Europäischen Kommission (EU) erscheinen zeitlich eng beieinander in der ersten Oktoberhälfte. Der Sachverständigenrat zur Begutachtung der gesamtwirtschaftlichen Entwicklung (SVR) veröffentlicht sein Jahresgutachten in der Regel in der zweiten November-Woche. Der Economic Outlook der OECD erscheint in den letzten November-Tagen oder Anfang Dezember. Die letzte hier betrachtete Prognose ist die der Bundesregierung im Jahreswirtschaftsbericht (JWB), der in der Regel im Januar veröffentlicht wird, und der aber noch zu den Herbstprognosen gerechnet werden kann, weil bei dessen Erstellung noch keine vollständigen vierteljährlichen Volkswirtschaftlichen Gesamtrechnungen für das gerade abgelaufene Jahr vorliegen. Allerdings kann sich sein Erscheinen bis in den März hinein verzögern, insbesondere wenn im Januar die Regierungsbildung noch nicht abgeschlossen ist. Tab. 10.1 enthält die von diesen Institutionen prognostizierten Werte und die für den Vergleich herangezogenen Realisationen. Dabei sind die Prognosen nach ihrem Erscheinungsdatum geordnet.

Nach allen in Tab. 10.2 aufgeführten Prüfmaßen weißt die Prognose des Internationalen Währungsfonds (IWF) die geringste Treffsicherheit auf, während man die höchste Treffsicherheit bei der Vorhersage der Bundesregierung findet. Alle Prognosen schlagen beide Varianten der naiven Prognose, abzulesen daran, dass sowohl U_I als auch U_{II} kleiner als 1 sind. Jedoch liegt die Noise-to-Signal-Ratio der der IWF-Prognose etwas über 1. Die Werte für den MAF- und die WMQF liegen bei dieser Prognose auch weiter auseinander als bei den anderen Prognosen, was dafür spricht, dass der durchschnittliche Fehler stark durch einzelne Ausreißer bestimmt wird.

Was auf den ersten Blick so aussieht, als ob deutliche Unterschiede zwischen den Institutionen bezüglich der Prognosegenauigkeit bestünden, entpuppt sich bei näherem Hinsehen allerdings als Folge des unterschiedlichen Informationsstandes der Institutionen zu dem Zeitpunkt, an dem die Prognosen erstellt wurden. Der IWF, der seine Prognosen wie erwähnt im September veröffentlicht, verfügt über deutlich weniger Informationen als die Bundesregierung, die in ihrer Prognose auch die Daten verarbeiten kann, die zwischen September und Januar veröffentlicht wurden.

Tab. 10.2 Prüfmaße der Treffsicherheit ausgewählter Prognosen des deutschen Bruttoinlandsprodukts, 1991–2013

	IMF	GD	EU	SVR	OECD	JWB
MAF	1,37	1,13	1,11	1,03	1,06	0,91
MQF	3,51	2,48	2,38	2,24	2,05	1,42
WMQF	1,87	1,57	1,54	1,50	1,43	1,19
U_I	0,82	0,69	0,68	0,66	0,63	0,52
U_{II}	0,69	0,58	0,56	0,55	0,52	0,44
NSR	1,03	0,73	0,70	0,66	0,60	0,42

Eigene Berechnungen – Zu den Prognosen siehe Tab. 10.1

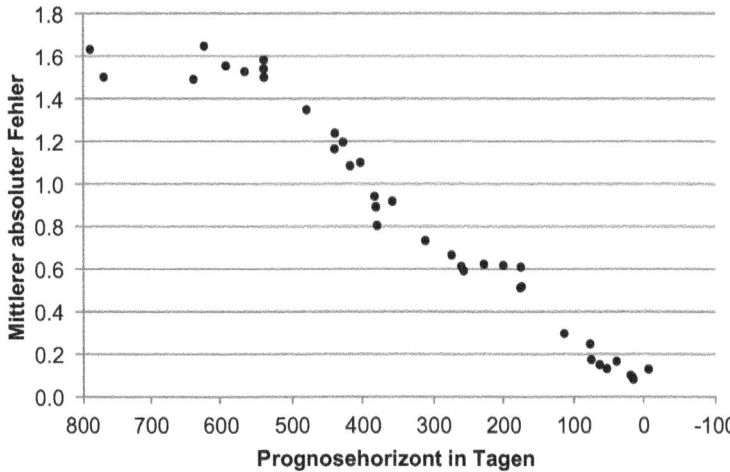

Abb. 10.2 Treffsicherheit in Anhängigkeit vom Prognosehorizont; Prognosen des deutschen Bruttoinlandsprodukts für den Zeitraum 1991 bis 2013

Abb. 10.2 beleuchtet diesen Zusammenhang zwischen Treffsicherheit und dem Zeitpunkt der Prognoseerstellung etwas genauer. Dazu wurden 38 durch verschiedene Institutionen erstellte Prognosen des deutschen BIP zusammengestellt.[4] Für jede dieser Prognosen wurde außerdem, der Zeitpunkt ermittelt, an dem die Arbeiten an der Prognose abgeschlossen wurden. Letzterer wurde dazu verwendet, um die durchschnittliche Länge des Prognosezeitraums zu berechnen, die in Tagen ausgedrückt wird. Es zeigt sich, dass die durchschnittlichen Prognosefehler, sieht man von den beiden ersten, sehr frühen Prognosen ab (diese stammen von der EU und der OECD), in etwa auf einer Geraden liegen, dass also die Fehler annähernd linear mit der Verkürzung des Prognosezeitraums abnehmen.[5] Bei genauerer Analyse dieses Zusammenhangs konnten Döhrn und Schmidt (2011) keine institutionen-spezifische Effekte finden. Dies deutet darauf hin, dass der entscheidende Faktor für die Treffsicherheit einer Prognose der Zeitpunkt der Veröffentlichung der

---

[4] Es wurden nur Prognosen einbezogen, die für den gesamten Zeitraum 1991 bis 2013 vorliegen. Im Einzelnen handelt es sich um jeweils mehrere im Laufe der Jahre veröffentlichte Prognosen des Deutschen Instituts für Wirtschaftsforschung, der Europäischen Kommission, des Ifo-Instituts, des Instituts für Weltwirtschaft Kiel, des Instituts des Deutschen Wirtschaft, des Internationalen Währungsfonds, der OECD, des Rheinisch-Westfälischen Instituts für Wirtschaftsforschung und des Sachverständigenrates zur Begutachtung der gesamtwirtschaftlichen Entwicklung.

[5] Wie Formel (4.8) verdeutlicht, sollte der Zusammenhang nicht exakt linear sein. Da der Wert für das erste Vierteljahr in die Berechnung der jahresdurchschnittlichen Veränderungsrate mit dem höchsten Gewicht eingeht, sollte die Prognosequalität bei Veröffentlichung der Veröffentlichung dieser Zahl eine größere Verbesserung erleben als z. B. bei der Veröffentlichung der Zahl für das dritte Quartal. In der Tat lässt sich in Abb. 10.2 eine leichte Wölbung der (gedachten) Linie erahnen, entlang der sich die Treffsicherheit mit dem Prognosehorizont entwickelt.

10.2 Genauigkeit von Konjunkturprognosen

Prognose und der dann vorhandene Informationsstand sind, und nicht das Können oder die Methode des einzelnen Prognostikers.

> **Kasten 10.1: Wenn mehr weniger ist: Die Prognosen der Verwendungsaggregate des Bruttoinlandsprodukts im Vergleich**
>
> Die Beispiele in diesem Abschnitt beziehen sich überwiegend auf Prognosen des Bruttoinlandsprodukts, und zur Darstellung der Methoden macht es auch keinen Unterschied, auf welche Variable die Kennziffern für die Evaluation von Prognosen angewendet werden. Allerdings ist es lohnend, auch einmal auf die Treffsicherheit von Prognosen der Veränderungsraten verschiedener Größen der Volkswirtschaftlichen Gesamtrechnungen im Vergleich zu schauen. Die nachstehende Tabelle weist die Mittleren Quadratischen Fehler der Prognosen der Verwendungskomponenten am Beispiel der Gemeinschaftsdiagnosen vom Herbst auf, wobei jeweils auf die Prognosen für das jeweils nächste Jahr geschaut wird. Wie Tab. 10.3 zeigt, weißen die Prognosen der Staatskonsums im Durchschnitt den geringsten Fehler auf, gefolgt von denen der privaten Konsumausgaben. Einen extrem hohen mittleren Quadratischen Fehler findet man bei den Ausrüstungsinvestitionen, und auch die entsprechenden Werte für die Export- und Importprognosen sind sehr hoch.
>
> Ein gänzlich anderes Bild zeigt sich allerdings, wenn man die Noise-to-Signal-Ratio (NSR) betrachtet, da diese die Volatilität der zu prognostizierenden Reihen berücksichtigt. Die Veränderungsraten des Staatsverbrauchs und der privaten Konsumausgaben schwankten im Untersuchungszeitraum nur sehr wenig. Deshalb ist deren NSR vergleichsweise hoch; bei den privaten Konsumausgaben liegt sie sogar weit über 1, die Fehlervarianz ist also größer als die Varianz der Veränderungsraten des privaten Konsums. Ausrüstungsinvestitionen, Ausfuhren und Einfuhren sind hingegen stark

Tab. 10.3 Treffsicherheit der Prognosen ausgewählter Verwendungskomponenten des Bruttoinlandsprodukts; Prognosen der Gemeinschaftsdiagnose vom Herbst für das nächste Jahr; 1991 bis 2013

	Mittlerer quadratischer Fehler	Noise-to-Signal-Ratio
Private Konsumausgaben	1,16	1,73
Staatskonsum	0,91	0,84
Ausrüstungsinvestitionen	47,70	0,77
Bauinvestitionen	8,94	0,75
Ausfuhren[a]	22,22	0,66
Einfuhren[a]	18,87	0,79
Bruttoinlandsprodukt	2,48	0,73

Eigene Berechnungen
[a] Waren und Dienstleistungen

schwankende Reihen. Folglich ist hier die NSR relativ klein, im Falle der Ausfuhren sogar kleiner als die bei den Prognosen des Bruttoinlandsprodukts. Gemessen daran, dass man bei Investitionen und Außenhandel auf stark schwankende „Ziele schießt", ist die Treffsicherheit der Prognosen also gar nicht schlecht.

10.2.2 Verzerrung

Prognosen sind in manchen Jahren zu optimistisch, in manchen zu pessimistisch. Idealerweise sollten sich solche Über- und Unterschätzungen im Zeitverlauf aufheben. Ist dies erfüllt, dann ist die Prognose unverzerrt. Ein einfaches Maß der Verzerrung ist der Mittlere Fehler (MF).

$$MF = \frac{1}{T} \sum_t F_t \qquad (10.7)$$

Da für diese Prüfgröße – im Gegensatz zu den Kennziffern der Treffsicherheit – ein Normwert bekannt ist, sie sollte nämlich 0 sein, lässt sie sich unmittelbar verwenden, um die Hypothese der Unverzerrtheit testen. Dazu regressiert man die Prognosefehler auf eine Konstante.

$$F_t = c + \varepsilon_t \qquad (10.8)$$

Der geschätzte Koeffizient von c entspricht dem Mittleren Fehler. Die Nullhypothese, ob c = 0 ist, kann nun mit Hilfe eines einfachen t-Tests überprüft werden.

Ein solcher Test setzt allerdings voraus, dass die Fehler normalverteilt sind. Dies ist bei Konjunkturprognosen, die häufig durch große Fehler in nur wenigen Jahren gekennzeichnet sind und für die zudem eine nur begrenzte Anzahl von Beobachtungen vorliegt, nicht ohne weiteres als gegeben anzusehen. Daher sollten auch nicht-parametrische Testverfahren in Erwägung gezogen werden. Ein einfacher Test ist ein Vorzeichentest. Er basiert auf der Annahme, dass es bei unverzerrten Prognosen gleich viele Über- und Unterschätzungen geben sollte, was bedeutet, dass die Wahrscheinlichkeit 50 % beträgt, dass es in einem gegebenen Jahr zu einer Über- bzw. einer Unterschätzung kommt. Die Teststatistik „Zahl der Überschätzungen" ist damit binomialverteilt mit einer Wahrscheinlichkeit von 50 %. Somit kann man berechnen, mit welcher Wahrscheinlichkeit eine beobachtete oder kleinere Zahl von Überschätzungen unter der Annahme einer Eintrittswahrscheinlichkeit des Ereignisses „Überschätzung" von 50 % erreicht wird.[6]

---

[6] Der Test ist etwas schwierig zu interpretieren. Bei einer Eintrittswahrscheinlichkeit des Ereignisses „Überschätzung" von 50 %, einem zweiseitigen Test und einer Irrtumswahrscheinlichkeit von 5 % würden beispielsweise bei 20 Beobachtungen maximal 13 Überschätzungen bzw. 6 Überschätzungen tolerieren. Gegeben die Eintrittswahrscheinlichkeit von 50 % würde man 14 und mehr Überschätzungen mit einer kumulierten Wahrscheinlichkeit von weniger als 2,5 % erwarten. Da damit 14 und mehr Überschätzungen nur mit einer geringen Wahrscheinlichkeit mit der Ausgangshypothese einer Wahrscheinlichkeit einer Überschätzung von 50 % in Einklang zu bringen ist, würde man

10.2 Genauigkeit von Konjunkturprognosen

Tab. 10.4 Tests auf Verzerrung ausgewählter Prognosen des deutschen BIP, 1991 bis 2013

	IWF	GD	EU	SVR	OECD	JWB
MF	−0,58	−0,43	−0,33	−0,32	−0,38	−0,33
t-Statistik	−1,52	−1,35	−1,01	−1,03	−1,28	−1,35
Anzahl Überschätzungen	16	15	15	15	13	14
kumulierte Wahrscheinlichkeit	0,983	0,953	0,953	0,953	0,798	0,895
Wilcoxon-Statistik	92	97	99	100	103	95
Wilcoxon-Statistik standardisiert	−1,41	−1,26	−1,19	−1,17	−1,08	−1,32

Eigene Berechnungen – Zu den Prognosen siehe Tab. 10.1

Der Vorzeichentest kommt ohne jegliche Annahme aus, ist aber eher ein schwacher Test. Kann man darüber hinaus davon ausgehen, dass die Fehler symmetrisch verteilt sind, ist ein „stärkerer" nicht-parametrischer Test der Wilcoxon Rang-Vorzeichen-Test (Campbell und Ghysels 1995). Seine Teststatistik wird in drei Schritten ermittelt:

$$S_+ = \sum_t I_+(F_t) \cdot Rang(|F_t|) \tag{10.9}$$

$$S_- = \sum_t I_-(F_t) \cdot Rang(|F_t|) \tag{10.10}$$

$$S = Min(S_+, S_-) \tag{10.11}$$

I_+ ist dabei eine Variable, die den Wert 1 aufweist, wenn die Differenz von Realisation und Prognose positiv ist und sonst den Wert 0 annimmt. I_- ist entsprechend definiert für negative Differenzen. Diese 0/1 Variablen werden für alle Zeitpunkte t multipliziert mit dem Rang des absoluten Fehlers zum Zeitpunkt t in der Folge aller Fehler, wobei die Fehler aufsteigend sortiert werden. Die Teststatistik S ist dann das Minimum der Summe der positiven und Summe der negativen Ränge. S ist Wilcoxon-verteilt und die kritischen Werte dieser Verteilung können speziellen Tabellen entnommen werden. Für große Stichproben, worunter in der Literatur Fallzahlen ab etwa 20 bis 25 verstanden werden, kann man die Teststatistik standardisieren und die Normalverteilung anwenden. Dazu wird S um den Erwartungswert und die Standardabweichung bereinigt. Der Erwartungswert der Wilcoxon-Verteilung beträgt bei n Beobachtungen n(n+1)/4 und die Varianz n(n+1)(2n+1)/24.

Tab. 10.4 zeigt für die bereits oben betrachteten Prognosen die Ergebnisse der verschiedenen Tests auf Verzerrung. Dabei fällt als erstes auf, dass der mittlere Fehler MF bei allen Prognosen negativ ist, also im Durchschnitt eine Überschätzung vorliegt. Allerdings ist diese gemessen an den t-Werten in keinem Fall statistisch signifikant; der kritische Wert

davon ausgehen, dass eine Verzerrung nach oben vorliegt. Umgekehrt stellt sich die Situation bei 5 oder weniger Überschätzungen dar. Die kumulierte Wahrscheinlichkeit für diese Zahl von Überschätzung läge nur bei etwa 2 %, was ebenfalls schwer mit der Ausgangshypothese in Einklang zu bringen ist, so dass man davon ausgehen würde, dass die Prognose nach unten verzerrt ist.

der t-Statistik liegt bei 23 Beobachtung, einem zweiseitigen Test, und einer Irrtumswahrscheinlichkeit von 5% bei 2,08. Der Vorzeichentest gibt allerdings schwache Hinweise auf eine Verzerrung der IMF-Prognose, akzeptieren würde man zwischen 7 und 15 Überschätzungen. Der Wilcoxon-Test schließlich spricht wiederum gegen eine Verzerrung. Der kritische Wert der Normalverteilung läge (bei gleichen Annahmen wie zuvor beim T-Test) bei −1,96 und wird in keinem Fall unterschritten. Alles in allem waren die betrachteten Prognosen im Untersuchungszeitraum wohl unverzerrt.

10.2.3 Effizienz

Allgemein gesagt gilt eine Prognose als effizient, wenn alle zur Verfügung stehenden Informationen ausgeschöpft wurden. Dies lässt sich daran ablesen, dass ihre Fehler unkorreliert sind mit jeder Art von Information, die zum Zeitpunkt ihrer Erstellung bekannt war. In diesem Fall sind alle zum Zeitpunkt der Prognoseerstellung verfügbaren Informationen in angemessener Weise in die Prognose eingeflossen (Stekler 2002, S. 222). Es wird eine Vielzahl von Tests vorgeschlagen, die die Effizienz von Prognosen überprüfen. Dabei unterscheidet man häufig zwischen schwacher und starker Effizienz. Tests auf schwache Effizienz überprüfen, ob überhaupt Systematiken in den Prognosefehlern festzustellen sind, während Tests auf starke Effizienz Zusammenhänge zwischen Prognosefehler und konkreten Informationen untersuchen.

Ein verbreiteter Test auf schwache Effizienz ist die sog. Mincer-Zarnowitz-Gleichung (Mincer und Zarnowitz 1969). In ihr werden die Prognosen auf die realisierten Werte regressiert. ε_t ist hier wie auch in den folgenden Gleichungen ein Störterm mit den üblichen Eigenschaften.

$$R_t = \beta_0 + \beta_1 P_t + \varepsilon_t \tag{10.12}$$

Ist eine Prognose unverzerrt und (schwach) effizient – man spricht bisweilen von Mincer-Zarnowitz-Effizienz –, dann sollten ß$_0$ = 0 und ß$_1$ = 1 sein. Überprüfen kann man das Vorliegen dieser Eigenschaften mit Hilfe eines F-Tests. Dabei wird unter Berücksichtigung der Freiheitsgrade die Varianz der Schätzfehler der Gl. (10.12) in Relation gesetzt zu jener Varianz der Schätzfehler die entsteht, wenn man in die Gleichung die erwähnte Restriktion einsetzt.

Aufgrund seiner Nullhypothese wird dieser Test in der Literatur bisweilen auch den Tests auf Verzerrung zugerechnet. Er geht aber darüber hinaus, wie Abb. 10.3 zeigt. Diese ist ähnlich aufgebaut wie Abb. 10.1. Die Mincer-Zarnowitz-Gleichung überprüft nämlich letztlich, ob in einem Prognose-Realisations-Diagramm die Diagonale der beste Schätzer für den Zusammenhang zwischen Prognose und Realisation ist. Für die in den beiden Hälften des Diagramms dargestellten Punktwolken ist jeweils die geschätzte Mincer-Zarnowitz-Gleichung als dünne Linie eingetragen.

10.2 Genauigkeit von Konjunkturprognosen

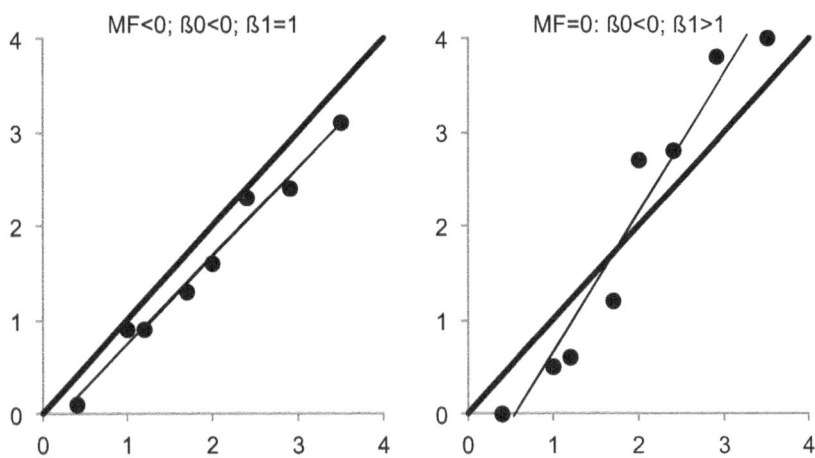

Abb. 10.3 Typische Fehlerbilder bei Tests auf Mincer-Zarnowitz Effizienz

Die im linken Diagramm dargestellte Prognose ist gemessen am mittleren Fehler verzerrt, was sich am Absolutglied der Mincer-Zarnowitz-Gleichung ablesen lässt. Das Steigungsmaß dieser Gleichung ist aber annähernd 1. Insofern ist die Prognose zwar verzerrt, aber effizient. Die Prognose im rechten Diagramm ist gemessen am MF zwar unverzerrt, aber das Steigungsmaß der Mincer-Zarnowitz-Gleichung größer als 1. Dies führt zwar zu einem negativen Absolutglied der Gleichung, diese ist aber nicht Ausdruck einer Verzerrung, sondern Folge einer Ineffizienz. Der Ersteller der rechten Prognose ist bei niedrigen Werten systematisch zu optimistisch, bei hohen Werten zu pessimistisch, tendiert also dazu, mit seinen Prognosen nicht allzu weit vom durchschnittlichen Wachstum abzuweichen. Auch diese Erkenntnis könnte man verwenden, um die Prognose zu verbessern.

Tab. 10.5 zeigt das Ergebnis des Mincer-Zarnowitz-Tests für die sechs hier betrachten Prognosen. Mit Ausnahme der Prognose des IWF ist das Absolutglied der Gleichung stets negativ und die Steigung ist größer als Eins. Die Null-Hypothese nach der $ß_0 = 0$ und $ß_1 = 1$ kann allerdings nicht mit hinreichend kleiner Irrtumswahrscheinlichkeit verworfen werden. Den höchsten Wert erreicht die F-Statistik im Falle der Prognose des Jahreswirtschaftsberichts; aber auch dort beträgt die Irrtumswahrscheinlichkeit noch fast 18 %.

Tab. 10.5 Mincer-Zarnowitz-Test ausgewählter Prognosen des deutschen BIP, 1991–2013

	IWF	GD	EU	SVR	OECD	JWB
$ß_0$[a]	0,11 (0,1)	−1,18 (1,5)	−0,41 (0,7)	−0,66 (1,0)	−0,81 (1,4)	−0,79 (1,9)
$ß_1$[a]	0,64 (1,5)	1,43 (1,4)	1,05 (3,2)	1,21 (3,6)	1,25 (4,2)	1,28 (6,2)
F-Statistik	1,5	1,4	0,5	0,7	1,2	1,9
Sign. F	23,9 %	26,0 %	61,1 %	50,2 %	32,7 %	17,9 %

Eigene Berechnungen – Zu den Prognosen siehe Tab. 10.1. Zu den Koeffizienten siehe Gl. (10.12)
[a] In Klammern stehen die t-Werte der Koeffizienten

Insofern sind alle sechs hier betrachteten Prognosen als zumindest schwach effizient anzusehen.

Prognosen, die unverzerrt und effizient sind bezeichnet man in der Literatur bisweilen auch als rational, und entsprechend wird der Mincer-Zarnovitz-Test auch als Rationalitätstest angesprochen. Demnach sind die hier diskutierten Prognosen auch allesamt rational.

Ein alternativer Test auf schwache Effizienz, auf den hier allerdings nicht näher eingegangen werden soll, überprüft die Prognosefehler auf Autokorrelation.

$$F_t = \alpha_0 + \alpha_1 F_{t-1} + \varepsilon_t \qquad (10.13)$$

Die Nullhypothese dieses Testes lautet $\alpha_1 = 0$. Bei einem dritten Test wird in die Mincer-Zarnovitz-Gleichung die Realisation der Vorperiode als zusätzliche erklärende Variable einbezogen.

$$R_t = \beta_0 + \beta_1 P_t + \beta_2 R_{t-1} + \varepsilon_t \qquad (10.14)$$

Die Literatur schlägt hier entweder die Nullhypothese $\beta_0 = 0$, $\beta_1 = 1$, $\beta_2 = 0$ vor, oder die Nullhypothese $\beta_2 = 0$. Man kann den Test schon als „schwachen Test auf starke Effizienz" ansehen und ihn leicht zu einem Test auf starke Effizienz erweitern, indem man in der Gleichung R_{t-1} durch einen beliebigen Indikator X ersetzt, der zum Zeitpunkt der Erstellung der Prognose bekannt ist.[7] Die zu schätzenden Gleichung lautet also

$$R_t = \beta_0 + \beta_1 P_t + \beta_2 X + \varepsilon_t. \qquad (10.15)$$

Während Holden und Peel (1990) die Nullhypothese $\beta_0 = 0$, $\beta_1 = 1$, $\beta_2 = 0$ vorschlagen, empfiehlt Stekler (2002) die Nullhypothese $\beta_2 = 0$. Zwei Beispiele für solche Tests auf starke Effizienz liefern die Kästen 10.2 und 10.3.

Kasten 10.2: Konsolidierungspolitik in der Euro-Krise: Schätzte der Internationale Währungsfonds die Wirkungen seiner finanzpolitischen Empfehlungen richtig ein?

Eine Folgewirkung der globalen Finanz- und Wirtschaftskrise in den Jahren 2008/2009 war, dass die Akteure an den internationalen Finanzmärkten ihr Vertrauen in die Solidität der Staatsfinanzen einer Reihe von Mitgliedsstaaten der Europäischen Union verloren. Ein Teil der Länder – z. B. Griechenland – wies bereits vor der Finanzkrise anhaltend hohe Defizite im Staatshaushalt auf, und es kamen nun Zweifel auf, ob diese Länder ihre Schulden würden bedienen können. Bei anderen Ländern – z. B. in Spa-

---

[7] Auf einen Zeitindex bei der Variable x wird bewusst verzichtet, da hier gemischte Periodizitäten auftreten können. P und R sind im hier betrachteten Fall von Konjunkturprognosen jahresdurchschnittliche Veränderungsraten. Bei x kann es sich um Jahresdaten für zurückliegende Jahre, aber beispielsweise auch um den bei Abschluss der Prognosen letzten bekannten Monatswert, oder um einen Mittelwert mehrerer Monatswerte handeln.

10.2 Genauigkeit von Konjunkturprognosen

nien – wurde deutlich, dass die bis dahin recht gute Lage der Staatsfinanzen vor allem Übertreibungen in einzelnen Sektoren – insbesondere im Bausektor – zu verdanken waren, die für hohe Steuereinnahmen sorgten. Mit Platzen einer Blase sanken aber die Steuereinnahmen kräftig.

Um das Marktvertrauen wieder herzustellen, sahen sich die betroffenen Länder gezwungen, die Fehlbeträge in ihren öffentlichen Haushalten drastisch zu verringern, worin sie durch die Europäische Union, die Europäischen Zentralbank und den Internationalen Währungsfonds bestärkt wurden. Allerdings ist eine solche Konsolidierungspolitik mit dem Problem verbunden, dass eine Senkung der öffentlichen Ausgaben oder Steuererhöhungen kurzfristig die wirtschaftliche Aktivität dämpfen und damit die Steuerbasis schmälern, so dass eine restriktive Finanzpolitik das staatliche Defizit womöglich überhaupt nicht verringert, sondern im Gegenteil die Fehlbeträge erhöht, weil der Rückgang der Steuerbasis die öffentlichen Haushalte stärker belastet, als sie durch die Konsolidierungsmaßnahmen entlastet werden.

Solche Zusammenhänge werden bei der Erstellung von Prognosen zwar nach bestem Wissen berücksichtigt. Gerade in extremen Situationen – und eine solche waren die Jahre 2008 und 2009 – sind jedoch die Wirkungen der Finanzpolitik schwierig einzuschätzen. Ob die Beurteilung der makroökonomischen Wirkungen der Finanzpolitik zutreffend war, lässt sich u. a. daran messen, ob die Prognosen der wirtschaftlichen Entwicklung effizient waren in Bezug auf die Informationen bezüglich der Ausrichtung der Finanzpolitik.

Ob dies auf die Prognosen des Internationalen Währungsfonds (IWF) zutrifft, untersuchten Blanchard und Leigh (2013) im Rahmen einer Panel-Analyse. Darin betrachteten sie die vom IWF in den Jahren 2009 bis 2012 veröffentlichten Frühjahrs-Prognosen der Zuwachsraten des realen Bruttoinlandsprodukts in 26 Ländern. Die Fehler dieser Prognosen verglichen sie mit der zum Zeitpunkt der Erstellung der Prognosen geplanten Rückführung des strukturellen Budgetsaldos (ΔBB) als Indikator der Ausrichtung der Finanzpolitik. Die von Ihnen geschätzte Regression kam folgendem Ergebnis:

$$R_t - P_t = 0{,}775 - 1{,}095 \ \Delta BB_t$$

Das Absolutglied ist auf dem 90%-Niveau signifikant, der Koeffizient des Budgetsaldos auf dem 99%-Niveau. Die Gleichung zeigt, dass der Prognosefehler mit den Annahmen zum strukturellen Budgetsaldo korreliert ist. Dort wo dieser stark reduziert wurde, waren die Prognosen tendenziell zu optimistisch. Dieses Ergebnis unterziehen Blanchard und Leigh verschiedenen Robustheitstests, wobei sie sowohl verschiedene Schätzmethoden anwenden als auch zusätzliche Kontrollvariablen einbeziehen und schließlich auch einzelne Daten, die Ausreißer darstellen könnten, aus dem Datensatz eliminieren. All dies ändert nichts an dem grundsätzlichen Befund: Die Annahme zur Ausrichtung der Finanzpolitik wurde allem Anschein nach vom IWF in seinen Prognose nicht angemessen berücksichtigt. Seine Prognosen waren in dieser Hinsicht nicht effizient.

Kasten 10.3: Wie das Wetter die Prognosegenauigkeit beeinflusst

Es ist unbestreitbar, dass die wirtschaftliche Aktivität auch durch die Witterung beeinflusst wird. In einem extrem frostigen und schneereichen Winter dürfte z. B. die Bautätigkeit weitgehend ruhen, während in einem milden Winter auf den meisten Baustellen normal gearbeitet werden kann. Jahreszeitliche Schwankungen der Produktion werden zwar durch Saisonbereinigungsverfahren (Abschn. 3.3.2) zum Teil aufgefangen. Da diese aber auf reinen Zeitreihenansätzen beruhen, filtern sie letztlich nur den Einfluss z. B. eines „durchschnittlichen Winters" heraus, berücksichtigen aber nicht die spezifischen Wetterbedingungen eines Jahres. Insofern enthalten saisonbereinigte Zeitreihen auch eine Wetterkomponente, dies es unter Umständen schwierig macht, Wirtschaftsindikatoren am aktuellen Rand hinsichtlich der konjunkturellen Tendenz richtig zu bewerten.

Diese Schwierigkeit in der Bewertung der Konjunktur schlägt sich auch in der Treffsicherheit von Konjunkturprognosen nieder. Besonders anfällig sind die im Frühjahr und Frühsommer eines Jahres erstellten Prognosen, da es insbesondere die Daten für das erste Quartal sind, die durch Wettereffekte beeinflusst sind. Später im Jahr erstellte Prognosen sind hingegen nicht betroffen, da wetterbedingte Produktionsausfälle im ersten Quartal erfahrungsgemäß oft durch Nachholeffekte im zweiten Quartal, z. B. durch Sonderschichten, ausgeglichen werden.

Natürlich versuchen Prognostiker, solche Witterungseffekte zu antizipieren. Ob ihnen dies jedoch gelingt, lässt sich mit Hilfe des in Gl. (10.15) dargestellten Ansatzes überprüfen. Dabei werden die Wetterverhältnisse repräsentiert durch eine Variable, die das ifo-Institut im Rahmen des ifo Konjunkturtests erhebt (Abschn. 5.2.3.1). Dort werden Unternehmen der Bauwirtschaft monatlich gefragt, ob ihre Tätigkeit durch die Wetterverhältnisse behindert wird. Die Variable gibt an, welcher Prozentsatz der befragten Unternehmen über solche Behinderungen berichtet. Hohe Indikatorwerte sprechen mithin für eine starke wetterbedingte Beeinträchtigung der Produktion. Für die nachfolgende Analyse werden die Indikatorwerte für die Monate Januar, Februar und März zusammengefasst.

Tab. 10.6 stellt die Ergebnisse des Tests verkürzt dar und weist lediglich die t-Werte des Koeffizienten β_2 in Gl. (10.15) aus. Diese geben Auskunft darüber, ob die Wettervariable in der Gleichung einen signifikanten Einfluss ausübt. Alle t-Werte liegen über dem kritischen Wert, der den Koeffizienten der Wettervariable auf dem 95%-Niveau gegen Null absichert (2,08); viele über dem kritischen Wert für eine Absicherung auf dem 99%-Niveau (2,83). Das Vorzeichen der Koeffizienten ist so, dass Prognosen, die nach strengen Wintern erstellt wurden, tendenziell zu pessimistisch sind, während solche, die nach milden Wintern erstellt wurden, tendenziell zu optimistisch sind.

Bei Döhrn (2014) findet man weitere Tests die zeigen, dass das Ergebnis robust ist gegenüber Variationen der Stichprobe, und dass auch eine andere Wettervariable zu ähnlichen Ergebnissen führt. Alles in allem zeigt das Beispiel, dass die betrachteten Prognosen nicht effizient sind in Bezug auf Informationen zu den Wetterverhältnissen, die

10.2 Genauigkeit von Konjunkturprognosen

Tab. 10.6 Zusammenhang zwischen Prognosegenauigkeit und Wetter im ersten Quartal, 1991 bis 2012

Prognose	t-Statistik der Wettervariable
Frühjahrsprognosen[a]	
Internationaler Währungsfonds	2,18
Gemeinschaftsdiagnose	2,83
Europäische Kommission	3,06
Sommerprognosen[b]	
OECD	3,37
Deutsches Institut für Wirtschaftsforschung	3,20
Institut für Weltwirtschaft	3,25
Rhein.-Westf. Institut für Wirtschaftsforschung	2,20
Ifo-Institut	3,35

Eigene Berechnungen. Zu den Details vgl. Döhrn (2014)
[a] Veröffentlicht zwischen 20. Februar und 20. Mai
[b] Veröffentlicht zwischen 20. Mai und 20. August

zum Zeitpunkt der Erstellung der Prognose bekannt waren. Eine bessere Berücksichtigung von Wettereffekten könnte also die Treffsicherheit von Prognosen verbessern.

10.2.4 Komponentenzerlegung der Prognosefehler

Die bis hierhin dargestellten Prüfmaße betrachteten Treffsicherheit, Verzerrung und Effizienz von Prognosen jeweils separat. Auf Theil geht ein Vorschlag zurück, wie man den Mittleren Quadratischen Fehler in drei Komponenten zerlegen kann, die angeben, wie weit er Folge einer Verzerrung oder einer Ineffizienz ist, oder ob er rein zufälliger Natur ist. Durch geschickte Erweiterung der Formel zur Berechnung des Mittleren Quadratischen Fehlers und Zusammenfassung der Größen erhält man folgende drei Komponenten:

$$UM = \frac{(\bar{P}-\bar{R})^2}{\frac{1}{t}\sum(P_t-R_t)^2} \tag{10.16}$$

$$UV = \frac{(s_P-s_R)^2}{\frac{1}{t}\sum(P_t-R_t)^2} \tag{10.17}$$

$$UC = \frac{2(1-r)\cdot s_R \cdot s_P}{\frac{1}{t}\sum(P_t-R_t)^2} \tag{10.18}$$

Tab. 10.7 Theil'sche Komponentenzerlegung der Prognosefehler ausgewählter Prognosen des deutschen BIP, 1991 bis 2013

	IMF	GD	EU	SVR	EU	JWB
MQF	3,51	2,48	2,38	2,24	2,05	1,42
UM	0,095	0,076	0,045	0,046	0,070	0,076
UV	0,242	0,461	0,291	0,360	0,352	0,333
UC	0,662	0,463	0,664	0,594	0,579	0,591

Eigene Berechnungen – Zu den Prognosen siehe Tab. 10.1

$\bar{P}$ und $\bar{R}$ sind die Mittelwerte der Prognose bzw. der Realisation, s_p und s_R sind die entsprechenden Streuungen und r ist der Korrelationskoeffizient von Prognose und Realisation. UM bezeichnet man als Mittelwertfehler, UV als Varianzfehler und UC als Kovarianzfehler. Da die Zähler der Gln. (10.16 bis 10.18) einer reinen Umformung des Nenners der Gleichungen entstammen, gilt außerdem:

$$UM + UV + UC = 1 \qquad (10.19)$$

UM und UV stellen dabei systematische Fehleranteile dar, UM misst den Beitrag der Verzerrung und UV den einer (schwachen) Ineffizienz. Diese beiden Komponenten sollten bei unverzerrten und effizienten Prognosen möglichst nahe bei Null liegen. UC steht hingegen für den Zufallsfehler. Da Prognosen idealer Weise nur Zufallsfehler aufweisen sollten, sollte UC nahe bei Eins liegen.

Tab. 10.7 zeigt das Ergebnis der Komponentenzerlegung für die sechs hier betrachteten Prognosen. Da in den entsprechenden Tests (Abschn. 10.2.2) keine Verzerrung der Prognosen nachgewiesen werden konnte, überrascht es nicht, dass der Anteil des Mittelwertfehlers durch die Bank gering ist. Am größten ist sein Beitrag bei der Prognose des Internationalen Währungsfonds, die auch oben am ehesten im Verdacht steht, verzerrt zu sein; zumindest einer der Tests spricht dafür. Obwohl der Mincer-Zarnowitz-Test die Nullhypothese schwacher Effizienz nicht ablehnen konnte, trägt der Varianzfehler rund ein Drittel zum Mittlere Quadratischen Fehler bei. Zwischen knapp der Hälfte und zwei Drittel des Fehlers ist bei den Prognosen aber als Zufallsfehler anzusehen.

10.3 Vergleich von Prognosen

Bisher wurde jeweils nur eine der betrachteten Prognosen analysiert. Zwar erlauben die Ergebnisse auch Aussagen darüber, welche der Prognose treffsicherer ist. Ob die Unterschiede systematischer oder zufälliger Natur sind, lässt sich anhand der bisher vorgestellten Prüfmaße allerdings nicht entscheiden.

Einen Ansatzpunkt für einen direkten Prognosevergleich liefert der oben beschrieben Theil'sche Ungleichheitskoeffizient U (Abschn. 10.2.1). Er vergleicht den Mittleren Qua-

10.3 Vergleich von Prognosen

dratischen Fehler der jeweils zu beurteilenden Prognose mit dem einer Alternativprognose. Dabei kann man nicht nur – wie oben dargestellt – eine naive Prognose als Referenz wählen, sondern jede beliebige Prognose. So erhielte man – unter Verwendung der Angaben in Tab. 10.7 – für einen Vergleich der Prognose der Sachverständigenrats und Gemeinschaftsdiagnose ein U von 0,90 (= 2,24/2,48), was darauf hinweist, dass die Prognose des Rates treffsicherer. Allerdings ist das Theil'sche Maß eine rein deskriptive Prüfgröße und sagt nichts darüber aus, ob der Unterschied statistisch signifikant ist.

Die Literatur bietet allerdings mehrere Tests an, die Aussagen darüber erlauben, ob sich Prognosen hinsichtlich ihrer Treffsicherheit signifikant unterscheiden; einen Überblick geben Diebold und Mariano (1995). Generell muss allerdings gesagt werden, dass alle diesbezüglichen Tests eher für Prognosen geeignet sind, um „unter Laborbedingungen" generierte Prognosen zu vergleichen, bei denen Prognosemethode und -horizont bekannt sind, was für die hier betrachteten Konjunkturprognosen allenfalls eingeschränkt zutrifft. Daher sind solche Tests – auch der im Folgenden vorgestellte – nur begrenzt aussagekräftig.

Diebold und Mariano (1995) zeigen überdies, dass die meisten Tests den Unterschied zwischen Prognosen überschätzen, wenn deren Fehler miteinander korreliert oder autokorreliert sind, wovon insbesondere ersteres auf Konjunkturprognosen in der Regel zutrifft. Sie schlagen eine Teststatistik vor, der solchen inter- oder kontemporären Korrelationen Rechnung trägt, die inzwischen allgemein als Diebold-Mariano-Test bezeichnet wird.

$$DM = \frac{\frac{1}{T}\sum(V(P_{t,1}) - V(P_{t,2}))}{\sqrt{\hat{\gamma}\, d/T}} \quad (10.20)$$

Die damit getestete Nullhypothese lautet, dass die P_1 und P_2 die gleiche Treffsicherheit aufweisen. Im Zähler steht die mittlere Abweichung zwischen den Verlustfunktionen V der beiden zu vergleichenden Prognosen P_1 und P_2. Üblicher Weise unterstellt man eine quadratische Verlustfunktion, man vergleicht also die quadratischen Fehler der beiden Prognosen. Im Nenner steht die gemeinsame Streuung der beiden Verlustfunktionen, geschätzt aus den langfristigen Auto-Kovarianzen der Verlustfunktionen. Bei großen Stichproben ist diese Prüfgröße asymptotisch normalverteilt.

Praktisch führt man den Test durch, indem man die Differenz der quadratischen Prognosefehler auf eine Konstante regressiert. Die Schätzgleichung lautet also

$$d_t = F_{1,t}^2 - F_{2,t}^2 = \alpha \cdot c + \epsilon_t \quad (10.21)$$

Dabei ist c eine Konstante. Zur Schätzung der Gl. (10.21) wird ein Heteroskedastie- und Autokorrelations-konsistenter (HAC)-Schätzer verwendet. Die Diebold-Mariano Statistik erhält man nun, indem man den so geschätzten Koeffizienten α – der nichts anderes ist als der Mittelwert der Differenzen zwischen den quadrierten Fehlern – durch dessen geschätzte Fehlerstreuung $\hat{\sigma}_\alpha$ dividiert.

$$DM = \frac{\alpha}{\hat{\sigma}_\alpha} \quad (10.22)$$

Die Testgröße ist mit wachsendem Stichprobenumfang asymptotisch normal-verteilt.

Bei kleinen Stichproben und langen Prognosehorizonten wird allerdings, wie Harvey et al. (1997) zeigen, die Nullhypothese gleicher Prognosegenauigkeit zu häufig abgelehnt. Sie schlagen daher einen modifizierten Diebold-Mariano-Test (MDM-Test) vor, bei dem die Teststatistik um die Zahl der Beobachtungen N und die der Prognoseschritte h bereinigt wird.

$$MDM = DM \cdot \sqrt{\frac{N+1-2h+\frac{h(h-1)}{N}}{N}} \quad (10.23)$$

Diese Prüfgröße ist t-verteilt mit $N-1$ Freiheitsgraden.

Tab. 10.8 zeigt die Ergebnisse eines Vergleichs der Treffsicherheit der hier betrachteten Prognosen dar. Dabei wird überprüft, ob die jeweils jüngere Prognose genauer ist als ältere, was wie oben in Abb. 10.2 gezeigt zu erwarten ist. In der ersten Zeile steht daher die jüngste unter den ausgewählten Prognosen, nämlich die aus dem Jahreswirtschaftsbericht der Bundesregierung. Die weiteren Prognosen sind in zeitlich absteigender Folge angeordnet. Der Vergleich des Jahreswirtschaftsberichts mit der Prognose der OECD liefert einen t-Wert von 1,82. Damit muss die Nullhypothese gleicher Prognosegüte mit einer Irrtumswahrscheinlichkeit von 10 % abgelehnt werden. Von den Prognosen des Sachverständigenrates, der EU und der Gemeinschaftsdiagnose unterscheiden sich hingegen die Prognosefehler nicht signifikant. Mit einer Irrtumswahrscheinlichkeit von 5 % muss die Nullhypothese allerdings im Vergleich zur Prognose des IMF abgelehnt werden. In den nächsten Zeilen stehen die entsprechenden Teststatistiken für die anderen Prognosen. Insgesamt wird deutlich, dass sich die Prognosegenauigkeit vor allem von der IMF-Prognose deutlich geringer ist, während die Unterschiede zwischen den anderen im Herbst veröf-

Tab. 10.8 Diebold-Mariano-Test[a] auf gleiche Prognosegenauigkeit; BIP-Prognosen für Deutschland 1991 bis 2013

Prognose	Im Vergleich zu Prognose				
	OECD	SVR	EU	GD	IMF
JWB	1,82	1,23	1,33	1,32	2,28
OECD		0,47	0,69	0,76	2,23
SVR			1,15	1,06	2,20
EU				0,55	1,75
GD					1,75

Eigene Berechnungen – Zu den Prognosen siehe Tab. 10.1
[a] Modifizierter Test nach Gl. (10.23)

fentlichten Prognosen nicht signifikant sind, was nicht weiter überrascht, da die Veröffentlichungstermine recht nah beieinander liegen.

Ein anderer Ansatz, um die Treffsicherheit von Prognosen zu vergleichen, ist ein *forecast encompassing Test* (encompass = umfassen). Er weist einerseits eine Ähnlichkeit mit dem oben diskutierten Ansatz zur Kombination von Prognosen auf (Abschn. 9.1), andererseits ist er mit den Tests auf Informationseffizienz verwandt. In seiner einfachsten Version wird in Gl. (10.15) der Indikator X ersetzt durch eine andere Prognose[8]. Die zu schätzende Gleichung lautet dann:

$$R_t = \beta_0 + \beta_1 P_t^I + \beta_2 P_t^{II} + \varepsilon_t. \tag{10.24}$$

Unterscheidet sich der Koeffizient ß$_2$ nicht signifikant von Null, dann „umfasst" die Prognose P^I die Prognosen P^{II}, d. h. alle in der Prognose P^{II} enthaltenen Informationen sind auch in P^I eingeflossen. Ist hingegen ß$_2$ ungleich Null, enthält P^{II} zusätzliche Informationen, die nicht in P^I berücksichtigt sind. Allerdings führt dieser Test aufgrund der hohen Korrelation zwischen den Prognosen häufig zu nicht plausiblen Ergebnissen und soll hier nicht weiter ausgeführt werden.

10.4 Wendepunktfehler und Einschätzung der konjunkturellen Dynamik

10.4.1 Wendepunktfehler

Konjunkturen sind durch ein stetes Auf und Ab der wirtschaftlichen Aktivität gekennzeichnet. Von daher liegt es nahe zu überprüfen, ob es Prognosen gelingt, genau diese Schwankungen nachzuzeichnen. Nun dürfte es, schon allein aufgrund der Schwierigkeit, Rezessionen allgemein akzeptiert zu definieren, schwer fallen zu überprüfen, ob ein Wendepunkt etwa im Sinne der Konjunkturphaseneinteilung von Haberler (Abschn. 4.1.1) prognostiziert wurde. Der folgende Test, obwohl in der Literatur häufig als Test auf Wendepunktfehler angesprochen, sind daher im Grunde genommen kein Test auf die Prognose konjunktureller Wendepunkte, sondern darauf, ob Tempowechsel zutreffend erfasst werden, also der Wechsel von einer Beschleunigung zu einer Verlangsamung des Expansionstempos.

Grundlage der Tests ist eine Festlegung, wann sich die Veränderungstendenz einer Zeitreihe ändert. Ist r_t die Veränderungsrate der zu analysierenden Reihe, dann ist dies im Zeitpunkt t der Fall, wenn gilt

$$\frac{r_{t-1} - r_t}{r_t - r_{t+1}} < 0. \tag{10.25}$$

---
[8] Andere Varianten des Tests findet man z. B. bei Fang (2003).

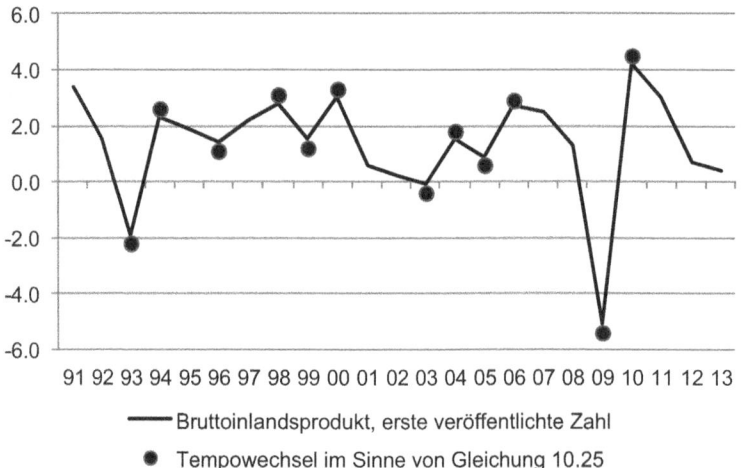

Abb. 10.4 Tempowechsel der Expansion des deutschen Bruttoinlandsprodukts, 1991 bis 2013

Abb. 10.4 verdeutlicht allerdings die grundsätzliche Problematik dieser Definition. In dem vergleichsweise kurzen Zeitraum 1991 bis 2013 findet das Verfahren zwölf solche Tempowechsel. Dazu zählen zwar auch die allgemein anerkannten Hoch- und Tiefpunkte des Konjunkturzyklus, aber auch alle kleineren Schwankungen des Expansionstempos, die erfahrungsgemäß insbesondere während Aufschwungphasen häufig zu beobachten sind.

Akzeptiert man jedoch diese Definition, ist der Test auf Wendepunktfehler vergleichsweise einfach. Zunächst werden sowohl die Prognose als auch die Realisationen dahingehend klassifiziert, ob eine Tendenzänderung in dem in Abb. 10.4 dargestellten Sinne folgte. Anschließend werden die Beobachtungspaare aus Prognosen und Realisation entsprechend dem in Tab. 10.9 dargestellten Schema klassifiziert und die Fallzahlen ausgezählt.

Hieraus lässt sich ein Maß ableiten, das in der Literatur zumeist als „Informationsgewinn" angesprochen wird. Würden alle Tendenzänderungen zutreffend prognostiziert, dann wären in diesem Schema nur die Felder I_{11} und I_{22} besetzt. Der Informationsgewinn wird berechnet, indem man den Anteil der zutreffend prognostizierten Tendenzänderungen an den Tendenzänderungen insgesamt und den Anteil der Phasen ohne Tendenzänderung, die zutreffend als solche vorhergesagt wurden, an der Phasen ohne Tendenzänderung insgesamt addiert.

$$I = \frac{I_{11}}{I_{1.}} + \frac{I_{22}}{I_{2.}} \tag{10.26}$$

I liegt definitionsgemäß zwischen 0 und 2. Wären Prognose und Realisation zufällig verteilt, würde genau die Hälfte der Tendenzänderungen identifiziert und I hätte den Wert 1. Jeder Wert größer 1 – und daher rührt der Name des Prüfmaßes – zeigt an, dass die Prognose Informationen zum Wechsel der konjunkturellen Dynamik liefert, die über eine zufällige Verteilung der Phasen hinausgehen.

10.4 Wendepunktfehler und Einschätzung der konjunkturellen Dynamik

Tab. 10.9 Schema zur Ableitung des Tests auf Wendepunktfehler

Prognose Realisation	Tendenzänderung	Keine Tendenzänderung	Insgesamt
Tendenzänderung	I_{11}	I_{12}	$I_{1.}$
Keine Tendenzänderung	I_{21}	I_{22}	$I_{2.}$
Insgesamt	$I_{.1}$	$I_{.2}$	$I_{..}$

Eigene Darstellung

Man kann I auf Signifikanz testen, indem man die empirische beobachtete Besetzung der in Tab. 10.9 dargestellten Matrix mit einer erwarteten Besetzung vergleicht, die sich ergibt, wenn die Ereignisse Prognose und Eintreten einer Tendenzänderung unabhängig voneinander wären. Dieser erwartete Wert ergibt sich als

$$E_{ij} = \frac{I_{i.}}{I_{..}} \cdot \frac{I_{.j}}{I_{..}} s \qquad (10.27)$$

Daraus kann man dann ableiten

$$\chi^2 = \sum_{i,j=1}^{2} (I_{ij} - E_{ij})^2 / E_{ij} \qquad (10.28)$$

Diese Größe ist χ^2-verteilt mit einem Freiheitsgrad und erlaubt es damit, I auf Signifikanz zu testen. Ein anschauliches Maß für die Stärke des Zusammenhangs zwischen prognostizierter und eingetretener Tendenzänderung ist der Kontingenzkoeffizient C.

$$C = \sqrt{\chi^2 / (n + \chi^2)} \qquad (10.29)$$

Dabei ist n die Zahl der beobachteten Fälle, also $I_{..}$ in Tab. 10.9. Bei einer 2×2-Matrix erhält man durch die Transformation

$$C_{korr} = C \cdot \sqrt{2} \qquad (10.30)$$

einen korrigierten Kontingenzkoeffizienten, der zwischen 0 und 1 liegt und damit ähnlich wie ein Korrelationskoeffizient interpretiert werden kann.

Tab. 10.10 stellt die Ergebnisse der beschriebenen Tests für die hier betrachteten Prognosen dar. Mit Ausnahme der Prognose des IWF – hier ist die Irrtumswahrscheinlichkeit mit 17,9 % inakzeptabel hoch – besteht bei allen Prognosen ein hoch-signifikanter Zusammenhang zwischen prognostizierten und beobachteten Tempowechseln. Dabei unterscheiden sich die Ergebnisse zwischen den Prognosen kaum. Allerdings ist die Aussagekraft des Tests nicht sehr hoch. Dies liegt in erster Linie daran, dass der Test nur danach fragt, ob ein Tempowechsel erkannt wurde, nicht aber danach, ob auch das Ausmaß des

Tab. 10.10 Beurteilung der Prognose von Wendepunkten, 1991 bis 2013

	IWF	GD	EU	SVR	OECD	JWB
I	1,29	1,61	1,61	1,61	1,68	1,68
χ^2	1,81	7,30	7,30	7,30	9,67	9,67
P(χ^2) (in %)	17,9	0,7	0,7	0,7	0,2	0,2
C_{korr}	0,382	0,694	0,694	0,694	0,769	0,769

Eigene Berechnungen – Zu den Prognosen siehe Tab. 10.1

Tempowechsels erfasst wurde. So hatten alle hier betrachteten Prognosen nach dem tiefen Einbruch des Jahres 2009 für 2010 wieder eine zunehmende Produktion gesehen. Erwartet worden war aber nur eine Zunahme des Bruttoinlandsprodukts um 1,2 bis 1,6 %. Einen Anstieg um 3,6 %, wie die zuerst veröffentlichte Zahl lautete, hatte niemand auf dem Radar.

10.4.2 Einschätzung der konjunkturellen Dynamik

Als weiteres Kriterium zur Beurteilung von Prognosen bietet es sich daher an, die Erfassung der konjunkturellen Dynamik zu betrachten. Ein hierfür geeignetes – allerdings rein deskriptives – Prüfmaß wurde bereits in den sechziger Jahren des vergangenen Jahrtausends von Lamberts und Schüssler (1967) vorgeschlagen. Dieses ist definiert als

$$Q_t = \frac{P_t - R_{t-1}}{R_t - R_{t-1}} \qquad (10.31)$$

Die für die einzelnen Zeitpunkte berechneten Werte von Q werden dann fünf Wertebereichen zugeordnet

- $Q_t > 1$: Es wird ein größerer Wechsel des Expansionstempos prognostiziert als eingetreten ist (Überschätzung)
- $Q_t = 1$: Der Tempowechsel wird exakt getroffen (Übereinstimmung)
- $0 \leq Q_t < 1$: Es wird ein schwächerer Tempowechsel prognostiziert als eingetreten (Unterschätzung)
- $Q_t < 0$: Die Prognose zeigt eine Beschleunigung an, wo eine Verlangsamung eingetreten ist und umgekehrt. (Wendepunktfehler)
- Für den (allerdings seltenen) Fall, das $R_t = R_{t-1}$ ist Q nicht definiert und mithin keine Aussage möglich.

Dabei stimmen die von Lamberts und Schüssler ermittelten Wendepunktfehler mit den Fällen I_{12} und I_{21} in dem in Abschn. 10.4.1 dargestellten Schema überein.

10.5 Mehrdimensionale Bewertung von Prognosen

Tab. 10.11 Prüfmaß von Lamberts und Schüssler, 1992 bis 2003

	IWF	GD	EU	SVR	OECD	JWB
Überschätzung	5	4	4	4	4	5
Übereinstimmung	0	1	1	1	1	2
Unterschätzung	9	12	12	12	13	11
Wendepunktfehler	8	5	5	5	4	4
Keine Aussage	0	0	0	0	0	0

Eigene Berechnungen – Zu den Prognosen siehe Tab. 10.1

Die Beurteilung der Prognosen erfolgt dann, in dem ausgezählt wird, wie oft Prognosen für einzelne Jahre einem dieser fünf Fälle zugeordnet werden. Tab. 10.11 zeigt, dass alle sechs betrachteten Prognosen die konjunkturelle Dynamik überwiegend unterschätzen, d. h. das Tempo der Beschleunigung in Aufschwüngen oder die Intensität der Konjunkturverlangsamung in Abschwüngen zu gering einschätzen.[9] Die Bilanz des Jahreswirtschaftsberichts, der den kürzesten Prognosehorizont aufweist, ist etwas ausgeglichener als die der anderen Prognosen. Die Herbstprognose des IMF fällt durch besonders viele Wendepunktfehler auf.

Alles in allem zeigt die Auszählung, dass Prognostiker anscheinend überwiegend „hasenfüßig" sind, also das Ausmaß der Tempowechsel in Aufschwüngen wie auch von in Abschwüngen oft unterschätzen.

10.5 Mehrdimensionale Bewertung von Prognosen

Alle bisher in diesem Abschnitt betrachteten Beispiele beziehen sich auf Prognosen einer Variablen, in den meisten Fällen des realen Bruttoinlandsprodukts. Oben wurde aber bereits darauf hingewiesen, dass eine treffsichere Prognose insbesondere einer derart hoch aggregierten Größe auch glücklichen Umständen zu verdanken sein kann. Dies ist dann der Fall, wenn sich Fehler bei den Prognosen einzelner Komponenten des Bruttoinlandsprodukts ausgleichen. Wie ist es aber zu bewerten, wenn ein Prognostiker das Bruttoinlandsprodukt zwar recht genau prognostiziert, aber die Beiträge der Verwendungskomponenten zum Wachstum falsch einschätzte? Wenn er also z. B. davon ausging, dass die gesamtwirtschaftliche Expansion aus kräftig steigenden Investitionen bei gleichzeitig sinkendem Außenbeitrag resultieren wird, während in Wahrheit der Außenbeitrag einen hohen Wachstumsbeitrag lieferte und die Investitionen sanken.

---

[9] Die hier betrachteten Prognosen kennen zu ihrem Erstellungszeitpunkt noch nicht die Realisation des Vorjahres. Zwar lässt sich diese schon recht genau schätzen, so dass das Ergebnis der Auszählung nicht wesentlich davon beeinflusst werden dürfte, wenn man bei der Berechnung von Q im Zähler die noch unbekannte Realisation R_{t-1} verwendet. Eine alternative wäre, im Zähler die zum Erstellungszeitpunkt der Prognose gültige Prognose P_{t-1} zu verwenden.

Einen einfachen Ansatz, eine breiter gestützte Bewertung von Prognosen vorzunehmen, verfolgte die Zeitung Financial Times Deutschland, die seit 2002 bis zum Einstellen ihres Erscheinens im Dezember 2012 jährlich einen Prognostiker des Jahres kürte.[10] Wesentliches Kriterium bei der Verleihung des Preises war zwar der (absolute) Fehler der Prognose des Bruttoinlandsprodukts, was damit begründet wird, dass es sich um die für die Wirtschaftspolitik letztlich entscheidende Größe handelt (Fricke 2014). Daneben wurden aber drei weitere Kriterien zu Bewertung herangezogen: Die Genauigkeit, mit der Privater Konsum, Investitionen und Export prognostiziert wurden. Dabei kam aber nur eine „Ampelsystem" zur Anwendung. Dieses zeigte grün, wenn diese drei Prognosen innerhalb bestimmter Fehlergrenzen lagen, und es auf sprang auf rot, wenn diese Grenzen verlassen wurden. Allerdings wurden diese zusätzlich Kriterien in einer rein qualitativen Weise verwendet, um Prognosen in der Rangliste auf- oder abzuwerten.

Eine naheliegende Alternative, die Prognosefehler des Bruttoinlandsprodukts und seiner Komponenten zu ermitteln und einen – möglicherweise gewichteten – Mittelwert der Fehler mehrerer Variablen als Maß für die Treffsicherheit der Prognose insgesamt heranzuziehen. Da bei einer solchen Zusammenfassung Variablen mit hoher Varianz – wie z. B. die Investitionen – einen übermäßig hohen Einfluss ausüben würden, bietet es sich an, die Prognosefehler vor der Zusammenfassung um die Varianz der zu prognostizierenden Variablen zu bereinigen. In Anlehnung an die Euklidische Distanz kann man ein solches Abstandsmaß berechnen als:

$$D_{Eukl,t} = \sqrt{\sum_i \frac{(R_{i,t} - P_{i,t})^2}{\sigma_i^2}} \qquad (10.32)$$

Dabei ist i die Zahl der in den Vergleich einbezogenen Variablen und σ_i^2 die Varianz der Variable i in der Vergangenheit. Dieses Euklidische Abstandsmaß kommt einem Ansatz nahe, den das Handelsblatt bei einem 2014 erstmals veröffentlichten Prognoseranking anwendet. Es bezog die Prognose des Bruttoinlandsprodukt, der privaten Konsumausgaben, der Anlageinvestitionen, der Exporte, der Importe, der Inflationsrate und der Arbeitslosenquote ein, und verwendete die mittleren absoluten Prognosefehler, wobei Ex- und Importe jeweils nur mit halbem Gewicht in die Rechnung eingingen.[11]

Ein Problem bei dieser Rechnung ist, dass die verschiedenen einbezogenen Prognosen nicht unabhängig voneinander sind. So sollte man aller Erfahrung nach bei einer kräftigen Expansion des BIP auch hohe Zuwachsraten bei den Investitionen und den Importen erwarten. Was sagt es aber z. B. über die Konsistenz einer Prognose aus, wenn ein Prognostiker zu optimistisch bezüglich des Bruttoinlandsprodukts ist, zugleich aber zu pessimistisch bezüglich der Investitionen. Solche Zusammenhänge zwischen den prognostizierten

---

[10] Im Jahr 2013 führten die Journalisten, die die Wahl bereits bei der Financial Times Deutschland betreuten, das Projekt auf der Seite neuewirtschaftswunder.de weiter. Die Rangliste der Prognostiker des Jahres 2013 wurde außerdem in der Süddeutschen Zeitung veröffentlicht.

[11] Vgl. www.handelsblatt.com/prognosen.

10.5 Mehrdimensionale Bewertung von Prognosen

Tab. 10.12 Prognosen und tatsächliche Werte und daraus abgeleitete Distanzen, 2013, Veränderungen gegenüber dem Vorjahr in %

	GD	EU	SVR	OECD	JWB	Ist
Bruttoinlandsprodukt	1,0	0,8	0,8	0,5	0,4	0,4
Private Konsumausgaben	1,1	1,0	0,8	1,4	0,6	0,9
Staatskonsum	1,2	1,3	1,0	1,1	1,0	0,7
Bruttoanlageinvestitionen	1,9	1,9	1,4	0,9	0,5	-1,1
Exporte	3,8	4,2	3,8	3,2	2,8	0,8
Importe	4,6	4,1	4,2	4,8	3,5	0,9
Inflation	2,1	1,9	2,0	1,9	1,8	1,5
Euklidische Distanz	1,34	1,19	1,12	1,22	0,83	
Mahalanobis Distanz	4,61	12,28	4,74	7,07	4,00	

Eigene Berechnungen – Zu den Prognosen siehe Tab. 10.1

Variablen werden berücksichtigt, wenn man statt der Euklidischen Distanz die Mahalanobis Distanz verwendet (Sinclair et al. 2012). Wenn $\bar{P}$ ein Vektor von i Prognosen und $\bar{R}$ der Vektor der dazu gehörenden Realisationen, so ergibt sich die Mahalanobis Distanz als:

$$D_{Maha} = (\bar{R} - \bar{P})' W^{-1} (\bar{R} - \bar{P}) \qquad (10.33)$$

Dabei ist W die Varianz-Kovarianz-Matrix der in die Evaluation einbezogenen Variablen.[12]

Die Anwendung beider Ansätze soll hier am Beispiel der oben bereits betrachteten Prognosen illustriert werden, wobei die Prognose des Internationalen Währungsfonds nicht berücksichtigt werden kann, weil sie nicht alle betrachteten Variablen enthält. Bewertet werden sollen allerdings nur die Prognosen für 2013, Tab. 10.12 enthält die entsprechenden Daten. Die daraus abgeleiteten Distanzen wurden auf Grundlage der Varianzen bzw. der Varianz-Kovarianz-Matrix im Zeitraum 1992 bis 2013 berechnet.

Die Euklidische Distanz zeigt das aus den bisherigen Tests gewohnte Bild. Die Treffsicherheit verbessert sich auch bei der mehrdimensionalen Betrachtungsweise mit der Verkürzung des Prognosehorizonts. Den niedrigsten Wert und damit geringsten Fehler weist der im Januar veröffentlichte Jahreswirtschaftsbericht auf, den höchsten die bereits drei Monate früher veröffentlichte Gemeinschaftsdiagnose. Die Prognose der OECD weist, obwohl der Fehler bei der Prognose des Bruttoinlandsprodukts geringer war als bei der EU und beim Sachverständigenrat, eine höhere Euklidische Distanz auf, weil zugleich die Prognosen der privaten Konsumausgaben und der Einfuhren bei weitem zu optimistisch waren.

---

[12] Sinclair et al. 2012 verwenden in Ihrer Evaluierung von Zeitreihe von Prognosen einen Mittelwert der Varianz-Kovarianz-Matrix der beobachteten Variablen und der entsprechenden Matrix der Prognosen im betrachteten Untersuchungszeitraum. Bei der Evaluation einer einzelnen Prognose bietet sich die Verwendung einer historischen Varianz-Kovarianz-Matrix an.

Schwieriger zu interpretieren sind die Mahalanobis Distanzen. Zwar weist auch hier der Jahreswirtschaftsbericht den günstigsten Wert auf. Den zweitbesten Wert findet man aber bei der Gemeinschaftsdiagnose. Sie lag zwar bei der Prognose des Bruttoinlandsprodukts am weitesten daneben, die zu optimistische Wachstumsprognose ist aber beispielsweise konsistent mit der zu optimistischen Einschätzung von Investitionstätigkeit und Importen. Überraschend ist die schlechte Bewertung der EU-Prognose. Eine Ursache wird im Vergleich zur Prognose der Gemeinschaftsdiagnose deutlich: Die EU sieht zwar eine schwächere Entwicklung des Bruttoinlandsprodukts, aber eine gleich hohe Zunahme der Investitionen, und dies, obwohl die Investitionen – wie auch oben gezeigt Abschn. 4.2.3.2 – die zyklisch am heftigsten reagierende Variable darstellt. Der zweite Grund ist die überaus optimistische Einschätzung der Exporte, obwohl es historisch gesehen das Wachstum des Bruttoinlandsprodukts und das der Exporte eng korreliert sind.

Welche Prognose am treffsichersten ist, wenn man ausschließen möchte, dass sie „aus den falschen Gründen" zutrifft und deshalb ein breites Spektrum der prognostizierten Variablen ins Bild nimmt, ist anhand der betrachteten Prüfmaße nicht einfach zu sagen. Die Euklidische Distanz ist intuitiver, vernachlässigt aber wichtige Aspekte der Konsistenz. Die Mahalanobis Distanz ist deutlich schwieriger zu interpretieren und kann manchmal zu überraschenden Ergebnissen führen. Man stelle sich vor, der Jahreswirtschaftsbericht hätte – weitab jeglicher Realität – einen Zuwachs des Bruttoinlandsprodukts von 2,4 % prognostiziert, dies aber bei einem Anstieg der Investitionen um 3,9 % und der Exporte um 5,8 %. Die Mahalanobis-Distanz wäre bei einer solchen Prognose in etwa die gleiche wie die hier ermittelte, weil sie vor dem Hintergrund vergangener Entwicklungen – kräftige gesamtwirtschaftliche Expansion bei kräftigem Anstieg der Investitionen und der Importe – in sich konsistent ist. Als alleiniges Gütemaß erscheint vor diesem Hintergrund die Mahalanobis Distanz allerdings wenig geeignet, da es der inneren Konsistenz ein höheres Gewicht zumisst als der Treffsicherheit. Insofern sollte es zusammen mit anderen Gütemaßen verwendet werden. Die Forschung zu dieser Frage steht allerdings noch am Anfang.

Literatur

Blanchard, O., und D. Leigh. 2013. Growth forecast errors and fiscal multipliers. IMF Working Paper WP/13/1. Washington D.C.

Campbell, B., und E. Ghysels. 1995. Federal budget projections: A nonparametric assessment of bias and efficiency. *Review of Economics and Statistics* 77:17–31.

Clark, T. E., und M. V. McCracken. 2011. Advances in forecast evaluation. Federal Reserve Bank of St. Louis Working Paper Series 2011-025B. St. Louis, MO.

Diebold, F. X., und R. S. Mariano. 1995. Comparing predictive accuracy. *Journal of Business and Economic Statistics* 13:253–263.

Döhrn, R. 2014. Weshalb Konjunktur-Prognostiker regelmäßig den Wetterbericht studieren sollten. *Wirtschaftsdienst* 94 (7): 487–491.

Döhrn, R., und C. M. Schmidt. 2011. Information or institution – On the determinants of forecast accuracy. *Jahrbücher für Nationalökonomie und Statistik*. 231:9–27.

Döpke, J. 2004. Zur Qualität von Konjunkturprognosen. *Wirtschaftswissenschaftliches Studium* 33 (1): 8–13.

Fang, Y. 2003. Forecast combination and encompassing test. *International Journal of Forecasting* 10:87–94.

Fricke, T. 2014. Noch mehr Prognostiker des Jahres? – Aufklärungsversuch. http://neuewirtschaftswunder.de/2014/03/26/noch-mehr-prognostiker-des-jahres-aufklarungsversuch/. Zugegriffen: 18. Okt. 2014.

Harvey, D., S. Leybourne, und P. Newbold. 1997. Testing the equality of prediction mean squared errors. *International Journal of Forecasting* 13:281–291.

Heilemann, U. 1981. *Zur Prognoseleistung ökonometrische Konjunkturmodelle für die Bundesrepublik Deutschland. Schriftenreihe des RWI, N.F.,*Heft 44. Berlin: Duncker & Humblot.

Holden, K., und D. A. Peel. 1990. On testing unbiasedness and efficiency of forecasts. *Manchester School* 48:120–127.

Lamberts, W., und L. Schüssler. 1967. Zur Treffsicherheit von Konjunkturprognosen der Wirtschaftsinstitute. *Mitteilungen des Rheinisch-Westfälischen Instituts für Wirtschaftsforschung* 18 (4): 269–296.

Mincer, J., und V. Zarnowitz. 1969. The evaluation of economic forecasts. In *Economic forecasts and expectations,* Hrsg. J. Mincer. New York: NBER.

Rothschild, K. W. (1969). *Wirtschaftsprognose. Methoden und Probleme*. Berlin: Springer.

Sinclair, T., H. O. Stekler, und W. Carnow. 2012. A new approach for evaluating economic forecasts. *Economics Bulletin* 32 (3): 2332–2342.

Stekler, H. O. 2002. The rationality and efficiency of individuals forecasts. In *A companion to economic forecasting,* Hrsg. M. P. Clements und D. Hendry, 222–240. Malden: Wiley-Blackwell.

West, K. D. 2006. Forecast evaluation. In *Handbook of economic forecasting Vol. I,* Hrsg. G. C. Elliot, W. J. Granger, und A. Timmermann, 99–134. North Holland: Elsevier.

Prognoseintervalle 11

Prognosen sind wie nicht zuletzt die Prognoseevaluationen in Kap. 10 zeigen mit erheblichen Unsicherheiten behaftet. Fehler resultieren dabei im Wesentlichen aus drei Quellen. Erstens handelt es sich bei den Parametern von Zeitreihen- oder von Strukturmodellen um Schätzungen, die mit Unsicherheit – abzulesen an den ebenfalls geschätzten Fehlerstreuungen der Parameter – abzulesen ist. Gleiches gilt sinngemäß auch für „nicht-formale" Modelle, etwa subjektive Wirkungseinschätzungen von Prognostikern. Zweitens entstehen Fehler durch falsche Vorgaben für die Prognose, z. B. (im Nachhinein) unzutreffende Annahmen zum künftigen Wechselkurs. Drittens entstehen Fehler durch unvorhersehbare Faktoren oder – formal argumentiert – weil die Prognostiker die künftigen Werte der Störgrößen ihrer Schätzgleichungen nicht kennen. Hinzu kommt als weitere Fehler-Ursache, dass Prognosen aus unter Umständen unsicheren Daten abgeleitet werden.[1] Aus all diesen Gründen sind Prognosen grundsätzlich nur Wahrscheinlichkeitsaussagen, und Prognostiker sollten dies auch verdeutlichen, indem sie die Unsicherheitsmargen ihrer Vorhersagen angeben.

Die Ermittlung von Prognoseintervallen ist allerdings nicht einfach. Ein denkbarer Ansatzpunkt ist, sie aus Modelllösungen mit Hilfe sog. stochastischer Simulationen abzuleiten. Dazu wird eine große Zahl von Prognosen mit Hilfe eines ökonometrischen Modells erzeugt, wobei die Modellgleichungen für jeden Lauf durch eine Zufallsvariable gestört werden. Aus der Verteilung der Prognosen kann man dann auf Prognoseintervalle schlie-

---

[1] In einer aktuellen Auswertung ihrer Prognosen kommt die Bundesbank zu dem Ergebnis, dass die Fehler ihrer Prognosen im Zeitraum 2006 bis 2013 weitaus überwiegend durch falsche Annahmen hervorgerufen wurden (Deutsche Bundesbank 2014). Dabei ist allerdings zu bedenken, dass in den Analysezeitraum der unerwartet kräftige Konjunktureinbruch 2009 fällt, der in Deutschland wesentlich durch ein vorübergehendes Wegbrechen wichtiger Absatzmärkte bedingt war, also durch eine exogene Variable des Prognosemodells. Dies dürfte den Erklärungsbeitrag exogener Variablen überzeichnen.

ßen. Freilich setzt dies die Existenz eines Modells voraus, aus dem die Prognosen abgeleitet werden können, was in der Praxis bei den meisten Prognosen nicht zutrifft. Zudem ist das Verfahren sehr rechenintensiv.

Ein weit verbreiteter Ansatz ist es, die Intervalle aus früheren Prognosefehlern abzuleiten. Dabei treten allerdings mehrere Probleme auf.

- Erstens sind Prognosen oft verzerrt. Bei unverzerrten Prognosen ist WMQF eine konsistente Schätzung der Streuung der Prognose. Beim Vorliegen einer Verzerrung muss man die Prognosen um eben diese bereinigen, man erhält also die Streuung des Prognosefehlers als

$$\hat{s}_F = \sqrt{\frac{1}{T}\sum(F_t - \overline{F})^2} \qquad (11.1)$$

Dabei ist $\overline{F}$ der durchschnittliche Prognosefehler, also die Verzerrung. Wendet man diese Fehlerstreuung auf die Prognose an, so unterstellt man damit allerdings, dass die Prognose selbst unverzerrt ist, was zwar wünschenswert ist, aber den Erfahrungen widerspricht.

- Zweitens benötigt man, um aus der Fehlerstreuung Intervalle ableiten zu können, eine Annahme zur Verteilung der Prognosefehler. Der Einfachheit halber unterstellt man zumeist Normalverteilung, wobei – wiederum aufgrund der in der Regel geringen Zahl von Beobachtungen – diese Annahme in den seltensten Fällen in Tests verworfen werden kann. Betrachtet man allerdings die Prognosefehler näher, so scheinen diese stark von der Konjunkturlage abzuhängen: In konjunkturellen „Normallagen" sind die Fehler in Durchschnitt recht gering, in Umschwungphasen hingegen können sie sehr groß werden. Dies weist darauf hin, dass die Normalverteilungsannahme falsch sein könnte und dass eher eine Verteilung vorliegt, deren Enden – also die Extremwerte – eine höhere Wahrscheinlichkeit besitzen als sie sich aus einer Normalverteilung ergäbe (sog. fette Enden, *fat tails*).[2] Schätzen lassen sich die Momente einer solchen Verteilung allerdings aufgrund der relativ wenigen vorliegenden Daten kaum. So arbeitet man oft mit der Normalverteilungsannahme.

- Drittens kann, gerade wenn im Untersuchungszeitraum wenige extrem große Prognosefehler beobachtet werden, die Schätzung der Fehlerstreuung verzerrt sein. Dieses Problem lässt sich durch eine robuste Schätzung der Fehlerstreuung lösen, z. B. durch ein *bootstrapping*.

Ungeachtet dieser Vorbehalte werden Prognose-Intervalle in der Regel berechnet auf Basis der in der Vergangenheit beobachteten Fehlerstreuungen und basierend auf der Nor-

---

[2] Ob die Normalverteilungsannahme zutrifft, kann man u. a. überprüfen, indem man das vierte Zentrale Moment, also die Wölbung der Verteilung der Prognosefehler berechnet (Harvey et al. 2001). Bei einer Normalverteilung beträgt diese 3. Bei den in Kap. 10 betrachteten Beispielprognosen liegt sie zwischen 4,2 und 7,1. Dies deutet auf eine Verteilung der Fehler mit fetten Enden hin.

malverteilungsannahme. Dargestellt werden die Prognoseintervalle dann, indem man um die Prognose P mehrere Bänder legt, deren Abstand von der Prognose von der Wahrscheinlichkeit abhängt, mit der die Realität, würde sie sich beliebig oft wiederholen, was natürlich eine irrige Vorstellung ist, in dieses Band fällt.

$$F_{\pm\infty} = F \pm Z_a \cdot \hat{s}_F \quad (11.2)$$

Dabei werden die Z_a – auf die Probleme wurde hingewiesen – der Normalverteilungstabelle entnommen. Bei $Z_a = 1$ deckt das Prognoseband den 68%-Bereich ab, d. h. 68% aller Realisation würden – sofern die Annahme der Normalverteilung zutrifft – in dieses Band fallen.

Erstaunlicher Weise haben solche Prognoseintervalle weder eine besonders lange Tradition, noch stoßen sie in der Öffentlichkeit auf ein allzu großes Interesse. Erstmals veröffentlicht wurden sie von der *Bank of England* in ihren *Inflation Reports* (Britton 1998). Da sie bei ihrer Geldpolitik ein Inflationsziel verfolgt, und sich dabei auf die erwartete, also die prognostizierte Inflation stützt, versah sie ihre Prognosen mit Intervallen, die die Unsicherheit ihrer Einschätzung visualisierten. Sie legte dabei eine schiefe Normalverteilung zu Grunde, die asymmetrische Prognosebänder impliziert. Da Prognosen für die kurze Frist mit geringen Fehlern verbunden sind als solche für die längere Frist (vgl. Abb. 10.2), sind die Prognosebänder am Anfang noch recht eng und werden mit der Länge des Prognosehorizonts breiter.

In Deutschland veröffentlicht das RWI seit 2005 in seinen Konjunkturberichten Prognoseintervalle zu seinen Prognosen. Um zu verdeutlichen, dass die Prognosen auf einer noch unsicheren empirischen Basis stehen, weist es ergänzend für zurückliegende Jahre Revisionsintervalle aus. Diese sollen illustrieren, in welchem Maße die zum Zeitpunkt der Erstellung der Prognose bekannten Daten der Volkswirtschaftlichen Gesamtrechnungen im Laufe der Jahre erfahrungsgemäß revidierte werden Abschn. 3.4.3. In Abb. 11.1 sind diese Intervalle für die im Herbst 2013 erstellte Prognose dargestellt. Die Abbildung zeigt zweierlei: Erstens ist die Prognose für das laufende Jahr im September schon vergleichsweise genau, das Prognoseintervall unterscheidet sich in seiner Breite nur unwesentlich von dem Revisionsintervall für das zurückliegende Jahr. Mit anderen Worten liegt zu dem dargestellten Zeitpunkt die Prognoseungenauigkeit bereits im Bereich der Datenunsicherheit. Zweitens ist das Prognoseband für das kommende Jahr sehr breit. Bei dem damals prognostizierten Wirtschaftswachstum im Jahr von 1,9 % lag das 80 %-Intervall zwischen −0,2 % und +4,0 %. Betrachtet man allerdings noch längere Prognosehorizonte, dann nimmt die Breite der Intervalle nur noch wenig zu.

Dass Prognoseintervalle derart weit sind – worauf im übrigen Granger (1996) bereits hinwies – mag das geringe Echo erklären, auf das sie in der Öffentlichkeit stoßen. Da die zur Berechnung angenommene Normalverteilung wahrscheinlich nicht zutrifft, könnten unter Annahme einer „wahren", empirisch gleichwohl schwer zu ermittelnden Verteilung berechnete Bänder etwas schmäler ausfallen. Dies dürfte jedoch das grundsätzliche Problem nicht lösen: Breite Prognosebänder illustrieren letztlich, dass die Fähigkeit des Men-

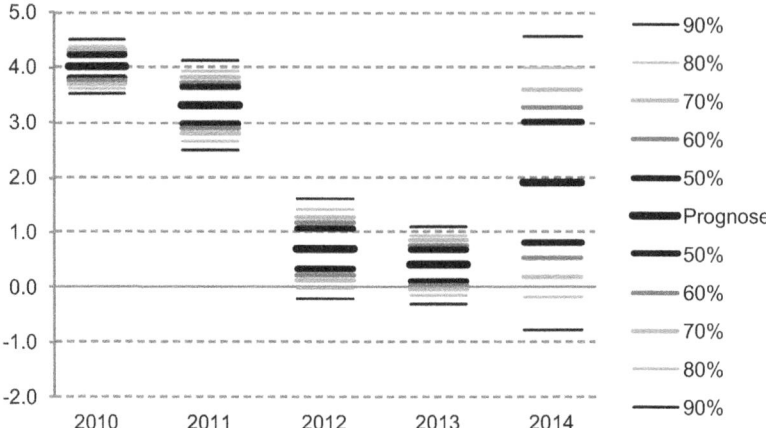

Abb. 11.1 Prognose- und Revisionsintervalle der RWI-Prognose des realen Bruttoinlandsprodukts für Deutschland vom September 2013

schen, in die Zukunft zu blicken begrenzt ist. Gleichwohl wäre es falsch, Hinweise auf die Unsicherheit von Prognosen zu unterlassen, weil man so dem Nutzer vorgaukeln würde, dass Prognosen sicher sein. Allerdings stellen Prognoseintervalle erhöhte Anforderungen an die Kommunikation von Prognosen. Ungeachtet der Unsicherheit stellt die veröffentlichte Prognose diejenige Entwicklung der Wirtschaft in der Zukunft dar, der der jeweilige Prognostiker die höchste Wahrscheinlichkeit zubilligt. Zudem wäre die Treffsicherheit „naiver" Prognosen erfahrungsgemäß noch geringer (Abschn. 10.2.1) und damit deren Prognoseintervalle noch breiter.[3]

Literatur

Britton, E., et al. 1998. The inflation report projections: Understanding the fan chart. *Bank of England Quarterly Bulletin* 38 (1): 30–38.

Deutsche Bundesbank. 2014. Wie aussagekräftig sind die Punktprognosen in den gesamtwirtschaftlichen Projektionen der Bundesbank? *Monatsberichte der Deutschen Bundesbank* 66 (6): 16–19.

Döhrn, R., und C. M. Schmidt. 2007. Kein Stein der Weisen – Prognosen erfordern eine intelligente Nutzung. *Wirtschaftsdienst* 87:54–57.

Granger, C. 1996. Can we improve the perceived quality of economic forecasts? *Journal of Applied Econometrics* 11:455–473.

Harvey, D. I., S. J. Leybourne, und P. Newbold. 2001. Analysis of a panel of UK macroeconomic forecasts. *Econometrics Journal* 4:37–55.

---

[3] Zur Interpretation von Prognosen vgl. auch Döhrn und Schmidt (2007).

12 Makroökonomische Prognosen für Deutschland: Institutionen und ihre Prognosepraxis

Es gibt zahlreiche Institutionen, die regelmäßig makroökonomische Prognosen veröffentlichen. Consensus Economics, eine in London ansässiges Unternehmen, das monatlich einen Überblick über der aktuellen Prognosen für zahlreiche Länder zusammenstellt, listet für Deutschland rund 30 Prognosen auf, worin die staatlicher Institutionen und internationaler Organisationen nicht enthalten sind (Tab. 12.1).[1] Ein großer Teil der dort erfassten Prognosen stammt von nationalen oder internationalen Banken. Zu dem Kreis, der regelmäßig berichtet gehören aber auch kommerzielle und staatlich subventionierte Forschungseinrichtungen. Dabei ist das Angebot an Prognosen für Deutschland – nimmt man die Consensus-Zusammenstellungen als Maßstab – nicht ganz so groß wie das für die USA, aber es ist deutlich breiter als in den anderen europäischen Ländern und in Japan.

Die Prognoseszene Deutschlands weist im internationalen Vergleich zwei Besonderheiten auf. Erstens erstellen allein fünf zu einem wesentlichen Teil staatlich finanzierte, wissenschaftlich aber unabhängige Wirtschaftsforschungsinstitute in gegenseitiger Konkurrenz Prognosen.[2] Zweitens gibt es eine in staatlichem Auftrag erstellte gemeinsame Prognose der Wirtschaftsforschungsinstitute, die Gemeinschaftsdiagnose. Hierbei handelt es sich um einen Forschungsauftrag des Bundes, der zum Ziel hat, dass sich die beteiligten Institute zwei Mal im Jahr eine gemeinsame Prognose einigen, die eine wesentliche Grundlage der Projektionen der Bundesregierung bildet. Bis 2007 wurde dieser Auftrag in einer beschränkten Ausschreibung an die unabhängigen, staatlich finanzierten Wirt-

---

[1] In das oben erwähnte auf neuewirtschaftswunder.de Prognoseranking gehen sogar mehr als 50 Prognosen ein.

[2] Dies sind aus Tab. 12.1 das Deutsche Institut für Wirtschaftsforschung, das ifo Institut für Wirtschaftsforschung, das Institut für Weltwirtschaft und das Rheinisch-Westfälische Institut für Wirtschaftsforschung. Das ebenfalls zu den staatlich finanzierten, unabhängigen Institutionen zählende Institut für Wirtschaftsforschung Halle berichtet nicht an Consensus Economics.

Tab. 12.1 Von Consensus Forecast gelistete Konjunkturprognosen für Deutschland. (Quelle: Consensus Forecast Inc. Stand: Juni 2014. Die erfassten Prognosen können sich aufgrund des Meldeverhaltens der Institutionen von Monat zu Monat leicht verändern)

Allianz	Helaba Frankfurt
Bank Julius Baer	HSBC Trinkaus
Bank of America – Merrill	IFO Institut für Wirtschaftsforschung
BayernLB	IHS Economics
Berliner Sparkasse	Institut der Deutschen Wirtschaft, Köln
BHF-Bank	Institut für Weltwirtschaft Kiel
Citigroup	Kiel Economics
Commerzbank	MM Warburg
DekaBank	Morgan Stanley
Deutsche Bank	Oxford Economics
DIW – Berlin	RWI Essen
DZ Bank	Sal Oppenheim
Economist Intelligence Unit	UBS
Feri EuroRating	UniCredit
Goldman Sachs	WGZ Bank
Hamburgisches WeltWirtschaftsInstitut	

schaftsforschungsinstitute vergeben, seitdem wird er europaweit ausgeschrieben und für jeweils drei Jahre an vier unabhängige Institute bzw. Bieterkonsortien vergeben.[3]

Während sich dadurch die Prognoseszene Deutschlands in institutioneller Hinsicht von der in anderen Industrieländern abhebt, dürften die Unterschiede in methodischer Hinsicht gering sein. Einschränkend muss zwar gesagt werden, dass Einzelheiten zum Vorgehen nur im Falle der Prognosen nationaler und internationaler Institutionen sowie der Wirtschaftsforschungsinstitute bekannt sind. Welche Prognoseinstrumente Banken und kommerzielle Prognoseanbieter einsetzen, ist hingegen nicht bekannt, zumal deren Prognosen der Öffentlichkeit oft nicht oder nur aus zweiter Hand zugänglich sind. Sie dürften jedoch nicht anders vorgehen als die hier näher betrachteten Institutionen, da sie – vielleicht mehr noch als andere Prognostiker – gegenüber ihren Kunden demonstrieren müssen, dass sie aktuelle Informationen rasch verarbeiten, was oft nur mit „Expertensystemen" möglich ist.

Vor diesem Hintergrund erscheint also plausibel, dass bei allen hier betrachteten Prognosen verschiedene Prognosetechniken zum Einsatz kommen, deren Ergebnisse kombiniert sowie im Rahmen des Kontensystems der Volkswirtschaftlichen Gesamtrechnungen abgestimmt werden; es dürfte sich also um iterative VGR-Prognosen (Abschn. 9.2) handeln. Gesamtwirtschaftliche Modelle kommen dabei schon allein deshalb in unterschied-

---

[3] Mehr Information zur Geschichte der Gemeinschaftsdiagnose und ihrer Rolle in der Politikberatung findet man bei Döhrn (2005).

lichem Maße zu Einsatz, weil nicht alle Institutionen eigene Modelle pflegen, und sie in unterschiedlichem Maße am Markt verfügbare Modelle kommerzieller Anbieter nutzen.

Zwischen den Prognostikern bestehen allerdings deutliche Unterschiede hinsichtlich der Periodizität, mit der neue Prognosen erstellt werden. Während viele Banken, was an den Meldungen an Consensus Economics abzulesen ist, ihre Prognosen monatlich anpassen, verändern die Wirtschaftsforschungsinstitute, aber auch staatliche und internationale Organisationen ihre Prognosen deutlich seltener, zwischen zweimal und viermal pro Jahr. Die Wirtschaftsforschungsinstitute orientieren sich dabei stark an der Veröffentlichungspraxis der amtlichen Statistik und publizieren neue Prognosen jeweils wenige Wochen nach Vorliegen der Vierteljahreswerte der Volkswirtschaftlichen Gesamtrechnungen für das jeweils abgeschlossene Quartal. Dabei werden zumeist noch die Veröffentlichungen der Industrieproduktion, der Auftragseingänge im Verarbeitenden Gewerbe sowie der Exporte und Importe im jeweils ersten Monat des neuen Quartals abgewartet, die knapp 40 Tage nach Ende des Berichtsmonats erfolgen. Dementsprechend konzentrieren sich die Veröffentlichungen der Prognosen der Wirtschaftsforschungsinstitute auf die Zeit ab der Mitte der Monate März, Juni, September und Dezember (Tab. 12.2). Die Meisten erstellen dabei vier Prognosen pro Jahr, die in der Regel Vorhersagen für das laufende und das kommende Jahr liefern; im Dezember veröffentlichen einzelne Institute auch eine Prognose für das übernächste Jahr.

Prognostiker aus dem öffentlichen Bereich und internationale Organisationen orientieren sich hinsichtlich des Veröffentlichungszeitpunktes hingegen an anderen Kriterien. So publiziert die Bundesregierung ihre Jahresprojektion im Rahmen des Jahreswirtschaftsberichts, den sie – wie im Stabilitäts- und Wachstumsgesetz vorgeschrieben[4] – im Januar dem Parlament vorlegt; lediglich zu Beginn einer Legislaturperiode kann sich die Veröffentlichung verschieben. Zwei weitere Projektionen, die aber nicht in allen Details veröffentlicht werden, erstellt die Bundesregierung jeweils im April und im Oktober. Diese bilden die Grundlage der Steuerschätzungen, die im Mai und im November stattfinden.[5] Die Steuerschätzungen setzten auch den terminlichen Rahmen für die Gemeinschaftsdiagnose. Da die Bundesregierung deren Ergebnisse in ihre Projektionen einfließen lässt, muss die Gemeinschaftsdiagnose etwa eine Woche vor einer neuen Projektion der Bundesregierung abgeschlossen werden, die wiederum rund drei Wochen vor den Steuerschätzungen vorliegen muss.

---

[4] Nach § 2 Stabilitäts- und Wachstumsgesetz, nimmt die Bundesregierung im Jahreswirtschaftsbericht Stellung zum Jahresgutachten des Sachverständigenrates, und sie legt die „für das laufende Jahr von der Bundesregierung angestrebten wirtschafts- und finanzpolitischen Ziele Jahresprojektion)" dar.

[5] Die Steuerschätzungen werden vom „Arbeitskreis Steuerschätzungen" erstellt. Dieser besteht seit 1955. Ihm gehören neben dem Bundesministerium der Finanzen, bei dem die Federführung liegt, das Bundeswirtschaftsministerium, fünf Wirtschaftsforschungsinstitute, das Statistische Bundesamt, die Deutsche Bundesbank, der Sachverständigenrat zur Begutachtung der gesamtwirtschaftlichen Entwicklung, die Länderfinanzministerien und die Bundesvereinigung kommunaler Spitzenverbände an.

Tab. 12.2 Überblick über Prognosen für Deutschland. (Eigene Zusammenstellung. Stand: Juni 2014. In früheren Jahren zum Teil abweichende Veröffentlichungsdaten oder Publikationsorgane)

Institution	Veröffentlichungszeitpunkt	Publikationsorgan	Anmerkungen
Internationale Institutionen			
Europäische Kommission	April (Spring forecast), Oktober (Autumn forecast)	European Economic Forecast	Seit 2013 auch Prognose im Februar (Winter forecast)
Internationaler Währungsfonds	April und September	World Economic Outlook	Interim Forecast in Januar und Juni ohne detaillierte Ergebnisse für einzelne Länder
OECD	Mai/Juni und November/Dezember	OECD Economic Outlook	Bei Bedarf „interim Forecast"
Nationale Institutionen			
Bundesregierung	Januar	Jahreswirtschaftsbericht	Weitere im Detail nicht veröffentlichte Prognosen
Deutsche Bundesbank	Mai und Dezember	Monatsberichte der Deutschen Bundesbank	Veröffentlichung erst seit Dezember 2007
Sachverständigenrat zur Begutachtung der gesamtwirtschaftlichen Entwicklung	November	Jahresgutachten	Seit 2012 aktualisierte Prognose im März/April
Wirtschaftsforschungsinstitute			
Deutsches Institut für Wirtschaftsforschung Berlin	März, Juni, September, Dezember	DIW Wochenbericht	März- und September-Prognose ab 2008
ifo Institut für Wirtschaftsforschung	Juni und Dezember	ifo Schnelldienst	
Institut für Weltwirtschaft Kiel	März, Juni, September, Dezember	Kieler Diskussionsbeiträge	
Institut für Wirtschaftsforschung Halle	März, Juni, September, Dezember	Konjunktur aktuell	März- und Septemberprognose seit 2011 gemeinsam mit Kiel Economics
Rheinisch-Westfälisches Institut für Wirtschaftsforschung	März, Juni, September, Dezember	RWI Konjunkturberichte	

Die Deutsche Bundesbank, die schon seit vielen Jahren Prognosen erstellt, diese aber erst ab Dezember 2007 veröffentlicht, richtet sich bei der Erstellung ihrer Vorausschätzung nach dem Terminplan der Europäischen Zentralbank, in deren Prognose für den Euro-Raum die Bundesbank-Prognose eingeht. Dies führt beispielsweise im Mai dazu, dass die Bundesbank ihre Prognose zu einem mit Blick auf die Datenbasis ungünstigen Zeitpunkt abschließt, nämlich wenige Tage vor Veröffentlichung der detaillierten Volkswirtschaftlichen Gesamtrechnungen für das erste Quartal. Nur die erste Schätzung des Bruttoinlandsprodukts ist bei Abschluss der Prognose bereits bekannt.

Beim Sachverständigenrat zur Begutachtung der gesamtwirtschaftlichen Entwicklung hat zwar den gesetzlichen Auftrag, „die jeweilige gesamtwirtschaftliche Lage und deren absehbare Entwicklung" darzustellen (§ 2 des Gesetzes über die Bildung des Sachverständigenrates zur Begutachtung der gesamtwirtschaftlichen Entwicklung vom 14. August 1963). Es entsprach aber wohl nie dem Selbstverständnis des Rates, dass die Prognose die zentrale Botschaft seines Jahresgutachtens bildet. Schwerpunkte der Jahresgutachten sind vielmehr die wirtschaftspolitischen Empfehlungen auf nahezu allen volkswirtschaftlichen Gebieten. Vor diesem Hintergrund ist schwer zu sagen, welchen Stellenwert die Prognose intern genießt. Da im Gesetz ebenfalls festgelegt ist, dass der Rat sein Gutachten bis spätestens 15. November der Bundesregierung vorlegen muss, in der Praxis erfolgt dies meist einige Tage früher, schließt der Rat – ähnlich wie die Mai-Prognose der Bundesbank – seine Prognose zu einem mit Blick auf den Informationsstand eher ungünstigen Zeitpunkt ab, nämlich wenige Tage vor Veröffentlichung der Volkswirtschaftlichen Gesamtrechnungen für dritte Quartal.

Einen mit Blick auf den Informationsstand ungünstigen Veröffentlichungszeitpunkt wählt auch der Internationale Währungsfonds. Dessen Prognosen erscheinen nämlich jeweils im Umfeld der Gouverneurs-Tagung im Frühjahr und im Herbst, weshalb sie zu den „frühen" Prognosen gehören, was sich – wie in Abschn. 10.2 gezeigt – aufgrund der dann noch geringer Zahl verfügbarere Konjunkturindikatoren für das jeweils laufende Quartal negativ auf die Treffsicherheit der Prognosen auswirkt.

Die Prognosen der Europäischen Kommission dienen im Wesentlichen der Beurteilung der Wirtschaftspolitik der einzelnen Mitgliedsländer (zur Prognosepraxis der EU siehe Melander et al. 2007). Bezüglich der Wirtschaftspolitik basieren sie daher auf dem Status quo, d. h. sie beziehen lediglich zum Zeitpunkt der Erstellung der Prognose bereits beschlossene Maßnahmen ein, was im Übrigen für die meisten hier näher betrachteten Prognosen gilt. Methodisch handelt es sich um eine iterative VGR-Prognose, die von den Länder-Desks der Kommission vorbereitet und in einem aufwändigen Verfahren abgestimmt wird. Da die Prognosen bis zum Zeitpunkt der Veröffentlichung einen längeren Abstimmungsprozess durchlaufen als bei rein nationalen Prognosen üblich, können sie sich in dem einen oder anderen Fall auf eine veraltete Datenbasis stützen. Im Fall der Deutschland-Prognosen gibt es dafür allerdings keinen Beleg; jedenfalls entspricht die Treffsicherheit der anderer zu einem vergleichbaren Zeitpunkt veröffentlichten Prognosen (Abschn. 10.2.1). Dazu mag beitragen, dass die EU-Prognosen ein Informationsangebot der Kommission darstellen, also vor ihrer Veröffentlichung keinen politischen Abstimmungsprozess durchlaufen.

Ähnliches wie bei der EU gilt auch für die Prognosen der OECD. Bei ihnen fällt allerdings auf, dass sich der Veröffentlichungszeitpunkt von Jahr zu Jahr beträchtlich unterscheidet. Dies gilt insbesondere für die Frühjahrsprognosen. Die früheste erschien – nachweislich des im Editorial angegebenen Datums – bereits Mitte April, die späteste Mitte Juni. Bei den Herbstprognosen ist das Veröffentlichungsintervall allerdings deutlich enger. Im Herbst veröffentlicht die OECD dabei – und gleiches gilt für die EU – stets auch eine Prognose des jeweils übernächsten Jahres, womit der Prognosehorizont neun bis zehn Quartale beträgt.

Literatur

Döhrn, R. 2005. Politikberatung durch wirtschaftswissenschaftliche Forschungsinstitute. Das Beispiel der Gemeinschaftsdiagnose. In *Glanz und Elend der Politikberatung,* Hrsg. U. Jens und H. Romahn, 49–58. Marburg: Metropolis.

Melander, A., G. Sismandis, und D. Grenouilleau. 2007. The track record of the Commission's forecasts – an update. Economic Papers 291. Brüssel: Europäische Kommission.

Sachverzeichnis

A
Abbildungsproblem 13
Abwrackprämie 136
Add factoring 126, 130
Aktienkurs 73
Arbeitstageeffekt 27, 46
ARIMA-Modell 24, 112
ARMA-Modell 112
Auftragseingang 70

B
Bauproduktion 69
Brückengleichung 100
Bundesagentur für Arbeit 17

C
CENSUS-X12 Siehe Saisonbereinigung
Center for Economic Policy Research (CEPR) 54
Centraal Plan Bureau 50, 75
CEPR Siehe Center for Economic Policy Research
Composite Leading Indicator 90
   OECD 94
Conference Board 91

D
Daten 13
Datenqualität 29, 153
Datenquellen 17
Deutsche Bundesbank 17
Deutsches Institut für Wirtschaftsforschung 22
Diebold-Mariano-Test 171
Diffusionsindex 88
Diskriminanzanalyse 55
Distanz
   Euklidische 178
Dummyvariablen 22

E
Echtzeitdaten 35
Eigenwert 96
Einkaufsmanagerindex Siehe Purchasing Managers' Index
Einzelhandelsumsatz 32, 68
Enden
   ausgefranste Siehe Ragged edge-Problem
   fette 184
EU Business and Consumer Survey 83, 85
Europäische Kommission 83

F
Faktorenanalyse 95
Forecast encompassing-Test 173

G
Gemeinschaftsdiagnose 49, 148, 154, 158, 187
Gesamtrechnung, volkswirtschaftliche 29
Gesellschaft für Konsumforschung 83, 84
Glättung, exponentielle 111
Google 76

H
Handelsblatt-Indikator 95
Hodrick-Prescott-Filter 47, 94

I
ifo
 Geschäftsklimaindex 77
 Institut 77, 101
Indikatoren 63
 Einzelindikatoren 66
Industrieproduktion 66
Informationsgewinn 174
Institut für Seeverkehrswirtschaft und Logistik 74
Institut für Wirtschaftsforschung Halle 101

J
Jahreswirtschaftsbericht 158, 189

K
Kondratieff-Zyklen 39
Konjunkturphasen 38
Konjunkturzyklus 37
 Juglar-Zyklus 39
 Kitchin-Zyklus 39
Konsumklimaindex 84
 Gesellschaft für Konsumforschung 83, 84
 University of Michigan 84, 93

L
Lamberts und Schüssler, Prüfmaß von 176
Logit-Modell 104
Lucas-Kritik 11, 120

M
Mautstatistik 74
Maximum-Likelihood-Verfahren 112
Mengenindex 19
Methode der kleinsten Quadrate 112
MIDAS Siehe Mixed Data Sampling
Mincer-Zarnowitz-Effizienz Siehe Prognose, Effizienz 164
Mincer-Zarnowitz-Test 164
Mixed Data Sampling (MIDAS) 103

Modell
 autoregressives 110
 makroökonomisches
  dynamische stochastische Gleichgewichtsmodelle 121
  keynesianisch-neoklassische Synthese 118
  traditionelle Modelle 118
 vektorautoregressives 112
Moving average-Prozess 111
Multiplikatoren 128

N
National Bureau of Economic Research 37, 53, 93
Noise-to-signal-Ratio 157

O
Operationalisierung 14

P
Preisindex 19
 Laspeyres-Index 19
Probit-Modell 104
Produktionslücke 46, 49
Prognose
 Definition 5, 6
 Effizienz 164
  schwache 164
  starke 164
 Ein-Schritt-Prognose 12
 Ex ante Prognose 12
 Ex post Prognose 12
 induktiv-deduktiver Ansatz 10
 Kombinationen 141
 Mehr-Schritt-Prognose 12
 naive 157
 Rationalität 166
 selbsterfüllende 151
 selbstzerstörende 151
 Synonyme 5
Prognoseintervalle 183
Prognosequalität 152
Prognoseverfahren, intuitive 131
Projektion 5
Purchasing Managers' Index 81

Sachverzeichnis

R
Ragged edge-Problem 88, 103
Rand, aktueller 100
Random walk 110, 114
Referenzzyklus 59
Revision, volkswirtschaftliche
  Gesamtrechnungen 29, 153
Rheinisch-Westfälisches Institut für
  Wirtschaftsforschung 3, 55, 74, 76, 101
RWI/ISL Containerumschlag-Index 75
R-Wort Index 75

S
Sachverständigenrat zur Begutachtung der
  gesamtwirtschaftlichen Entwicklung 89,
  154, 158, 191
Saisonbereinigung 20, 44
  Berliner Verfahren 24
  Census-X12-Verfahren 22
  Tramo-Seats 22
Saldenindex 78, 83
Schock
  permanenter 124
  transitorischer 124
Schuldenbremse 49
Schwarze Schwäne 7
Schwellenwertmethode 89
Signalling-Ansatz 105
Sims-Kritik 113, 120, 129
Simulation
  dynamische 122
  statische 122
Spektralanalyse 24
Statistisches Bundesamt 17, 66
Stichprobenfehler 30
Strukturbruch 11
Strukturmodell 117
Sunset-Effekt 133

T
Taylor-Regel 120
Theilscher Ungleichheitskoeffizient 157
Tramo-Seats Siehe Saisonbereinigung

Treffsicherheit 156
Trend
  deterministischer 109
  stochastischer 109

U
Überhang, statistischer 44

V
VAR Siehe Modell,
  vektorautoregressives
Verlustfunktion 156, 171
Verzerrung 162
VGR-Prognose, iterative 144
Volkswirtschaftliche Gesamtrechnungen 29,
  118, 144
  Revisionen 29, 34, 153
Vorzeichentest 162
Vorzieheffekt 133, 134, 137

W
Wachstumsrate 42
Wachstumszyklen 40
Wendepunktfehler 173
Wilcoxon Rang-Vorzeichen-Test 163

Z
Zeitreihenanalyse 109
Zentrum für Europäische
  Wirtschaftsforschung 79
  Konjunkturerwartungen 80
ZEW Siehe Zentrum für Europäische
  Wirtschaftsforschung
Zins-Spread 72

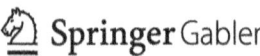
springer-gabler.de

Das Gabler Wirtschaftslexikon – aktuell, kompetent, zuverlässig

Springer Fachmedien
Wiesbaden, E. Winter (Hrsg.)
Gabler Wirtschaftslexikon
18., aktualisierte Aufl. 2014. Schuber, bestehend aus 6 Einzelbänden, ca. 3700 S. 300 Abb. In 6 Bänden, nicht einzeln erhältlich. Br.
* € (D) 79,99 | € (A) 82,23 | sFr 100,00
ISBN 978-3-8349-3464-2

- Das Gabler Wirtschaftslexikon vermittelt Ihnen die Fülle verlässlichen Wirtschaftswissens
- Jetzt in der aktualisierten und erweiterten 18. Auflage

Das Gabler Wirtschaftslexikon lässt in den Themenbereichen Betriebswirtschaft, Volkswirtschaft, aber auch Wirtschaftsrecht, Recht und Steuern keine Fragen offen. Denn zum Verständnis der Wirtschaft gehört auch die Kenntnis der vom Staat gesetzten rechtlichen Strukturen und Rahmenbedingungen. Was das Gabler Wirtschaftslexikon seit jeher bietet, ist eine einzigartige Kombination von Begriffen der Wirtschaft und des Rechts. Kürze und Prägnanz gepaart mit der Konzentration auf das Wesentliche zeichnen die Stichworterklärungen dieses Lexikons aus.

Als immer griffbereite „Datenbank" wirtschaftlichen Wissens ist das Gabler Wirtschaftslexikon ein praktisches Nachschlagewerk für Beruf und Studium - jetzt in der 18., aktualisierten und erweiterten Auflage. Aktuell, kompetent und zuverlässig informieren über 180 Fachautoren auf 200 Sachgebieten in über 25.000 Stichwörtern. Darüber hinaus vertiefen mehr als 120 Schwerpunktbeiträge grundlegende Themen.

€ (D) sind gebundene Ladenpreise in Deutschland und enthalten 7% MwSt. € (A) sind gebundene Ladenpreise in Österreich und enthalten 10% MwSt. sFr sind unverbindliche Preisempfehlungen. Preisänderungen und Irrtümer vorbehalten.

Jetzt bestellen: springer-gabler.de

Springer Gabler

springer-gabler.de

Gönnen Sie sich und Ihren Post-its® hochwertige Springer Gabler Lehrbücher

Dozenten PLUS

DozentenPLUS, unser exklusiver Service für Dozenten, bietet Ihnen:

- Kostenlose Dozenten-Prüfexemplare
- Kostenlosen Download von Zusatzmaterialien
- Ein umfassendes, hochwertiges Lehrbuch-Angebot
- Zugriff auf elektronische Prüfexemplare

Jetzt kostenlos anmelden: springer.com/dozenten

The manufacturer's authorised representative in the EU is Springer Nature Customer Service Centre GmbH, Europaplatz 3, 69115 Heidelberg, Germany. If you have any concerns regarding our products, please contact ProductSafety@springernature.com

Printed and bound by CPI Group (UK) Ltd, Croydon, CR0 4YY

23/03/2026

02076679-0014